ज्ञान गरिमा के
68 वर्ष

भारतीय
ज्ञानपीठ



णाणं
पयासयं
वीर नि.सं. 2470
ई.सन् 1944
भारतीय ज्ञानपीठ

# हिन्दी आलोचना का स्वत्व

(आलोचना)

# हिन्दी आलोचना का स्वत्व

अजय वर्मा

भारतीय ज्ञानपीठ

**लोकोदय ग्रन्थमाला : ग्रन्थांक** 1158
ग्रन्थमाला सम्पादक
**रवीन्द्र कालिया**
सह-सम्पादक
**गुलाबचन्द्र जैन**

**ISBN 978- 93-263-5063-1**

**हिन्दी आलोचना का स्वत्व**
(आलोचना)
**अजय वर्मा**

**पहला संस्करण : 2012**
**मूल्य : 180 रुपये**

प्रकाशक : **भारतीय ज्ञानपीठ**
18, इन्स्टीट्यूशनल एरिया, लोदी रोड, नयी दिल्ली-110 003

मुद्रक : विकास कम्प्यूटर ऐंड प्रिंटर्स, दिल्ली-32

आवरण : मनोज कचंगल
आवरण-सज्जा : ज्ञानपीठ कला प्रभाग



HINDI ALOCHANA KA SWATVA
(Criticism)
by Ajay Verma

Published by
Bharatiya Jnanpith
18, Institutional Area, Lodi Road
New Delhi-110 003

e-mail : jnanpith@satyam.net.in, sales@jnanpith.net
website : www.jnanpith.net

**First Edition : 2012**
**Price : Rs. 180**

समर्पित

स्व. माता-पिता, छोटे चाचा

एवं

परिवार के उन सभी सदस्यों को

जो असमय ही साथ छोड़ गये

# भूमिका

आचार्य रामचन्द्र शुक्ल पहले आलोचक थे जिन्होंने हिन्दी आलोचना को निजी पहचान दी। उस समय प्रचलित काव्यशास्त्र के जो मानदंड थे, उन पर संस्कृत काव्यशास्त्र के अलौकिकत्व की धारणा का प्रभाव था, दूसरी ओर पाश्चात्य कलावादी चिन्तन का खतरा भी हिन्दी आलोचना के सामने उपस्थित था। आचार्य शुक्ल ने इन दोनों तरह के प्रभावों से मुक्त हिन्दी की स्वतन्त्र आलोचना का विकास किया। इसीलिए हिन्दी आलोचना के 'स्वत्व' पर विचार करने के लिए आचार्य शुक्ल की आलोचना-दृष्टि और पद्धति पर विचार करना अनिवार्य मालूम पड़ा।

यह प्रश्न उठना भी स्वाभाविक है कि आज हिन्दी आलोचना के 'स्वत्व' पर विचार करने की जरूरत क्या है जबकि हिन्दी आलोचना विकास का लम्बा दौर पार कर चुकी है। इसमें सन्देह नहीं कि हिन्दी आलोचना की विकास यात्रा सुदीर्घ रही है मगर इसके साथ-साथ यह भी एक विचारणीय प्रश्न है कि आज हिन्दी आलोचना बहुत ही अराजक दौर से गुजर रही है। निश्चय ही आज इसकी एक निजी पहचान है, मगर इस पहचान पर कई प्रकार के संकट भी मंडरा रहे हैं। यह प्रश्न बहुत महत्त्व रखता है कि हिन्दी आलोचना अपनी पहचान किस प्रकार कायम रख सकती है तथा किस प्रकार अपनी सार्थकता सिद्ध कर सकती है। इस पुस्तक का उद्देश्य इन्हीं प्रश्नों पर विचार करना है।

यह विदित है कि आचार्य शुक्ल ने अपने वर्गीय संस्कारों के बावजूद कविता पर लोकवादी दृष्टिकोण से विचार किया था। 'साधारणीकरण' और 'रस निष्पत्ति' पर इसी दृष्टिकोण से विचार करके उन्होंने संस्कृत के रस-विवेचन में व्याप्त अलौकिकत्व की धारणा को तोड़ा तथा कविता को जीवन से जोड़ा। उनके बाद आचार्य नन्ददुलारे वाजपेयी तथा डॉ. नगेन्द्र ने 'रस' पर विचार किया। इन्होंने शुक्ल जी से भिन्न मार्ग अपनाने का प्रयास किया किन्तु कोई नया आयाम वे प्रस्तुत

नहीं कर पाये। उधर आचार्य हजारीप्रसाद द्विवेदी ने शुक्ल जी की साहित्येतिहास लेखन से सम्बन्धित मान्यताओं तथा कबीर सम्बन्धी निष्कर्षों को लेकर असहमति व्यक्त की। इस प्रकार आलोचना के दो स्कूल बन गये। शिवदान सिंह चौहान, रांगेय राघव, रामविलास शर्मा तथा नामवर सिंह के बीच शुक्ल जी तथा हजारी प्रसाद द्विवेदी के पक्ष-विपक्ष में विवाद चला। इस विवाद में अन्य कई आलोचक भी जुड़ते गये।

छायावादोत्तर काल में 'रस' के स्थान पर 'मार्क्सवादी सौन्दर्यशास्त्र आया। मगर यह विडम्बना रही कि यह सुसंगत रूप में स्थापित हो भी नहीं पाया था कि 'कांग्रेस फॉर कल्चरल फ्रीडम' की चर्चा शुरू हो गयी। यहाँ इसका नेतृत्व अज्ञेय और धर्मवीर भारती कर रहे थे। मार्क्सवादी आलोचक इस ओर से प्राय: उदासीन रहे, सिवाय रामविलास शर्मा के। इस प्रकार आलोचना में रूप और विचारधारा का द्वन्द्व शुरू हुआ। डॉ. नामवर सिंह ने इस सन्दर्भ में अँग्रेजी 'नई आलोचना' का प्रभाव ग्रहण करते हुए 'सापेक्ष स्वायत्तता' की बात उठाई। अभी यह अफरा-तफरी थमी भी नहीं थी कि विभिन्न अस्मिताओं के लिए अलग-अलग सौन्दर्यशास्त्र की मांग होने लगी। इधर उत्तर संरचनावाद और विखंडन की चर्चा शुरू हुई और 'पाठ' की केन्द्रीयता को चुनौती दी जाने लगी। लिहाजा हिन्दी आलोचना आज बेहद विडम्बनापूर्ण वातावरण में पहुँच गयी है। अत: हिन्दी आलोचना के 'स्वत्व' पर विचार करना यह तय करने के लिए जरूरी है कि आलोचना जीवन और कला के बीच संगति बनाकर चलेगी या पाठ-दर-पाठ की अन्तहीन प्रक्रिया को अपनाकर जीवन और इतिहास-बोध से विच्छिन्न हो जाएगी। उपर्युक्त बातों को ध्यान में रखते हुए ही इस पुस्तक की योजना मैंने बनायी।

यह विदित है कि हिन्दी में आलोचना सम्बन्धी कई पुस्तकें हैं, पर हिन्दी आलोचना के स्वत्व पर विचार करने का यह पहला प्रयास है और आज के समय में जब पश्चिम से आलोचना की कई ऐसी प्रवृत्तियाँ आयातित हो रही हैं जिनमें रचना और आलोचना दोनों को जीवन के सन्दर्भों से अलग कर देने की प्रवृत्ति दिखलाई दे रही है, यह गम्भीर रूप से विचारणीय है कि हिन्दी आलोचना की क्या दिशा हो तथा यह भारतीय जीवन-सन्दर्भों से किस प्रकार अपना जुड़ाव बनाये रख सकती है।

**—अजय वर्मा**

# अनुक्रम

# 1

# हिन्दी की स्वतन्त्र आलोचना का विकास और रामचन्द्र शुक्ल

## संस्कृत की आलोचना से हिन्दी आलोचना का पृथक्करण

आचार्य रामचन्द्र शुक्ल ने हिन्दी की स्वतन्त्र आलोचना का आधार तैयार किया और उसकी एक स्वतन्त्र पद्धति विकसित की। इस सन्दर्भ में उनका क्या महत्त्व है, यह इसी से मालूम पड़ जाता है कि उनके बाद आलोचना की जो भी धाराएँ विकसित हुईं, उनकी प्रणाली शुक्ल जी की ही थी, यहाँ तक कि उनके विरोध के लिए भी कोई स्वतन्त्र प्रणाली विकसित नहीं हो सकीं, उनका विरोध भी उन्हीं के द्वारा निर्मित मानदंडों से होता रहा है। भवदेव पांडेय का यह कथन उनके महत्त्व को समझने में सहायक हो सकता है..."20वीं शताब्दी के दूसरे-तीसरे दशक में प्रेमचन्द, रामचन्द्र शुक्ल और निराला इतिहास की साहित्यिक उपज थे। जिस प्रकार प्रेमचन्द ने कहानी-उपन्यास और निराला ने कविता लेखन द्वारा हिन्दी समाज में नये मूल्यों का प्रवर्त्तन किया उसी प्रकार रामचन्द्र शुक्ल ने भी आलोचना और साहित्य के इतिहास-लेखन में अपने समय की आवाज सुनी और आलोचना को नई सामाजिक अपेक्षाओं से जोड़ने की कोशिश की।"[1]

जिस समय शुक्ल जी आलोचना के क्षेत्र में सक्रिय हुए, उस समय हिन्दी आलोचना एक ओर तो संस्कृत-आलोचना की प्रणाली से मुक्त नहीं थी, दूसरी ओर पश्चिमी विचारों के प्रभाव भी उस पर पड़ रहे थे। शुक्ल जी ने हिन्दी आलोचना को इन दोनों तरह के अवांछित प्रभावों से मुक्त करके उसकी एक भिन्न और स्वतन्त्र परम्परा विकसित की। इसकी विवेचना के लिए सबसे पहले इसकी पड़ताल जरूरी है कि संस्कृत आलोचना के प्रभाव से हिन्दी आलोचना को शुक्ल जी ने किस प्रकार अलग किया। संस्कृत में कविता के विवेचन की

परम्परा प्राचीन काल से चली आ रही है और इस सन्दर्भ में भरतमुनि के 'नाट्यशास्त्र' को आदि ग्रन्थ माना जाता है। संस्कृत काव्य-विवेचन के प्राचीन काल में काव्य शास्त्र के स्थान पर 'अलंकारशास्त्र' का प्रचलन था। वस्तुतः उस समय रीतिशास्त्र, अलंकार शास्त्र और काव्यशास्त्र को अलग-अलग विवेचित नहीं किया गया था। वाचस्पति गैरोला कहते हैं—"भारतीय काव्यशास्त्र जिसको अर्वाचीन आचार्यों ने 'साहित्यविद्या' या 'क्रियाकल्प' आदि नामों से स्मरण किया है, प्राचीन आचार्यों के मतानुसार अलंकारशास्त्र के नाम से ही अभिहित होता गया। किन्तु तब काव्यशास्त्र की अनेक विचार-वीथियों का निर्माण हो जाने पर उसका विकास हुआ, जब अलंकार शब्द में उसकी वृहत्काया को समा सकने की क्षमता नहीं रह गयी।"[2] आगे चलकर रीतिशास्त्र और अलंकार शास्त्र काव्य के अलग-अलग पक्षों का विवेचन करनेवाले शास्त्र के रूप में विकसित हुए, पर प्राचीन नाम 'अलंकारशास्त्र' ही है। आचार्य बलदेव उपाध्याय के इस कथन से भी इसकी पुष्टि होती है—"...यह उस युग का अभिधान है जब काव्य में अलंकार की सत्ता सबसे अधिक आवश्यक तथा उपादेय मानी जाती थी।"[3] आगे चलकर तत्त्ववादी और रूपवादी इन दो सिद्धान्तों के रूप में काव्य-चिन्तन का विकास हुआ।

जैसा कि कहा जा चुका है, भरतमुनि का 'नाट्यशास्त्र' काव्य-चिन्तन का आदि ग्रन्थ है—इनमें प्रमुख रूप से 'रस' का विवेचन किया गया है। यद्यपि इन्होंने "नाट्यशास्त्र में अलंकारों, काव्य-गुणों और दोषों का विवेचन भी किया है पर विवेचन का मुख्य विषय रस ही है जिसका सीधा सम्बन्ध काव्य के भावपक्ष से है। काव्य-विवेचन में नाट्यशास्त्र के महत्त्व पर विचार करते हुए आचार्य बलदेव उपाध्याय कहते हैं कि इस ग्रन्थ को हम भारतीय ललित कलाओं का विश्वकोष कह सकते हैं।..."[4] यहाँ यह उल्लेख करना अप्रासंगिक नहीं होगा कि भारत में सौन्दर्यशास्त्र को पश्चिम से आयातित माना जाता है, पर भरतमुनि के नाट्यशास्त्र में भारतीय सौन्दर्यशास्त्र के तत्त्व दिखलाई पड़ते हैं। इसकी पुष्टि के लिए डॉ. गणपतिचन्द्र गुप्त का यह कथन प्रस्तुत है—"...नाट्यशास्त्र का सर्वप्रमुख विवेच्य तत्त्व है 'रस'। रस का सम्बन्ध संवेदनाओं एवं अनुभूतियों से है। उधर 'एसथेटिक' का भी मूल अर्थ संवेदनाओं का विवेचन करनेवाला शास्त्र है। दूसरे 'नाट्यशास्त्र' में न केवल नाटक और कविता का अपितु वास्तुकला, चित्रकला, संगीत, नृत्य आदि का भी विवेचन है, इस दृष्टि से भी यह 'सौन्दर्यशास्त्र' की सी व्यापकता का परिचायक है। तीसरे, इसमें कलाओं की प्रेरणा, प्रयोजन, लक्ष्य, मूलाधार आदि के सम्बन्ध में ऐसे संकेत दिये गये हैं जिनके आधार पर सौन्दर्यशास्त्र के सामान्य सिद्धान्त की स्थापना की जा सकती है।"[5]

इस प्रकार भरतमुनि से संस्कृत में काव्य-विवेचन की शुरूआत होती है और काव्य के अन्य तत्त्वों का विवेचन करने के बावजूद यह स्पष्ट है कि भरतमुनि *रस* को ही सर्वाधिक महत्त्व दे रहे थे। आगे चलकर जब रीति एवं अलंकार काव्यशास्त्र में स्वतन्त्र रूप से विवेचित होने लगे तो काव्य-विवेचन भावपक्ष और कलापक्ष में स्पष्ट रूप से विभाजित हो गया और इसमें कोई विवाद नहीं है कि *रस* का सम्बन्ध काव्य के भावपक्ष से है और यह काव्य-विवेचन का केन्द्रीय तत्त्व है। परवर्ती काल में जब काव्य-विवेचन स्वतन्त्र रूप से होने लगे तो वहाँ से सौन्दर्यशास्त्र से भिन्न रस-विवेचन की शुरुआत हुई और रामचन्द्र शुक्ल ने सौन्दर्यशास्त्र से भिन्न काव्य-विवेचन की परम्परा को स्थापित किया।

आधुनिक हिन्दी आलोचना में भी रस को केन्द्रीय महत्त्व दिया गया, और इसके सम्बन्ध में आचार्य रामचन्द्र शुक्ल ने नये ढंग से विचार किया। उन्होंने रस के सम्बन्ध में जो अपनी अवधारणाएँ प्रस्तुत कीं वे संस्कृत काव्य-विवेचन में रस के सम्बन्ध में चली आ रही मान्यताओं से भिन्न और मौलिक थीं और इस प्रकार संस्कृत काव्य-विवेचन से अलग, हिन्दी आलोचना के एक स्वतन्त्र रूप का आधार उन्होंने तैयार किया। साथ-साथ महाकाव्य और अलंकारों के सन्दर्भ में भी उन्होंने संस्कृत काव्य-विवेचन की परम्परा से भिन्न नया विधान किया। इस प्रकार हिन्दी आलोचना का एक स्वतन्त्र रूप विकसित हुआ।

## संस्कृत काव्यशास्त्र में रस का विवेचन और अलौकिकत्व की अवधारणा

रस पर विचार करने की परम्परा प्राचीन काल में भी थी। डॉ. भागीरथ मिश्र कहते हैं—"तैत्तिरिय उपनिषद् की मान्यता है कि *रसो वै सः*, रस आनन्दस्वरूप ब्रह्म है।"[6] हालाँकि काव्य-विवेचन में रस के अलौकिकत्व की मान्यता आचार्य अभिनव गुप्त से मिलती है, पर बीज रूप में यह धारणा पूर्व में भी दिखलाई पड़ती है, जैसा कि ऊपर के उद्धरण में उल्लिखित है, भले ही काव्यशास्त्रीय विवेचन में पहले इसे महत्त्व न मिला हो। रस के स्वरूप एवं उसकी निष्पत्ति को लेकर जो मतवैविध्य और विवादों की परम्परा है, उसपर दृष्टि डालना आवश्यक प्रतीत होता है। इस विवाद का प्रारम्भ भरतमुनि के 'नाट्यशास्त्र' के सूत्र से होता है जिसमें उन्होंने कहा कि विभाव, अनुभाव और व्यभिचारी भावों के संयोग से रस की निष्पत्ति होती है। इस सूत्र ने कई प्रश्न उत्पन्न कर दिये—"...संयोग है क्या और किसके साथ संयोग का यहाँ संकेत है? रस की निष्पत्ति से क्या तात्पर्य है? रस की निष्पत्ति किसमें होती है?"[7] इन प्रश्नों की व्याख्या के लिए आचार्यों ने जो विचार व्यक्त किये उनके आधार पर चार प्रमुख मत स्थापित हुए—भट्टलोल्लट

का आरोपवाद, भट्टशंकुक का अनुमानवाद, भट्टनायक का भोगवाद और अभिनवगुप्त का अभिव्यक्तिवाद। इन्हें यहाँ क्रमिक रूप से प्रस्तुत किया जा रहा है—

## भट्टलोल्लट का आरोपवाद

यह मत मीमांसा दर्शन पर आधारित है। इनके मत का अभिप्राय है एक वस्तु को दूसरी मान लेना जो वास्तव में होता नहीं है। इन्होंने संयोग का अर्थ सम्बन्ध तथा निष्पत्ति के तीन अर्थ बतलाए—उत्पत्ति, अभिव्यक्ति और पुष्टि। रामदहिन मिश्र कहते हैं—"विभाव उत्पाद्य-उत्पादक सम्बन्ध से रस को उत्पन्न करते अनुभाव गम्यगमक भाव से रस को अभिव्यक्त करते और व्यभिचारी पोष्य पोषक भाव सम्बन्ध से रस को पुष्ट करते हैं।"[8] लोल्लट ने भरतमुनि के उलझे हुए सूत्र को कुछ साफ करने का प्रयास किया। उन्होंने कहा कि विभावादि का संयोग स्थायी भाव से अपेक्षित है। संचारी भाव के सम्बन्ध में नया तथ्य प्रस्तुत किया कि वह स्थायीभाव का ही उद्भूत रूप है। गणपतिचन्द्र गुप्त कहते हैं कि "स्थायी भाव वह मूल भाव है जो अनुद्भूत रूप में भी अचेतन मन में स्थिर रहता है, जबकि उसके उद्भूत होने से विभिन्न संचारी भावों की उद्दीप्ति होती है। उदाहरण के लिए, रति भाव अनुद्भूत भाव है, जब वह विभिन्न परिस्थितियों में उद्भूत या उद्दीप्त होता है तो हर्ष, संताप, रोष आदि किसी न किसी संचारी का रूप धारण कर लेता है। अस्तु, लोल्लट की यह धारणा पूर्वोक्त धारणा के अनुकूल ही है, संचारी स्थायी भाव का ही संस्कारित, व्यक्त या प्रस्फुटित रूप है।"[9] भट्टलोल्लट के अनुसार रस की स्थिति अनुकार्यों (जिनका अभिनय किया जाता है) में होती है या अनुकर्त्ताओं (अभिनेता) में इसके उत्तर में अभिनवगुप्त ने भट्टलोल्लट का मत उद्धृत करते हुए कहा है कि वह दोनों में रहता है, मुख्यत: अनुकार्यों में।[10]

आचार्य शंकुक ने लोल्लट के मत का खंडन करने के लिए आठ आक्षेप किये जिनका उल्लेख अभिनव गुप्त के 'अभिनव भारती' में किया गया है। ये इस प्रकार हैं—

1. विभावादि के योग के बिना अनुमापक हेतु के अभाव में स्थायी भाव की प्रतीति सम्भव नहीं है।
2. भावों को पहले से ही अभिधेयात्मक माना गया है।
3. जब वह (स्थायी भाव या रस) पहले से ही स्थित है तो परवर्ती लक्षणों या तत्त्वों के संयोग की क्या आवश्यकता है?
4. रस के मन्द, मन्दतर, मन्दतम आदि अनन्त भेद मानने पड़ेंगे।

5. हास्य रस के छः भेदों का भी लोप हो जाएगा।
6. काम की दस अवस्थाओं में असंख्य रस, भाव आदि मानने पड़ेंगे।
7. शोक प्रारम्भ में तीव्र तथा बाद में मन्द होता है अतः उसकी उपचय अथवा पुष्टि के द्वारा करुण रस में परिणति कैसे सम्भव है?
8. इसी प्रकार क्रोध, उत्साह, रति आदि में भी क्रमशः अमर्ष, स्थिरता एवं सेवा के अभाव में उपचय के स्थान पर अपचय होता है अतः वे भी रस-रूप में परिणत नहीं होंगे।[11]

डॉ. नगेन्द्र इन आक्षेपों को बिलकुल अमान्य ठहराते हैं। पर डॉ. गणपतिचन्द्र गुप्त कहते हैं कि "...हम शंकुक के तर्क को युक्तिसंगत न मानते हुए भी उनके इस आशय का अवश्य समर्थन कर सकते हैं कि केवल उपचिति से रस निष्पत्ति संभव नहीं है।"[12]

## शंकुक का अनुकृतिवाद

भट्टलोल्लट के मत की आलोचना करते हुए शंकुक ने अपना सिद्धान्त प्रस्तुत किया जिसे अनुकृतिवाद कहा जाता है। पं. रामदहिन मिश्र कहते हैं—"शंकुक का मत न्यायशास्त्रानुमोदित है। इनके मत से यहाँ संयोग का अर्थ अनुमाप्य-अनुमापक सम्बन्ध है और निष्पत्ति का अर्थ अनुमिति या अनुमान है। सामाजिक अभिनेताओं में दुष्यन्त आदि का अनुमान कर लेते हैं न कि आरोप। सामाजिकों का यही अनुमिति ज्ञान रसबोध का कारण होता है।"[13]

इस मत के अनुसार यह ध्वनित होता है कि अनुकरण करनेवाला अभिनेता अभिनय की तन्मयता में ख़ुद को वही पात्र समझ लेता है जिसका अभिनय वह कर रहा है और उसको देखकर, यानि उसी के माध्यम से सामाजिक को रति भाव आदि का अनुमान होने लगता है। यह अनुमान ही रस हो जाता है। भरत सूत्र के तीसरे व्याख्याकार भट्टनायक ने इस मत पर आपत्ति करते हुए कहा कि आनन्द अनुमान का नहीं, प्रत्यक्ष अनुभव का विषय है।

## भट्टनायक का भोगवाद

भट्टनायक का सिद्धान्त भोगवाद के नाम से प्रसिद्ध है। यह मत उपर्युक्त दोनों मतों की अपेक्षा इस अर्थ में महत्त्वपूर्ण है कि अभिनवगुप्त के सिद्धान्त पर इसका प्रभाव है। अभिनवगुप्त ने लोल्लट और शंकुक के मतों को अमान्य कर दिया था। सुरेन्द्र एस. बारलिंगे कहते हैं—"अभिनवगुप्त का मत भट्टनायक के मत का समन्वित और सम्भवतः (न्यूनाधिक) संशोधित रूप है। भट्टलोल्लट तथा शंकुक के मत परस्पर

भिन्न होते हुए भी एक ही प्रकार के हैं और अभिनवगुप्त उन्हें पूर्णत: अमान्य कर देते हैं। वे अधिकांशत: भट्टनायक के दृष्टिकोण को स्वीकार करते हैं, परन्तु कुछ जोड़कर तथा कुछ अप्रासंगिक प्रतीत होनेवाली बातों को निकालकर उसे संशोधित भी करते हैं।''[10] भट्टनायक ने आनन्दवर्धन के ध्वनि-सिद्धान्त का विरोध किया। आनन्दवर्धन ध्वनि-सिद्धान्त को रस-सिद्धान्त का पूरक मानते थे।

भट्टनायक का महत्त्व यह है कि उन्होंने साधारणीकरण की बात उठायी और रस की निष्पत्ति को आनन्दानुभव कहा जो लौकिक व्यापार की अपेक्षा विलक्षण होता है। यहीं रस के अलौकिकत्व की धारणा को आधार मिलता है। भट्टनायक के अनुसार शब्दात्मक काव्य की तीन क्रियाएँ हैं—अभिधा, भावना और भोग। इन्हें शब्दों के तीन व्यापार भी कहा जाता है और रस के आविर्भाव की ये ही तीन शक्तियाँ हैं। अभिधा से काव्यार्थ की प्रतीति होती है, भावना का सम्बन्ध अर्थ के अनुसन्धान से है। भावना से ही साधारणीकरण की प्रक्रिया शुरू होती है, अर्थात् ''व्यक्ति विशेष में उद्‌भूत रति भाव व्यक्तिगत सम्बन्ध को छोड़कर सामान्य रूप से प्रतीत होने लगते हैं—विभावादि का व्यक्ति सम्बन्ध साधारण हो जाता है, अर्थात मनुष्यमात्र के अनुभव के योग्य हो जाता है...भावना के इस व्यापार का नाम है साधारणीकरण।''[15] साधारणीकरण के बाद भोग व्यापार की क्रिया घटित होती है। सत्वगुण का उद्रेक होता है जिससे आनन्द का ज्ञान होता है। इसी आत्मानन्द से रस की अनुभूति होती है। भट्टनायक के मतानुसार यह आत्मानन्द अलौकिक होता है। भट्टनायक कहते हैं कि रस की न प्रतीति होती है, न उत्पत्ति, न ही अभिव्यक्ति—''रस: न प्रतीयते, न उत्पद्ययते, न अभिव्यज्यते।''[16] सुरेन्द्र एस. बारलिंगे कहते हैं कि (भट्टनायक के अनुसार) ''इसे केवल परिकल्पना के रूप में ग्रहण किया जाता है। यह परब्रह्मस्वादसंविद की भाँति होता है। यह किसी न किसी प्रकार (भावना के माध्यम से) आभासित होता है।''[17]

यह पूर्व में कहा जा चुका है कि अभिनवगुप्त ने भट्टनायक के मत को अधिकांशत: स्वीकार किया है। रस के अलौकिकत्व की जो अवधारणा अभिनवगुप्त और उनके परवर्ती रस-विवेचकों में दिखलायी पड़ती है, उसका आधार भट्टनायक के यहाँ मौजूद है। डॉ. गणपतिचन्द्र गुप्त के अनुसार ''लौकिक भावानुभूति एवं काव्यानुभूति के अन्तर को स्पष्ट करते हुए उन्होंने साधारणीकरण सिद्धान्त का आविष्कार किया जो कि परवर्ती युग में उनके विरोधियों द्वारा भी मान्य हुआ।''[18] भट्टनायक काव्यानुभूति में सत्वगुण की प्रधानता मानते हैं। सत्व की प्रधानता में बौद्धिकता की प्रमुखता होती है। बौद्धिक स्तर की अनुभूति के सम्बन्ध में उनके दृष्टिकोण को डॉ. गणपतिचन्द्र गुप्त इस प्रकार स्पष्ट करते हैं—

"भट्टनायक रसानुभूति को ऐंद्रिक एवं भावनात्मक (निजी संवेदनात्मक) अनुभूति से ऊपर के स्तर की अर्थात बौद्धिक स्तर की अनुभूति मानते हैं। उसमें हम सत्य का साक्षात्कार या प्रत्यक्ष अनुभव प्राप्त करते हैं। बौद्धिक प्रवृत्तियों का चरम लक्ष्य एवं उनकी परम संतुष्टि सत्य के साक्षात्कार में निहित है। शास्त्र और विज्ञान से भी सत्य की प्रतीति होती है, पर वह परप्रत्यक्ष होती है, उनसे सत्य का केवल शाब्दिक ज्ञान मात्र होता है भावात्मक अनुभव नहीं, जबकि काव्यानुभूति के क्षणों में हम भावों के सच्चे, शुद्ध (वैयक्तिक सीमाओं से मुक्त) एवं पूर्ण रूप की अनुभूति प्राप्त करते हैं। संक्षेप में यह भावों की सत्यता (राग-द्वेष से मुक्त रूप) का बोध ही सत्य के भावात्मक रूप का बोध है, जिसे भट्टनायक ने सत्य का उद्रेक कहा है।"[19]

यह विचारणीय है कि काव्य की अनुभूति के क्षणों को जब शुद्ध अनुभूति के रूप में ग्रहण किया जाएगा तो स्वाभाविक रूप से उसका लोक जीवन से अलगाव हो जाएगा। तब इसे ब्रह्मानन्द सहोदर ही तो कहा जाएगा।

## अभिनवगुप्त का अभिव्यक्तिवाद

अभिनवगुप्त ने रस-सिद्धान्त को लेकर चले आ रहे विवादों को बहुत हद तक सुलझाया और रस-मीमांसा के विकास में महत्त्वपूर्ण योगदान दिया। उन्होंने रसानुभूति की विभिन्न प्रक्रियाओं एवं स्थितियों का सूक्ष्मतापूर्वक विश्लेषण किया एवं नया तथ्य प्रस्तुत किया कि "...काव्यानुभूति (रसानुभूति) की मूलाधार तो पाठक की अपनी वासनाएँ ही हैं, काव्य सामग्री तो उसके उद्दीपन, उद्वेलन एवं अभिव्यंजन का साधन या माध्यम मात्र है। हाँ, इतना अवश्य है कि काव्य, नाटक या कला के माध्यम से ही वह निर्विघ्न प्रतीति एवं पूर्ण विश्रान्तिपूर्ण अनुभूति प्राप्त हो सकती है जिसे रसनीय या चमत्कारपूर्ण कहा जाता है, अन्य क्षेत्रों में उसकी संभावना नहीं है।"[20]

## रस का स्वरूप

आचार्य अभिनवगुप्त ने भट्टनायक के सिद्धान्त को आधार रूप में ग्रहण करने के बावजूद उनके मत में कतिपय संशोधन किये। उन्होंने काव्यार्थ को ही रस माना और कहा कि इसकी प्रतीति अधिकारी सहृदय को अधिक होती है। अधिक प्रतीति को स्पष्ट करते हुए डॉ. निर्मला जैन का कथन है कि "अधिक प्रतीति से उनका अभिप्राय व्यंग्यार्थ से था।"[21] यहाँ प्रतीति पर ध्यान देने की आवश्यकता है। अभिनवगुप्त के लिए यह प्रतीति देशकाल से ही नहीं, समस्त वैयक्तिक अनुभूतियों

या लोक व्यवहार से मुक्त होती है और विलक्षण होती है, सीधे हृदय में प्रविष्ट होती हुई मालूम पड़ती है तथा उपर्युक्त प्रतीति के समय सामाजिक की आत्मा न विशेष रूप से उपेक्षित होती है, न उल्लिखित।[22] अभिनव भारती में कहा गया है—

*"नात्मात्यन्ततिरस्कृतो न विशेषत उल्लिखित:"*[23]

## रसानुभूति की प्रक्रिया

आचार्य अभिनवगुप्त के मतानुसार काव्यार्थ का भावन ही रस है। जाहिर है कि यह भावन तभी सम्भव हो सकता है जब अर्थ का प्रकाशन हो। काव्य और नाटक में होनेवाले अर्थ का प्रकाशन लोक जीवन में होनेवाले अर्थ-प्रकाशन से भिन्न होता है। यह भिन्नता दो प्रकार की होती है—साक्षात्कारात्मक प्रतीति और मन की एकाग्रताजन्य अनुभूति। अर्थ-प्रकाशन की दूसरी स्थिति में पाठक को अनुभूति प्राप्त होने लगती है। यह अनुभूति ज्यों-ज्यों गम्भीर होती जाती है, त्यों-त्यों पाठक या सामाजिक साधारणीकरण की ओर अग्रसर होता है—"काव्य के विभिन्न शैलीगत साधनों के कारण तथा नाटक में अभिनय की चारुता व नृत्य-गीत आदि के कारण वस्तु के सौन्दर्य एवं आकर्षण में उत्तरोत्तर वृद्धि होती रहती है।"[24] यही सौन्दर्यानुभूति की प्रक्रिया है और इसके बाद साधारणीकरण का विवेचन हुआ है। साधारणीकरण की स्थिति में काव्य या नाटक के नायक की प्रमुख भावना या चित्तवृत्ति (स्थायीभाव) के साथ पाठक या सामाजिक की अनुभूति का एकीकरण होने लगता है, जिससे काव्यगत विभाव, आलम्बन, उद्दीपन आदि का सम्बन्ध केवल काव्यगत नायक से ही नहीं रहता अपितु सर्वसाधारण से हो जाता है, नायक द्वारा व्यक्त भाव किसी एक व्यक्ति का भाव नहीं रहता, अपितु वह सभी पाठकों या सामाजिकों की अनुभूति का विषय हो जाता है, उसके साथ सबकी सहानुभूति स्थापित हो जाती है—

"नायक के भावों एवं विचारों का समाजीकरण ही दूसरे शब्दों में साधारणीकरण की प्रक्रिया है तो साथ ही वह पाठक या सामाजिक की दृष्टि से तादात्म्य की प्रक्रिया है। वस्तुत: साधारणीकरण एवं तादात्म्य दो भिन्न क्रिया-व्यापार नहीं है अपितु एक ही कार्य के दो पक्ष हैं। जहाँ वस्तु की दृष्टि में वह साधारणीकरण है वहाँ पाठक या सामाजिक की दृष्टि से तादात्म्य की प्रक्रिया है।"[25]

इसका आशय यह है कि काव्यगत भाव एवं विचारों का साधारणीकरण और उसके आश्रय के साथ तादात्म्य एक ही स्थिति के दो पक्षों के द्योतक हैं।

आचार्य अभिनवगुप्त के अनुसार रस की अभिव्यक्ति होती है और इस

अभिव्यक्ति में हमारी अपनी ही वासनाएँ उद्‌बुद्ध हो जाती हैं जो ''काव्यवस्तु के साथ सुसंबद्ध हो जाती है।''[26] पर काव्यगत अभिव्यक्ति लोकजीवन में वासनाओं के उद्वेलन से होनेवाली अभिव्यक्ति से भिन्न होती है। यही वह बिन्दु है जो काव्य के आस्वादन से होनेवाली रसानुभूति को लौकिक अनुभूति से अलौकिक अनुभूति में बदलता है। गणपतिचन्द्र गुप्त का कथन है—''वस्तुत: वासनाओं के उद्वेलन एवं अभिव्यक्ति के लौकिक अनुभव एवं काव्यजन्य अनुभव में परिस्थितियों एवं प्रक्रियाओं का सूक्ष्म अन्तर रहता है जिसके कारण दोनों के स्वाद में भी अन्तर होना स्वाभाविक है।''[27] अभिनवगुप्त के मतानुसार लौकिक जीवन में आलम्बन को प्रत्यक्ष पाकर अगर हम उद्वेलित होते हैं तो भी अपनी निजता से बँधे होते हैं पर काव्य के आस्वादन से जब उद्वेलित होते हैं तो निजता का यह बोध पूर्णतया समाप्त हो जाता है। इसके बीच परिस्थितियों एवं प्रक्रियाओं के जिस सूक्ष्म अन्तर की ओर गणपतिचन्द्र गुप्त ने संकेत किया है, वह लौकिकता यानि मानवीय बोध से मुक्त होकर अलौकिक आनन्द की अनुभूति प्राप्त करने के बीच का ही अन्तर है। इस प्रकार अभिनवगुप्त से रस को अलौकिक मानने की धारणा बनने लगती है।

अभिनवगुप्त की विशेषता यह है कि वे साधारणीकरण को व्यंजना का विभावन व्यापार मानते हैं। इससे यह उलझन सहज ही दूर हो जाती है कि मंच पर अभिनय करनेवाले से सामाजिक को आनन्द कैसे प्राप्त हो सकता है। अभिनय देखने से वैयक्तिक विशिष्टता के भाव का लोप हो जाता है और सामाजिक मंच पर अभिनय करनेवाले से खुद को अभिन्न समझने लगता है। इसी को अभिनव गुप्त लौकिक से अलौकिक में परिणत होना कहते हैं। अभिनव भारती में कहा गया है—

''रसना बोधरूपैव। किन्तु बोधांतरेभ्यों लौकिकेम्यों विलक्षर्णेवोपायानां विभावादीनां लौकिकवैलक्षणयाद्र। तेन विभावादिसंयोगादुसना यतो निष्पद्यतेत: तथाविधरचनागोचरो लोकोत्तरोऽर्थो रस इति तात्पर्यं सूत्रस्य।''[28]

अभिनव गुप्त के कथन का अर्थ स्पष्ट करते हुए पं. रामदहिन मिश्र कहते हैं कि ''...रसना आस्वाद बोध रूप होती है। किन्तु लौकिक अन्य बोधों की अपेक्षा विलक्षण है, क्योंकि विभाव आदि उपाय लौकिक उपायों से विलक्षण होते हैं। विभाव आदि के संयोग से रसास्वाद होता है। अत: उस प्रकार रसास्वाद के गोचर होने के कारण रस लोकोत्तर या अलौकिक है।''[29]

अभिनवगुप्त के अनुसार कवि जब रसानुकूल पात्रों का निर्माण करता है और उसमें भावों को भरता है जिसे हम रस कहते हैं तब उसका परिणाम काव्य तक

ही सीमित नहीं रहता बल्कि सहृदय के भीतर उमड़कर वह विश्रान्ति पाता है। कवि और काव्य तक तो उसका रूप लौकिक ही रहता है पर सहृदय के हृदय में विश्रांति पाकर वह अलौकिकत्व प्राप्त कर लेता है।

## अभिनवगुप्त के परवर्ती युग का रस-चिन्तन और अलौकिकत्व की धारणा

अभिनवगुप्त के बाद रस-चिन्तन की प्रक्रिया को जिन विद्वानों ने आगे बढ़ाया उनमें भोजराज, मम्मट, रामचन्द्र गुणचन्द्र, शारदातनय, विश्वनाथ प्रमुख हैं। भोजराज के दो ग्रन्थों में रस-सिद्धान्त का विवेचन किया गया है, सरस्वती कंठाभरण और शृंगारप्रकाश में। इन्होंने रस के आधार के सन्दर्भ में 'अहं' का प्रश्न उठाया। आचार्य मम्मट रस-चिन्तन में कोई विशिष्ट आयाम नहीं जोड़ते। रामचन्द्र गुणचन्द्र ने अपने ग्रंथ 'नाट्य दर्पण' में रस को चमत्कार का पर्याय माना है। शारदातनय के बारे में गणपतिचन्द्र गुप्त का कहना है कि उन्होंने भोजराज की कल्पनाओं को व्यवस्थित रूप दिया है। इनके अनुसार मूल काम या इच्छा परमात्मा की सृष्टि करने की इच्छा है जो सृष्टि-निर्माण के बाद सांसारिक विषयों के समन्वय से रति, अन्ततः शृंगार कहलाती है। स्पष्ट रूप से ये रसानुभूति को अलौकिक सिद्ध करते हैं।

अभिनवगुप्त के परवर्ती युग में वस्तुतः पं. विश्वनाथ ने ही रस की अलौकिकता सिद्ध करते हुए काव्य में रसात्मकता का महत्त्व स्थापित किया। गुण, अलंकार आदि के महत्त्व को स्वीकार करते हुए भी इन्होंने काव्य की आत्मा 'रस' को ही कहा। लौकिक पदार्थ और *रस* में भेद स्पष्ट करते हुए इनका कहना है कि लौकिक पदार्थ का ज्ञान होता है रस का ज्ञान नहीं होता, प्रतीति होती है। लौकिक वस्तु नित्य होती है, पर रस नित्य नहीं है। "विभाव आदि के ज्ञान के पूर्व रस-संवेदन होता ही नहीं और नित्य वस्तु असंवेदन काल में अर्थात जब वस्तु का ज्ञान नहीं रहता तब भी नष्ट नहीं होती। रस ज्ञानकाल में ही रहता है, अन्य काल में नहीं। अतः उसे नित्य भी नहीं कह सकते। अतः रस लोक-वस्तु भिन्न धर्मा है, अलौकिक है।"[30]

विश्वनाथ के अनुसार लौकिक कार्य में कारण और कार्य एक साथ नहीं दिखाई देते पर "रसास्वाद के समय विभाव, अनुभाव और संचारी भावों के साथ ही स्थायी भाव रस-रूप में व्यक्त होता है, जो लौकिक कार्य के विपरीत है...।"[31] वे यह भी कहते हैं कि लौकिक कार्य काल की सीमाओं में बद्ध रहते हैं, पर रस काल की सीमा से परे होता है, अन्यथा अतीत की घटनाओं-दृश्यों को वर्तमान में देखकर आनन्द की प्राप्ति कैसे होती? भविष्य के लिए वे कहते हैं "भविष्यत् भी कैसे कहें जबकि वह आनन्दघन और प्रकाश रूप साक्षात्कार अनुभव का विषय

होता है। भविष्यत् की वस्तु वर्तमान में नहीं देखी जाती। अतः रस अलौकिक है।''[32]

आचार्य विश्वनाथ के बाद पंडित राज जगन्नाथ का इस क्षेत्र में नाम आता है। इनका ग्रंथ *रस गंगाधर* है। किन्तु प्राय इन्होंने अभिनवगुप्त की ही मान्यताओं को आगे बढ़ाया है। इस प्रकार यह स्पष्ट हो जाता है कि संस्कृत काव्यशास्त्र में रस को अलौकिक रूप दे दिया गया। यह धारणा आधुनिक काल तक चली आती है, यानी शुक्ल जी के पहले तक।

रस की आध्यात्मिक व्याख्या और उसे अलौकिक मानने की परम्परा इतनी मजबूत रही है कि आधुनिक काल के प्रख्यात सौन्दर्यशास्त्री आनन्दकुमार स्वामी भी इसके प्रभाव में थे। यह ध्यातव्य है कि भारतीय सौन्दर्यशास्त्र विवेचन की परम्परा में इनका महत्त्व अतुलनीय है। नवजागरण के दिनों में इन्होंने भारतीय कला, समाज और संस्कृति को पाश्चात्य सिद्धान्तों के समकक्ष रखकर विश्लेषित किया और 'धार्मिक समाजशास्त्र' की नींव डाली। चन्द्रशेखर जहाँगीरदार इन पर लिखे गये अपने लेख 'आनन्दकुमार स्वामी और भारतीय सौन्दर्यशास्त्र की परम्परा' में कहते हैं—

''...उनका धार्मिक समाजशास्त्र इसलिए अर्थपूर्ण है कि वह उनके कला-सिद्धान्त की बुनियाद है जिसमें उन्होंने भारतीय कला-स्वरूप के विशिष्ट प्रतिमानों और पैरामीटरों को बनाने और परिभाषित करने का अथक प्रयास किया है। कुमारस्वामी इस तरह धुँधली और मेघाच्छन्न वैश्विकतावादी भूमिका को नकारते हैं। हमारे लिए यह भी महत्त्वपूर्ण है कि वे दो टूक शब्दों में यूरो केन्द्रित भूमिका को भी नकारते हैं। कुमारस्वामी का विश्वास है कि कला की प्रत्येक राष्ट्रीय परम्परा का अपना स्वभाव होता है और उसी के तहत उसका मूल्यांकन और रस-ग्रहण होना चाहिए।''[33]

तुलनात्मक सौन्दर्यशास्त्र के क्षेत्र में आनन्दकुमार स्वामी का कार्य बहुत मूल्यवान है, लेकिन इनकी सीमा कहें कि इन्होंने भी रस को अलौकिकता से ही जोड़ा। निर्मला जैन का कथन दृष्टव्य है— ''रसानुभूति की व्याख्या भी आनन्दकुमार स्वामी ने अध्यात्म प्रधान ही की है और यह आकस्मिक नहीं है कि रसानुभूति के स्वरूप की व्याख्या करने के लिए उन्होंने मुख्य आधार के रूप में अभिनवगुप्त को स्वीकार न करके साहित्य दर्पणकार विश्वनाथ को ही चुना है जिनका रस-विवेचन अपेक्षाकृत अध्यात्मोन्मुख है।''[34]

ऊपर के वाक्य में अभिनव गुप्त के अपेक्षाकृत विश्वनाथ के रस-विवेचन को अध्यात्मोन्मुख कहा गया है। इसमें अपेक्षाकृत पर ध्यान देने की आवश्यकता

है। इसमें यह ध्वनित होता है कि अभिनवगुप्त ने रस के अलौकिकत्व का जो संकेत किया था वह विश्वनाथ तक आते-आते काफी महत्त्व पा गया था और आनन्दकुमार स्वामी तक उसके प्रभाव में रहे जबकि अभिनवगुप्त के मन में लौकिक सुख-दुख और आनन्द को लेकर द्वन्द्व था।[35]

## रस का लोकवादी विवेचन और आचार्य रामचन्द्र शुक्ल

19वीं शताब्दी का उत्तरार्द्ध भारतीय जीवन-दृष्टि, सामाजिक और सांस्कृतिक क्षेत्रों में नवजागरण का काल है और इसकी गूँज उस काल के साहित्य में सुनाई पड़ती है। निश्चित रूप से इसमें पश्चिम में हो रहे चिन्तन-मनन की भूमिका है, भले ही यह भूमिका टकराव के रूप में ही क्यों न हो। इस टकराव के फलस्वरूप जो नवजागरण घटित हुआ उसमें मध्ययुगीन अतार्किक, अमूर्त और मिथकीय दृष्टि के स्थान पर वैज्ञानिक, मानवतावादी तथा कर्म-सौन्दर्य को महत्त्व देनेवाली दृष्टि का उदय हुआ। यूरोप में डार्विन, मार्क्स, फ्रायड, आइंस्टाइन जैसे चिन्तकों ने वैज्ञानिक दृष्टि दी। स्वाभाविक है कि लोकसापेक्ष और तर्क प्रधान मानववादी दृष्टि के उदय में इनका प्रभाव महत्त्वपूर्ण होता। अनेक यूरोपीय चिन्तकों, वैज्ञानिकों के ग्रन्थों का अनुवाद किया गया जिनमें डार्विन, हर्बट स्पेंसर, स्टुअर्ट मिल, बेकन तथा साहित्य के क्षेत्र में शेक्सपीयर के नाटकों के अनुवाद विशेष रूप से उल्लेखनीय हैं। स्वयं आचार्य रामचन्द्र शुक्ल ने प्रसिद्ध प्राणिशास्त्री हैकल के ग्रन्थ 'रिड्ल ऑफ यूनिवर्स' का हिन्दी में अनुवाद किया। इसके अतिरिक्त उन्होंने एडीसन के निबन्ध 'प्लेजर्स ऑफ इमैजिनेशन' का *कल्पना का आनन्द* शीर्षक से अनुवाद किया। इस प्रकार भारतेन्दु युग से चिन्तन-मनन की जिस आधुनिक धारा का प्रस्फुटन हुआ आचार्य रामचन्द्र शुक्ल ने उसे गति प्रदान की और हिन्दी आलोचना के स्वतन्त्र विकास में इस आधुनिक, वैज्ञानिक और तार्किक चिन्तन पद्धति ने केन्द्रीय भूमिका निभाई। इस प्रसंग में शुक्ल जी के निबन्ध What has India to do? को देखना चाहिए। इस निबन्ध से यह पता चलता है कि रचना-कर्म के सामाजिक-राजनीतिक परिप्रेक्ष्य के सन्दर्भ में उनका क्या रुख था। इस निबन्ध के प्रारम्भ में ही वे कहते हैं कि 'हमें समाज सुधारक, राजनीतिक आन्दोलनकर्त्ता, कवि और शिक्षाविद् इन सबकी एक ही साथ एक ही समय में जरूरत है।'[36] इस प्रसंग में कुछ विशेष कहने की आवश्यकता नहीं है। इतना ही निवेदन करना काफी होगा कि शुक्ल जी साहित्य को लोक जीवन से विच्छिन्न करके नहीं देखते थे और यही वह आधार है जिस पर उन्होंने हिन्दी की आलोचना का स्वतन्त्र ढाँचा तैयार किया।

पूर्व के विवेचन में रस के स्वरूप और रस–निष्पत्ति तथा साधारणीकरण के सम्बन्ध में शुक्ल जी के पूर्ववर्ती सिद्धान्तों, मतों का विवेचन किया गया है। यहाँ यह कहना आवश्यक है कि 'रस' काव्य का केन्द्रीय विमर्श है। संस्कृत काव्य–विवेचन की परम्परा में भामह, दंडी, रुद्रट, वामन हों या आनन्दवर्धन अर्थात अलंकारवादी हों या ध्वनिवादी, सबने रस की व्याख्या की है। इसके साथ ही यह तथ्य भी उभरकर सामने आता है कि रस को संस्कृत काव्यशास्त्र में लोकोत्तर माना गया। भट्टनायक ने रस को आत्म चैतन्य से प्रकाशित आनन्दमयी चेतना माना। संस्कृत आचार्यों का एक वर्ग सुख–दुखात्मक आधार पर रस की व्याख्या करता है तो दूसरा वर्ग उसे 'एकान्त आनन्द स्वरूप' मानता है। एकान्त आनन्द स्वरूप मानने वालों में भट्टनायक हैं और इसी आधार पर अभिनवगुप्त ने सभी रसों को आनन्दस्वरूप मानते हुए इसे ब्रह्मानन्द की संज्ञा दी।

पूर्व के विवेचन में यह चर्चा हो चुकी है कि अभिनवगुप्त के बाद रस को अलौकिक ही माना गया। इस प्रकार संस्कृत काव्य–शास्त्रीय विवेचन में लोक से विमुख दृष्टिकोण आधार रूप में मौजूद है। आचार्य रामचन्द्र शुक्ल प्रथम आलोचक हैं जिन्होंने हिन्दी आलोचना को संस्कृत काव्यशास्त्र के अलौकिक आधार से अलग करके लोकभूमि पर खड़ा किया और इस प्रकार हिन्दी की स्वतन्त्र समीक्षा पद्धति का उदय हुआ। हिन्दी की स्वतन्त्र आलोचना के विकास के प्रति शुक्ल जी कितने गम्भीर थे, इसके प्रमाण के लिए 'काव्य में रहस्यवाद' की इन पंक्तियों का उल्लेख आवश्यक मालूम पड़ता है—"यह अच्छी तरह समझ लेना चाहिए कि हमारे काव्य का, हमारे साहित्य शास्त्र का एक स्वतन्त्र रूप है जिसके विकास की क्षमता और प्रणाली भी स्वतन्त्र है। उसकी आत्मा को, उसकी छिपी हुई भीतरी प्रकृति को पहले जब हम सूक्ष्मता से पहचान लेंगे तभी दूसरे देशों के साहित्य के स्वतन्त्र पर्यालोचन द्वारा अपने साहित्य के उत्तरोत्तर विकास का विधान कर सकेंगे।"[37]

शुक्ल जी रसवादी आलोचक थे और हिन्दी की स्वतन्त्र आलोचना के विकास के लिए उन्होंने रस पर मौलिक ढंग से विचार किया। यह मौलिकता पूर्ववर्ती रस चिन्तकों के द्वारा रस को अलौकिक मानने की परम्परा से भिन्न एक नई चिन्तन–पद्धति का सूत्रपात करती है। इस सन्दर्भ में सबसे उल्लेखनीय बात यह है कि उन्होंने रस के दार्शनिक आधार को अस्वीकार कर दिया और उसे भाव की लोकभूमि पर खड़ा कर दिया। अपने प्रसिद्ध निबन्ध 'साधारणीकरण और व्यक्तिवैचित्र्यवाद' में वे कहते हैं—

"...सच्चा कवि वही है जिसे लोक हृदय की पहचान हो, जो अनेक

विशेषताओं और विचित्रताओं के बीच मनुष्य जाति के सामान्य हृदय को देख सके। इसी लोक हृदय में हृदय के लीन होने की दशा का नाम रस-दशा है।''[38] शुक्ल जी के लिए यह रस दशा हृदय की मुक्तावस्था है। रामलाल सिंह कहते हैं—''रस-दशा को हृदय की मुक्तावस्था मानना तथा लोक हृदय में व्यक्ति हृदय का लीन होना स्वीकृत करना सूक्ष्मतः एक ही बात है। जब हम किसी वस्तु को अपना ध्यान, अपना संकुचित स्वार्थ छोड़ लोक से सम्बद्ध देखेंगे तब रस भूमि की सीमा के भीतर पहुँचेंगे। अपनी इष्ट हानि या अनिष्ट प्राप्ति से जो शोक नामक वास्तविक दुःख होता है वह तो रस कोटि में नहीं आता, पर दूसरे की पीड़ा-वेदना जो करुणा जगाती है उसकी सच्ची अनुभूति रसानुभूति कही जा सकती है।''[39]

यह ध्यान देने की बात है कि शुक्ल जी साधारणीकरण की परिभाषा देते हुए स्पष्ट रूप में उसके लोकधर्मी होने का संकेत देते हैं—

''किसी काव्य का श्रोता या पाठक जिन विषयों को मन में लाकर रति, करुणा, क्रोध, उत्साह इत्यादि भावों तथा सौन्दर्य, रहस्य, गाम्भीर्य आदि भावनाओं का अनुभव करता है वे अकेले उसी के हृदय से सम्बन्ध रखनेवाले नहीं होते, मनुष्य मात्र की भावात्मक सत्ता पर प्रभाव डालने वाले होते हैं। इसी से उक्त काव्य को एक साथ पढ़ने या सुननेवाले सहस्रों मनुष्य उन्हीं भावों या भावनाओं का थोड़ा-बहुत अनुभव कर सकते हैं। जब तक किसी भाव का कोई विषय इस रूप में नहीं लाया जाता कि वह सामान्यतः सबके उसी भाव का अवलम्बन हो सके तब तक उसमें रसोद्‌बोधन की पूर्ण शक्ति नहीं आती। इसी रूप में लाया जाना हमारे यहाँ साधारणीकरण कहलाता है।''[40]

उपर्युक्त उद्धरण से यह स्पष्ट ध्वनित होता है कि कविता मनुष्य को निजता से मुक्त करके सामान्य सम्बन्धों की भूमि पर ले जाती है। साधारणीकरण की प्रक्रिया पर विचार करते हुए शुक्ल जी यह मत प्रस्तुत करते हैं कि साधारणीकरण आलम्बन धर्म का होता है। इस प्रसंग में उन्होंने 'विशेष' और 'सामान्य' का प्रश्न उठाया है। निम्नांकित उद्धरण द्रष्टव्य है—''काव्य का विषय सदा विशेष होता है सामान्य नहीं, वह व्यक्ति सामने लाता है जाति नहीं। यह बात आधुनिक कला समीक्षा के क्षेत्र में पूर्णतया स्थिर हो चुकी है। अनेक व्यक्तियों के रूप-गुण आदि के विवेचन द्वारा कोई वर्ग या जाति ठहराना, बहुत-सी बातों को लेकर सामान्य सिद्धान्त प्रतिपादित करना, यह सब तर्क और विज्ञान का काम है—निश्चयात्मिका बुद्धि का व्यवसाय है। काव्य का काम है कल्पना में बिम्ब या मूर्त भावना उपस्थित करना, बुद्धि के सामने कोई विचार लाना नहीं। बिम्ब जब

होगा तब विशेष या व्यक्ति का ही होगा। सामान्य या जाति का नहीं।''[41] शुक्ल जी स्वयं प्रश्न उठाते हैं कि विशेष या व्यक्ति की बात कहीं साधारणीकरण के विरुद्ध तो नहीं जाती? वे स्वयं इसका उत्तर देते हैं—

''विचार करने पर स्पष्ट हो जाएगा कि दोनों में कोई विरोध नहीं पड़ता...साधारणीकरण का अभिप्राय यह है कि पाठक या श्रोता के मन में जो व्यक्ति विशेष या वस्तु विशेष आती है वह जैसे काव्य में वर्णित आश्रय के भाव का आलम्बन होती है, वैसे ही सब सहृदय पाठकों या श्रोताओं के भाव का आलम्बन हो जाती है।''[42]

व्यक्ति में सामान्य की प्रतिष्ठा की बात कहकर शुक्ल जी रस-प्रकरण में लोक को महत्त्व दे रहे थे और एक तरफ पूर्ववर्ती आचार्यों के अलौकिकत्व की धारणा का खंडन कर रहे थे तो दूसरी ओर पश्चिमी दृष्टिकोण *विरल विशेष* के विधान को भी अस्वीकार कर रहे थे। ये पंक्तियाँ उल्लेखनीय हैं—'' कविता इसलिए लिखी जाती है कि एक ही भावना सैकड़ों-हजारों क्या, लाखों दूसरे आदमी ग्रहण करें।''[43] शुक्ल जी का मत है कि काव्य में भाव और विभाव अन्योन्याश्रित रहते हैं और इसलिए दोनों मौजूद रहते हैं। रस-मीमांसा में उन्होंने कहा है कि जहाँ एक ही पक्ष का वर्णन रहता है वहाँ भी दूसरा पक्ष अव्यक्त रूप में रहता है।''[44]

## रसानुभूति की लोकधर्मिता

स्पष्टत: शुक्ल जी रसानुभूति को लोकधर्मी मानते हैं। इसीलिए वे रसानुभूति की दो विशेषताएँ मानते हैं—''आश्रय के साथ तादात्म्य तथा आलम्बन का सहृदय मात्र के साथ साधारणीकरण, अर्थात उस आलम्बन के प्रति सारे सहृदयों के हृदय में उसी भाव का उदय। यहाँ यह स्मरण रखना चाहिए कि रसानुभूति की दोनों विशेषताएँ आलम्बन के लोकधर्मी होने पर ही उत्पन्न होंगी।''[45]

शुक्ल जी के लिए काव्यानुभव यथार्थ जीवन के अनुभव से भिन्न नहीं है। संस्कृत काव्यशास्त्रीय परम्परा और रस-विवेचन में काव्यानुभव को लोकोत्तर माना गया है, स्पष्टत: शुक्ल जी इसे स्वीकार करते नहीं दीखते—

''शुक्ल जी के रस सम्बन्धी चिन्तन के आधार में यह मान्यता अन्तर्निहित रही है कि काव्य का अनुभव जगत हमारे जीवन के अनुभव जगत से अलग नहीं है, जबकि रस के व्याख्याकार अनेक आचार्य इस काव्य के अनुभव को जीवनगत अनुभव से विशिष्ट और लोकोत्तर स्वीकार करते हैं। जैसा कि कहा गया है कि शुक्ल जी भी इस अनुभव को समग्र और व्यापक मानते हैं लेकिन उनकी विवेचना

से यह स्पष्ट होता है कि वह इस व्यापक और समग्र अनुभव को भी जीवनगत अनुभव से अलग नहीं मानते। इसी कारण उन्होंने साधारणीकरण की प्रक्रिया में सामाजिक का आश्रय के साथ तादात्म्य माना है।''[46]

ध्यातव्य है कि शुक्ल जी रसानुभूति की प्रक्रिया पर विचार करते हुए तीन कोटि के काव्य की मान्यता प्रस्तुत करते हैं—उत्तम, मध्यम और अधम। जब सामाजिक का आश्रय के साथ पूर्ण तादात्म्य होता है तो वे उसे उत्तम कोटि का काव्य कहते हैं। जहाँ तादात्म्य नहीं हो पाता उसे मध्यम कोटि का और आश्रय की भाव-व्यंजना के साथ कुछ भी तादात्म्य नहीं होने पर उसे अधम कोटि का काव्य उन्होंने माना है।[47] शुक्ल जी पुराने आचार्यों से अपनी भिन्नता प्रकट करते हुए रसानुभूति की तीन अवस्था को भी इस दशा के अन्तर्गत व्याख्यायित करते हैं—''साधारणीकरण के प्रतिपादन में पुराने आचार्यों ने श्रोता (पाठक) और आश्रय (भाव व्यंजना करनेवाला पात्र) के तादात्म्य की अवस्था का ही विचार किया है जिसमें आश्रय किसी काव्य या नाटक के पात्र के रूप में आलम्बन रूप किसी दूसरे पात्र के प्रति किसी भाव की व्यंजना करता है और श्रोता (या पाठक) उसी भाव का रस-रूप में अनुभव करता है। पर रस की एक नीची अवस्था और है जिसका हमारे यहाँ के साहित्य ग्रन्थों में विवेचन नहीं हुआ है। उसका भी विचार करना चाहिए।''[48] इस रस-दशा में आश्रय के साथ तादात्म्य और उसके आलम्बन का साधारणीकरण नहीं होता फिर भी शुक्ल जी इसे भी रस दशा ही कहते हैं—

''किसी भाव की व्यंजना करनेवाला कोई क्रिया या व्यापार करनेवाला पात्र भी शील की दृष्टि से श्रोता या दर्शक के किसी भाव का—श्रद्धा, घृणा, रोष, आश्चर्य, कुतूहल या अनुराग का आलम्बन होता है। इस दशा में श्रोता या दर्शक का हृदय उस पात्र के हृदय से अलग रहता है—अर्थात श्रोता या दर्शक उसी भाव का अनुभव नहीं करता जिसकी व्यंजना पात्र अपने आलम्बन के प्रति करता है, बल्कि व्यंजना करनेवाले उस पात्र के प्रति किसी और ही भाष का अनुभव करता है। यह दशा भी एक प्रकार की रस-दशा ही है—यद्यपि इसमें आश्रय के साथ तादात्म्य और उसके आलम्बन का साधारणीकरण नहीं रहता।''[49] मध्यम कोटि के काव्य में श्रोता या पाठक शील-द्रष्टा या प्रकृति-द्रष्टा के रूप में प्रभाव ग्रहण करेगा।[50]

उपर्युक्त उद्धरणों से यह मालूम पड़ता है कि शुक्ल जी लोक जीवन के यथार्थ को काव्य जगत से भिन्न नहीं मानते थे। रघुवंश कहते हैं—

''आश्रय के साथ सामाजिक के तादात्म्य की बात उठाकर उन्होंने ऐसे लोकनायकों की महत्ता को प्रतिपादित किया है जो लोक मंगल के विधायक होते हैं।''[51] आचार्य शुक्ल स्पष्ट रूप से कहते हैं कि रसानुभूति या काव्यानुभूति

लोकोत्तर नहीं होती है। 'काव्य में रहस्यवाद' शीर्षक निबन्ध में वे कहते हैं— "...वास्तव में वह जीवन के भीतर की ही अनुभूति है, आसमान से उतरी हुई कोई वस्तु नहीं है। इसी प्रकार कविता और कवि की स्तुति में जो बहुत से अलंकारपूर्ण वाक्य इधर कुछ दिनों से कहे-सुने और लिखे जाने लगे हैं, उन्होंने अर्थशून्य शब्दों का एक ऐसा झूठा परदा खड़ा कर दिया है जिसके कारण काव्य भूमि बहुत कुछ और अन्धकार में पड़ती जाती है।"[52]

आचार्य शुक्ल ने रस के सम्बन्ध में जो विचार किया उसके पीछे पूर्व काव्यशास्त्रीय परम्परा के प्रभाव के बजाय नवीन चिन्तन पद्धतियों का प्रभाव अधिक था। यह पूर्व में निवेदन किया जा चुका है कि आचार्य शुक्ल के आलोचकीय व्यक्तित्व का निर्माण नवजागरण के वातावरण में हुआ था और उस समय की विशेषता है कि ज्ञान-विज्ञान के क्षेत्र में पश्चिम से विभिन्न चिन्तन पद्धतियाँ भारत में आ रही थीं और भारतीय जनमानस वैज्ञानिकता की ओर उन्मुख हो रहा था। भले ही अँग्रेजों ने अपने ही हित को ध्यान में रखकर भारतीय जनमानस को अमूर्त अध्यात्मवाद से बाहर निकाला, पर यह तो महत्त्वपूर्ण है कि उसे भौतिकवादी यथार्थ की भूमि पर खड़ा होने में मदद की। इस सम्बन्ध में समाजशास्त्री ए.आर. देसाई की यह टिप्पणी महत्त्वपूर्ण है—

"अँग्रेजों के आने के पहले भारत का आर्थिक और वैज्ञानिक विकास बहुत कम हुआ था। विश्व के बहुत सारे राष्ट्र जब सभ्य जीवन के पथ पर अग्रसर हुए उसके सदियों पहले भारतीयों ने गणित, रसायन और औषधि विज्ञान में पथ प्रदर्शक का काम किया लेकिन सम्भवत: इसीलिए भारतीय समाज लगभग उसी पुराने आर्थिक और सांस्कृतिक स्तर पर बहुत दिनों तक स्थिर रहा और भारतीय जन-जीवन का समुचित विकास नहीं हो सका। भारतीयों ने इस लम्बी अवधि में उपनिषद के आदर्शवादी दर्शन के अनेकानेक भाष्य प्रस्तुत किये। लेकिन प्रकृति विज्ञान और प्रौद्योगिकी के क्षेत्र में इनकी देन कुछ विशेष नहीं रही। आधुनिक शिक्षा का प्रारम्भ कर अँग्रेज वैज्ञानिक और समाजशास्त्री ज्ञान के क्षेत्र में भारत को आधुनिक पाश्चात्य उपलब्धियों के क्षेत्र में ले आये।"[53]

## रस-विवेचन और पाश्चात्य जीवन-दृष्टि

आचार्य शुक्ल ने हिन्दी आलोचना को जो स्वरूप दिया और इसके लिए रस-विवेचन की जो पद्धति अपनाई उसके पीछे पाश्चात्य सम्पर्क से विकसित वैज्ञानिक-भौतिकवादी दृष्टि काम कर रही थी। यह कथन द्रष्टव्य है—

"रस की व्याख्या करते समय आचार्य शुक्ल पश्चिम की भौतिकवादी-

प्रकृतवादी विचारधारा से प्रभावित थे—इस विचारधारा की केन्द्रीय चिन्तन उनमें हैकल की पुस्तक 'द रिडल ऑफ यूनीवर्स' से ही भर गयी थी। उन्हें जीवन तथा जगत सम्बन्धी धारणाओं के बदलाव ने रस-चिन्तन के बदलाव की ओर प्रवृत्त किया है। उन्होंने इसी प्रभाव में स्पष्ट कहा है कि रसानुभूति प्रत्यक्ष या वास्तविक अनुभूति से सर्वथा पृथक कोई अन्तर्वृत्ति नहीं है बल्कि उसी का एक उदात्त और अवदात्त रूप है।''[54] आगे के विवेचन में इस पर विचार किया जाएगा कि पाश्चात्य चिन्तन के सन्दर्भ में शुक्ल जी का क्या रुख था।

काव्यानुभव के आस्वाद को आचार्यों ने आनन्दरूप कहा था। सांख्य तथा जैन दर्शन से प्रभावित आचार्यों की परम्परा में लौकिक प्रमाणों से रस की दुःख-सुखरूपता सिद्ध की गयी है।[55] ध्वनिवादी आचार्य आनन्दवर्धन ने पहली बार रसास्वाद को एक मात्र आनन्द की मान्यता दी। इसी मत को अभिनवगुप्त ने आगे बढ़ाया। इस परम्परा के विरुद्ध आचार्य शुक्ल का मत है कि रस आनन्द का न तो पर्याय है न आनन्दरूपता मात्र उसका गुण है। जगह जगह 'रस मीमांसा' के निबन्धों में उन्होंने रस की आनन्दरूपता का प्रबल ढंग से विरोध किया।''[56]

ध्यातव्य है कि काव्य की रस-दशा को शुक्ल जी हृदय की मुक्तावस्था कहते हैं तो इसके पीछे यही कारण है। निस्सन्देह शुक्ल जी का रस-विवेचन, जो उनकी आलोचना-पद्धति का केन्द्र है पूर्ववर्ती आचार्यों से उन्हें भिन्न करता है। डॉ. नगेन्द्र आचार्य शुक्ल के रस-विवेचन को संस्कृत ही नहीं सभी भारतीय भाषाओं में किये गये रस-विवेचन से विशिष्ट मानते हैं—

"The Traditon of Serious speculation on the Theory of Rasa or the Nature of Aesthetic Experience which has ended with Panditaraja Jagannatha in the middle of the 17th century was revived after a gap of about three hundred years in the first quarter of the present century. A number of stalwarts in different indian languages deal with various aspects of the Emotive element in poetry in great detail and depth in the light of the literary speculation of modern times. They were all erudite scholars of Sanskrit classics on poetics and their knowledge of the subject was more extensive and authentic but they were by and large commentators. Shukla's attitude however, was more critical and his interpretations were more creative, because his approach was basically inductive."[57]

रस-विवेचन को केन्द्र बनाकर शुक्ल जी ने हिन्दी आलोचना की जो एक

परम्परा विकसित की, उसका आधार उनका लोकवाद ही था। उन्होंने आलोचना को हर तरह की भाववादी और व्यक्तिवादी धारणाओं से मुक्त किया। रामविलास शर्मा का भी मत है कि "शुक्ल जी जीवन और साहित्य के भावों में बुनियादी अन्तर नहीं मानते। इतना ही नहीं वे रस की स्थिति साहित्य से अलग लौकिक जीवन में भी मानते हैं...रस लौकिक है, लौकिक जीवन में भी रस है। लोक जीवन की ठोस धरती पर पैर रोपकर आचार्य शुक्ल ने इस-सिद्धान्त की घोषणा की कि लोक हृदय में लीन होने की दशा का नाम रस दशा है।"[58] जीवन और साहित्य के भावों को भिन्न-भिन्न न मानकर शुक्ल जी ने साहित्य-आलोचना के लोकवादी रूप को आधार दिया।

## महाकाव्य और अलंकारों के सन्दर्भ में नया विधान

रस और साधारणीकरण के बारे में प्रचलित शास्त्रीय दृष्टिकोण से भिन्न नये और मानवीय परिप्रेक्ष्य में विचार करने के साथ-साथ शुक्ल जी ने संस्कृत-आलोचना के अन्य मुद्दों पर भी नये ढंग से विचार किया। महाकाव्य और अलंकारों के सम्बन्ध में उनके दृष्टिकोण की चर्चा इस प्रसंग में अपेक्षित है।

संस्कृत काव्यशास्त्रीय विवेचन की परम्परा में सबसे पहले दंडी के 'काव्यादर्श' में महाकाव्य के लक्षणों पर विचार किया गया है। उनके अनुसार महाकाव्य के निम्नांकित लक्षण हैं—

1. महाकाव्य सर्गबद्ध होता है।
2. महाकाव्य में एक ही नायक होता है और वह देवता होता है या धीरोदात्त गुणों से युक्त कोई क्षत्रिय।
3. वीर, श्रृंगार, या शान्त में से कोई रस मुख्य (अंगी) होता है। अन्य रस गौण रूप में होते हैं।
4. महाकाव्य का कथानक इतिहास प्रसिद्ध होता है।
5. प्रत्येक सर्ग में एक ही वृत्त में रचना की जाती है, पर सर्ग के अन्त में वृत्त बदल दिया जाता है। सर्ग न तो बहुत छोटे होने चाहिए न बहुत बड़े। आठ से अधिक सर्ग होने चाहिए और हर सर्ग के अन्त में आगामी कथानक की सूचना होनी चाहिए।
6. वृत्त को अलंकृत करने के लिए संध्या, सूर्योदय, चन्द्रोदय, रात्रि, प्रदोष, अन्धकार, वन, ऋतु, समुद्र, पर्वत आदि प्राकृतिक दृश्यों का वर्णन अवश्य होना चाहिए। बीच-बीच में वीर रस के प्रसंग में युद्ध, मन्त्रणा, शत्रु पर चढ़ाई आदि विषयों का भी सांगोपांग वर्णन रहता है।

7. नायक तथा प्रतिनायक का संघर्ष महाकाव्य की मुख्य वस्तु होती है।
8. महाकाव्य का मुख्य उद्देश्य धर्म तथा न्याय का विकास तथा अधर्म और अन्याय का विनाश होना चाहिए।

(उपर्युक्त विवरण बलदेव उपाध्याय के ग्रन्थ 'संस्कृत साहित्य का इतिहास' के पृ.138 के आधार पर प्रस्तुत किये गये हैं।)

आचार्य बलदेव उपाध्याय का कथन है कि "रुद्रट ने अपने काव्यालंकार में दंडी के द्वारा निर्दिष्ट काव्य लक्षणों को कुछ विस्तार के साथ दुहराया है।"[59]

आचार्य शुक्ल रसवादी आलोचक थे। महाकाव्य के सम्बन्ध में उनके विधान का मूल्यांकन करते हुए भी इस तथ्य को ध्यान में रखना आवश्यक है। कृष्णदत्त पालीवाल कहते हैं, "वे कथा या इतिवृत्त के आधार पर प्रबन्ध काव्य में रसात्मकता तथा कथात्मकता को बराबर महत्त्व देते रहे हैं। मार्मिक कथा का लक्ष्य है—रसानुभूति। यह रसानुभूति यदि जीवन-वैविध्य से उत्पन्न हो तो श्रेष्ठ प्रबन्ध काव्य की रसानुभूति मानी जाएगी।"[60] 'रामचरित मानस' की ओर अत्यधिक आकृष्ट होने का कारण उसका रचना कौशल, प्रबन्ध पटुता, सहृदयों का आदर्श समीकरण ही है।

'हिन्दी साहित्य का इतिहास' में वे कहते हैं—"रचना, कौशल, प्रबन्ध-पटुता, सहृदयता आदि सब गुणों का समाहार हमें 'रामचरित मानस' में मिलता है। पहली बात जिस पर ध्यान जाता है, वह है कथाकाव्य के सब अवयवों का उचित समीकरण। कथाकाव्य या प्रबन्ध काव्य के भीतर इतिवृत्त, वस्तु-व्यापार वर्णन, भाव व्यंजना और संवाद, ये अवयव होते हैं।

दूसरी बात है कथा के मार्मिक स्थलों की पहचान। अधिक विस्तार हमें ऐसे ही प्रसंगों का मिलता है जो मनुष्य मात्र के हृदय को स्पर्श करने वाले हैं—जैसे जनक की वाटिका में राम-सीता का परस्पर दर्शन, राम-वन-गमन, दशरथ-मरण, भरत की आत्मग्लानि, वन के मार्ग में स्त्री-पुरुषों की सहानुभूति, युद्ध में लक्ष्मण को शक्ति लगना, इत्यादि।"[61] भाषा की प्रसंगानुकूलता पर भी वे बल देते हैं। केशव उन्हें प्रबन्ध काव्य के अनुकूल नहीं लगे—"जीवन के नाना गम्भीर और मार्मिक पक्षों पर उनकी दृष्टि नहीं थी। प्रबन्ध-पटुता उनमें कुछ भी न थी। प्रबन्ध काव्य के लिए तीन बातें अनिवार्य हैं (1) सम्बन्ध-निर्वाह (2) कथा के गम्भीर और मार्मिक स्थलों की पहचान (3) दृश्यों की स्थानगत विशेषता।"[62] जाहिर है कि जिन गुणों के कारण 'रामचरित मानस' की वे प्रशंसा करते हैं, केशव में उनका अभाव है। इस प्रकार डॉ. कृष्णदत्त पालीवाल का यह कथन सत्य प्रतीत होता है कि प्रबन्ध एवं मुक्तक काव्य पर शुक्ल जी ने रस की दृष्टि से विचार

किया है।[63]

शुक्ल जी प्रबन्ध को विस्तृत वनस्थली कहते थे, इसका कारण यही था कि वे इसमें विविध भावों के रसात्मक अनुभव की गुंजाइश देखते थे। 'जायसी ग्रंथावली' की भूमिका में उन्होंने कहा है कि "...उसमें घटनाओं की सम्बद्ध शृंखला और स्वाभाविक क्रम के ठीक-ठीक निर्वाह के साथ-साथ हृदय को स्पर्श करने वाले उठे नाना भावों का रसात्मक अनुभव करानेवाले प्रसंगों का समावेश होना चाहिए। इतिवृत्त मात्र के निर्वाह से रसानुभव नहीं कराया जा सकता। इसके लिए घटना चक्र के अन्तर्गत ऐसी वस्तुओं और व्यापारों का प्रतिबिम्बवत् चित्रण होना चाहिए जो श्रोता के हृदय में रसात्मक तरंगें उठाने में समर्थ हों।"[64]

महाकाव्य के सन्दर्भ में शुक्ल जी ने जो नये ढंग से विचार किया, उपर्युक्त कथन में उसे देखा जा सकता है। कृष्णदत्त पालीवाल का कहना है कि पुरानी कविता में प्रबन्ध का रूप कथात्मक और वस्तुवर्णनात्मक ही चला आता था। या तो कथाओं, ऐतिहासिक वृत्तों को लेकर छोटे-बड़े आख्यानक काव्य रचे जाते या वस्तुवर्णनात्मक प्रबन्ध।[56] शुक्ल जी ने महाकाव्य के शास्त्रीय विधानों को अस्वीकार करते हुए खुली दृष्टि अपनायी और इसी के कारण 'कामायनी' का महाकाव्य स्थापित हो सका— "उन्होंने अच्छी तरह अनुभव किया है कि प्रबन्धकाव्य के शैलीगत भेदों पर बदलती हुई प्रबन्ध-दृष्टि की छाप है तभी तो 'कामायनी' के प्रबन्ध-रूप को रूपक काव्य नामक काव्य-रूप स्वीकार किया है। 'कामायनी' का प्रबन्धत्व उस अर्थ में प्रबन्ध काव्य का ढाँचा धारण नहीं किये हैं जिस अर्थ में कालिदास, तुलसी, मैथिलीशरण गुप्त आदि के काव्य...। भारतीय काव्यशास्त्र में प्रबन्ध के जितने भी अनुशासन हैं—'कामायनी' उन्हें तोड़कर नयी प्रबन्ध-प्रतिमा निर्मित करती है।"[66]

इस नये विधान का आधार क्या है, इस पर ध्यान देने की जरूरत है। राम स्वरूप चतुर्वेदी 'लोक मंगल की साधनावस्था' को इसका आधार बतलाते हैं— "काव्य में लोकमंगल की साधनावस्था के चित्रण के लिए आचार्य शुक्ल प्रबन्ध-रचना, विशेषत: महाकाव्य को उपयुक्त माध्यम मानते हैं।"[67]

कामायनी के महाकाव्यत्व पर विचार करते हुए शुक्ल जी कहते हैं—"किसी एक विशाल भावना को रूप देने की ओर भी अन्त में प्रसाद जी ने ध्यान दिया, जिसका परिणाम है 'कामायनी'। इसमें उन्होंने अपने प्रिय आनन्द की प्रतिष्ठा दार्शनिकता के ऊपरी आभास के साथ कल्पना की मधुमती भूमिका बनाकर दी है।"[68]

स्पष्ट है कि विशाल भावना आनन्द को कहा गया है। यानी शुक्ल जी

कामायनी के महाकाव्यत्व पर विचार करते हुए इतिवृत्त से आगे बढ़ जाते हैं। कहने की जरूरत नहीं कि इस काव्य के मूल्यांकन में महाकाव्य के पूरे स्थापित ढाँचे को शुक्ल जी ने तोड़ दिया है। इसकी न्यूनता को नजर अन्दाज न करते हुए भी वे स्पष्ट कहते हैं—"यदि हम इस विशद काव्य की अन्तर्योजना पर ध्यान न दें, समष्टि रूप में कोई समन्वित प्रभाव न ढूँढें, श्रद्धा, काम, लज्जा इत्यादि को अलग-अलग लें तो हमारे सामने बड़ी रमणीय, चित्रमयी कल्पना, अभिव्यंजना की अत्यन्त मनोरम पद्धति आती है।"[69]

हिन्दी आलोचना में महाकाव्य के सम्बन्ध में संस्कृत की आलोचना की अपेक्षा खुले और आधुनिक दृष्टिकोण की प्रतिष्ठा के लिए शुक्ल जी ने पाश्चात्य आलोचकों से भी प्रेरणा ली है। इस सम्बन्ध में भी वे संकीर्ण दृष्टि नहीं रखते थे और पाश्चात्य आलोचना से हिन्दी आलोचना की अलग राह तलाश करने के क्रम में जहाँ उन्होंने सकारात्मक बातें पाई, उन्हें स्वीकार किया। कृष्णदत्त पालीवाल कहते हैं—"इतिवृत्त संघटन, सम्बन्ध-निर्वाह, कार्य की एकता आदि तमाम तथ्य अरस्तू से गृहीत हैं। अरस्तू कार्यान्वय को जितना नाटक के लिए जरूरी समझते हैं शुक्ल जी उतना ही प्रबन्ध काव्य के लिए।"[70]

महाकाव्य के सन्दर्भ में आधुनिक दृष्टि से विचार करने हेतु उन्होंने पश्चिम के आलोचकों से भी प्रभाव ग्रहण किया है।

## अलंकारों के सन्दर्भ में नया विधान

शुक्ल जी रीतिकाव्य के प्रति अच्छी धारणा नहीं रखते हैं इसका एक महत्त्वपूर्ण कारण है अलंकारों के प्रति कवियों का अत्यधिक रुझान। इससे यह नहीं समझना चाहिए कि शुक्ल जी कविता में अलंकारों के विरोधी थे। वे कविता में अलंकारों का महत्त्व निःसंकोच स्वीकार करते हैं पर ये उनके लिए साधन हैं, साध्य नहीं, यह याद रखने की आवश्यकता है। 'कविता क्या है' शीर्षक निबन्ध में वे अलंकारों पर विचार करते हुए कहते हैं—"कविता में भाषा की सब शक्तियों से काम लेना पड़ता है। वस्तु या व्यापार की भावना चटकीली करने और भाव को अधिक उत्कर्ष पर पहुँचाने के लिए कभी किसी वस्तु का आकार या गुण बहुत बढ़ाकर दिखाना पड़ता है, कभी उसके रूप-रंग या गुण की भावना को उसी प्रकार के और रूप-रंग मिलाकर तीव्र करने के लिए समान रूप और धर्मशाली और-और वस्तुओं को सामने लाकर रखना पड़ता है। कभी-कभी बात को भी घुमा-फिराकर कहना पड़ता है। इस तरह के भिन्न-भिन्न विधान और कथन के ढंग अलंकार कहलाते हैं। इनके सहारे से कविता अपना प्रभाव बहुत कुछ बढ़ाती है। कहीं-कहीं तो

इनके बिना काम ही नहीं चल सकता। पर साथ ही यह भी स्पष्ट है कि ये साधन हैं, साध्य नहीं। साध्य को भुलाकर इन्हीं को साध्य मान लेने से कविता का रूप कभी-कभी इतना विकृत्त हो जाता है कि वह कविता ही नहीं रह जाती।''[71]

भाव को अधिक उत्कर्ष यानी रस-दशा तक पहुँचाने के लिए शुक्ल जी अलंकार का महत्त्व स्वीकार करते हैं लेकिन साध्य रस-दशा है, अलंकार से उत्पन्न चमत्कार मात्र नहीं। अलंकार को साध्य मान लेने के खतरे के प्रति शुक्ल जी कितने सजग थे, यह भी उपर्युक्त उद्धरण में देखा जा सकता है। इसी प्रसंग में वे आगे कहते हैं—

''अलंकार चाहे अप्रस्तुत वस्तु-योजना के रूप में हों (जैसे उपमा, रूपक, उत्प्रेक्षा इत्यादि में) चाहे वाक्य-वक्रता के रूप में (जैसे अप्रस्तुत प्रशंसा, परिसंख्या, व्याज स्तुति, विरोध इत्यादि में), चाहे वर्ण-विन्यास के रूप में (जैसे अनुप्रास में) लाये जाते हैं वे प्रस्तुत भाव या भावना के उत्कर्ष-साधन के लिए ही। मुख के वर्णन में जो कमल, चन्द्र सामने रखे जाते हैं वह इसीलिए कि इनमें इनकी वर्ण रुचिरता, कोमलता, दीप्ति इत्यादि के योग से सौन्दर्य की भावना और बढ़े। सादृश्य या साधर्म्य दिखाना उपमा, उत्प्रेक्षा इत्यादि का प्रकृत लक्ष्य नहीं है। इस बात को भूलकर कवि-परम्परा में बहुत से ऐसे उपमान चला दिये गये हैं जो प्रस्तुत भावना में सहायता पहुँचाने के स्थान पर बाधा डालते हैं। जैसे नायिका का अंग-वर्णन सौन्दर्य की भावना प्रतिष्ठित करने के लिए किया जाता है। ऐसे वर्णन में यदि कोटि के प्रसंग में भिड़ या सिंह की कमर सामने कर दी जाएगी तो सौन्दर्य की भावना में क्या वृद्धि होगी?''[72]

उपर्युक्त उद्धरण में अलंकार के महत्त्व के साथ-साथ उसके दुष्परिणाम की ओर भी ध्यान आकृष्ट किया गया है। यही वह बिन्दु है जहाँ से शुक्ल जी को संस्कृत के आचार्यों के मत से भिन्न होकर अलंकार पर विचार करने की आवश्यकता पड़ी। संस्कृत काव्य-विवेचन में पहले काव्यशास्त्र को अलंकारशास्त्र कहा जाता था। स्वयं भरतमुनि ने अपने नाट्यशास्त्र में अलंकारों को सन्दर्भित किया है। सुरेन्द्र एस. बारलिंगे का कथन द्रष्टव्य है, ''उन्होंने अपने 16वें अध्याय का शीर्षक 'अलंकार लक्षण' रखा है जिसमें वे कहते हैं कि जिस प्रकार पूर्ण विकसित कमल तभी सुन्दर प्रतीत होते हैं जब वे हंसों से घिरे रहते हैं उसी प्रकार काव्य रचनाएँ तभी सुन्दर प्रतीत होती हैं जब वे कोमल, उदार, मधुर शब्दों से विभूषित हों। इसी प्रसंग में वे भाषा के उन अलंकारों की व्याख्या करते हैं जो काव्य को सौन्दर्य प्रदान करते हैं। हेतु, संशय, दृष्टान्त और शोभा ऐसे ही अलंकार हैं। वे 36 प्रकार के काव्यालंकारों की चर्चा करते हैं...इनमें से चार आधारभूत अलंकारों उपमा,

दीपक, रूपक तथा यमक की विवेचना करते हैं।''[73]

भले ही भरतमुनि ने अलंकारों की विवेचना नाट्यशास्त्र में की है पर उनके काव्य-विवेचन का आधार रस ही है। किन्तु संस्कृत के काव्य-चिन्तकों ने अलंकार को अत्यधिक महत्त्व देने के लिए इस तथ्य को गौण कर दिया है। इस प्रकार अलंकारों के सन्दर्भ में संस्कृत काव्य-चिन्तन में एक भ्रामक धारणा प्रचलित हो गयी जिसकी तरफ संकेत करते हुए आचार्य शुक्ल कहते हैं—''भरतमुनि ने रस की प्रधानता की ओर ही संकेत किया था पर भामह, उद्‌भट आदि कुछ प्राचीन आचार्यों ने वैचित्र्य का पल्ला पकड़ अलंकार को प्रधानता दी। इनमें बहुतेरे आचार्यों ने अलंकार शब्द का प्रयोग व्यापक अर्थ में—रस, रीति, गुण आदि काव्य में प्रयुक्त होने वाली सामग्री के अर्थ में किया है। पर ज्यों-ज्यों शास्त्रीय विचार गम्भीर और सूक्ष्म होता गया त्यों-त्यों साध्य और साधनों को विविक्त करके काव्य के नित्य स्वरूप या मर्म शरीर को बाहर निकालने का प्रयास बढ़ता गया। रूद्रट और मम्मट के समय से ही काव्य का प्रकृत स्वरूप उभरते-उभरते विश्वनाथ के 'साहित्य दर्पण' में साफ ऊपर आ गया।''[74]

संस्कृत में अलंकार को वर्णन-प्रणाली के स्थान से उठाकर वर्ण्य-वस्तु पर आरोपित कर दिया गया था। शुक्ल जी इस घालमेल को स्पष्ट करते हुए कहते हैं—''अब यह स्पष्ट हो गया है कि अलंकार प्रस्तुत वर्ण्य-वस्तु नहीं, बल्कि वर्णन की भिन्न-भिन्न प्रणालियाँ हैं, कहने के खास-खास ढंग पर प्राचीन अव्यवस्था के स्मारक-स्वरूप कुछ अलंकार ऐसे चले आ रहे हैं, जो वर्ण्य-वस्तु का निर्देश करते हैं, और अलंकार नहीं कहे जा सकते—जैसे स्वभावोक्ति, उदात्त, अत्युक्ति। स्वभावोक्ति को लेकर कुछ अलंकार प्रेमी कह बैठते हैं कि प्रकृति का वर्णन भी तो स्वभावोक्ति अलंकार ही है। पर स्वभावोक्ति अलंकार की कोटि में नहीं आ सकती। अलंकार वर्णन करने की प्रणाली है।''[75] शुक्ल जी साफ शब्दों में कहते हैं कि अलंकार में सौन्दर्य उत्पन्न करने की क्षमता नहीं होती, अलंकारों के प्रयोग से रमणीय तथ्य से पूर्ण काव्य के सौन्दर्य को बढ़ाया जा सकता है—''तथ्य की रमणीयता के अभाव में अलंकारों का ढेर काव्य का सजीव स्वरूप नहीं खड़ा कर सकता...पहले से सुन्दर अर्थ को ही अलंकार शोभित कर सकता है। सुन्दर अर्थ की शोभा बढ़ाने में जो अलंकार प्रयुक्त नहीं वे काव्यालंकार नहीं। वे ऐसे ही हैं जैसे शरीर पर से उतारकर किसी अलग कोने में रखा हुआ गहनों का ढेर। किसी भाव या मार्मिक भावना से असंपृक्त अलंकार चमत्कार या तमाशे हैं।''[76] उपर्युक्त उद्धरणों के आधार पर यह लक्षित करना आसान हो जाता है कि काव्य के प्रति शुक्ल जी का दृष्टिकोण संस्कृत के काव्य-चिन्तकों से किस प्रकार भिन्नता

रखता है। वे अलंकार को इतना ही महत्त्व देते हैं कि काव्य में रमणीयता के अनेक कारणों में एक कारण अलंकार है। केशव के काव्य के सन्दर्भ में वे कहते हैं कि उनके अनेक पद अलंकारों से भरे हैं पर उनमें मार्मिकता नहीं है।[77] पर तुलसीदास के प्रसंग में अलंकारों पर विचार करते हुए वे कहते हैं कि वे भावों को उत्कर्ष प्रदान करने वाले हैं। नन्दकिशोर नवल इस सन्दर्भ में शुक्ल जी के दृष्टिकोण को प्रस्तुत करते हुए कहते हैं—

"जिस तरह उन्होंने तुलसीदास के भावों पर विचार किया है उसी तरह उनके द्वारा प्रयुक्त अलंकारों पर भी। तुलसीदास के अलंकार उनकी दृष्टि में भावों को उत्कर्ष प्रदान करने वाले वस्तु के रूप-गुण और क्रिया को तीव्र करनेवाले हैं।"[78]

अलंकार के प्रसंग में शुक्ल जी के विवेचन का अध्ययन करने से यह भी स्पष्ट हो जाता है कि काव्यभाषा के प्रसंग में भी वे पूरे लोकवादी थे। तुलसीदास की भाषा की विशेषता का वर्णन करते हुए वे कहते हैं कि जिसको अलंकारों के बारे में नहीं पता हो वह भी इनके काव्य का आनन्द उठा सकता है। भाषा की सफाई और निर्दोष वाक्य, ये दो विशिष्ट गुण तुलसी की भाषा का वे निर्धारित करते हैं। लोक-रुझान उनका इतना मुखर है कि इस सन्दर्भ में वे तुलसी की तुलना में सूर को भी कम करके आँकते हैं।"[79] इस प्रकार महाकाव्य को शास्त्रीयता से मुक्त करने के साथ-साथ उन्होंने महाकाव्य को अलंकारों के बोझ से भी मुक्त किया।

## पाश्चात्य आलोचना और रामचन्द्र शुक्ल

हिन्दी आलोचना का स्वतन्त्र ढाँचा विकसित करने के लिए संस्कृत काव्यशास्त्रीय विवेचन की परम्परा से उसके भिन्न स्वरूप का निर्धारण आवश्यक था तो साथ-साथ अँग्रेजी आलोचना के सिद्धान्तों के सन्दर्भ में भी उसे विवेचित करना आवश्यक था। यह कह देना आवश्यक है कि इस प्रसंग में शुक्लजी किसी आग्रह विशेष से प्रेरित नहीं थे। उनकी लोकदृष्टि के अनुरूप जो भी मत प्रासंगिक था उसे उन्होंने ग्रहण भी किया, मगर वे कलावाद के समर्थक नहीं थे यह पक्की बात है।

पाश्चात्य काव्यशास्त्र की शुरुआत प्लेटो से होती है। प्लेटो कविता को अनुकरण मानते हैं, शुक्ल जी अभिव्यक्ति। अर्थात प्लेटो के लिए कविता यथार्थ से दूर होती है पर शुक्ल जी इसे जीवन से जुड़ा मानते हैं। अरस्तू ने अनुकरण को प्लेटो से भिन्न अर्थ में ग्रहण किया। अरस्तू के अनुकरण सिद्धान्त से शुक्ल जी सहमत दिखाई देते हैं पर प्रकृति को लेकर दोनों के मतों में अन्तर है। अरस्तू के 'प्रकृति का अनुकरण' और शुक्ल जी के प्रकृति-चित्रण में भेद है क्योंकि अरस्तू के लिए प्रकृति का अर्थ व्यापक है, शुक्ल जी के लिए लोक जीवन या वस्तु

जगत से उसका सम्बन्ध है। पर प्रबन्ध-काव्य के प्रसंग में शुक्ल जी अरस्तू से पर्याप्त साम्य रखते नजर आते हैं। इसकी विवेचना पूर्व में हो चुकी है।

होरेस ने काव्य-प्रयोजन के सन्दर्भ में जो मत प्रस्तुत किया शुक्ल जी उससे सहमत हैं, अर्थात दोनों का विचार है कि कविता का काम मनोरंजन करना मात्र नहीं है। यह कहना उचित नहीं होगा कि शुक्ल जी पर होरेस का प्रभाव था पर दोनों के दृष्टिकोण में समानता है। होरेस औचित्यवादी थे और शुक्ल जी भी जीवन और काव्य में औचित्य के समर्थक थे। इसी प्रकार लोंजाइनस के उदात्त सिद्धान्त और शुक्ल जी के लोकमंगल की अवधारणा में भी साम्य है। दोनों के लिए काव्य सहृदय के आत्मिक उन्नयन और भावात्मक परिष्कार का काम करता है।

'कल्पना-सिद्धान्त' पाश्चात्य काव्य-चिन्तन का एक प्रमुख पक्ष है। ड्राइडन, वर्ड्सवर्थ, विलियम ब्लेक और कॉलरिज जैसे कवियों ने इसको महत्त्व दिया। एडिसन, क्रोचे, रिचर्ड्स आदि ने भी इस सन्दर्भ में विचार किया और शुक्ल जी ने इन सबका अध्ययन करके काव्य में कल्पना के स्वरूप, महत्त्व, आवश्यकता आदि पर व्यापक रूप से विचार किया। उनके अनुसार कल्पना सत्य से अनुप्राणित होनी चाहिए। काव्य में नैतिकता के प्रसंग में शुक्ल जी मैथ्यू आरनोल्ड के विचारों से साम्य रखते हैं। आस्कर वाइल्ड से वे बिल्कुल असहमत हैं क्योंकि वे कला को कला के लिए मानते थे। उन्होंने पाश्चात्य मनोविज्ञान से प्रभाव ग्रहण किया, पर फ्रायड के मनोविश्लेषण से सहमत नहीं थे। किन्तु यहाँ यह भी उल्लेखनीय है कि शुक्ल जी मार्क्सवाद से भी सहमत नहीं थे हालाँकि उनके लोकवाद का सूत्र पकड़ कर कुछ लोगों ने उन्हें मार्क्सवादी कहने का प्रयास किया है। रामविलास शर्मा इनमें प्रमुख हैं। वास्तव में शुक्ल जी पाश्चात्य काव्य-सिद्धान्त के उन्हीं पक्षों को ग्रहण करते हैं जो उनकी लोकमंगल की दृष्टि के अनुकूल हों और इसी राह पर चलकर वे हिन्दी की आलोचना का स्वतन्त्र स्वरूप विकसित करने का काम करते हैं पर मार्क्सवाद को वे स्वीकार नहीं करते। इस क्रम में उन्होंने अँग्रेजी आलोचना से आई.ए. रिचर्ड्स का प्रभाव ग्रहण किया तो क्रोचे के अभिव्यंजनावाद का विरोध किया। इस पर चर्चा आवश्यक है।

## क्रोचे के अभिव्यंजनावाद का विरोध

बेनेदेतो क्रोचे इटली के दार्शनिक थे। साहित्य तथा कला के क्षेत्र में उनका सिद्धान्त अभिव्यंजनावाद के नाम से प्रसिद्ध है जिसका विवेचन उन्होंने अपने ग्रन्थ Aesthetic as Science of Expression and General Linguistic में किया है। यह ग्रन्थ सौन्दर्यशास्त्र पर दिये गये उनके तीन भाषणों का विस्तृत रूप है। ये आत्मवादी

दार्शनिक हैं इसलिए इनके सौन्दर्य-विवेचन में भी आत्मवाद का प्रभाव दिखलाई पड़ता है। इनकी कला विषयक धारणा का आधार है अन्त:प्रज्ञा और अभिव्यंजना का नित्य सम्बन्ध। किसी वस्तु की सत्ता का ज्ञान तीन प्रकार के प्रमाणों से होता है—प्रत्यक्ष, अनुमान और शब्द। ज्ञानेन्द्रियों से होनेवाला प्रमाण प्रत्यक्ष है क्योंकि इसे हम शब्द, स्पर्श, रूप, रस, गन्ध के द्वारा पाते हैं। धुआँ देखकर आग की सम्भावना व्यक्त करते हैं तो यह अनुमान होता है और जब विश्वासपात्र व्यक्ति के द्वारा बताई गयी बात को हम मान लेते हैं तब वह शब्द के द्वारा मिला प्रमाण कहलाता है। इन तीनों प्रकार के प्रमाणों से दृश्य जगत का ही ज्ञान प्राप्त किया जा सकता है। आत्मा-परमात्मा सम्बन्धी ज्ञान सिर्फ Intuition से सम्भव है। हिन्दी में Intuition के लिए कोई सटीक शब्द नहीं है। इसके लिए सहज ज्ञान, सहजानुभूति या स्वयंप्रकाश ज्ञान, अन्त:प्रज्ञा आदि शब्दों का प्रयोग होता है। क्रोचे इसी सहजानुभूति, अभिव्यंजना के मेल से कला का सृजन मानते हैं। सहजानुभूति का सम्बन्ध मन से होता है, बुद्धि से नहीं। क्रोचे सहजानुभूति, अभिव्यंजना और कला का सम्बन्ध स्थापित करते हैं। कला अरूप में रूप की सृष्टि है। इस प्रकार क्रोचे अभिव्यंजना तथा कला में रूप की प्रधानता प्रतिपादित करते हैं। उनके मत का निष्कर्ष यह है कि रूपवत्ता से ही कला के अनुभव या मूल्य का निर्माण होता है। इस प्रकार क्रोचे के कला विषयक चिन्तन का आधार है आत्मवाद। रवि शर्मा का यह कथन द्रष्टव्य है—"उनके समग्र सौन्दर्य-विवेचन में आत्मवाद प्रतिष्ठित है। क्रोचे के अनुसार आत्मा की चार मूलभूत किन्तु परस्पर भिन्न क्रियाएँ हैं। इनमें दो सैद्धान्तिक अर्थात ज्ञान की क्रियाएँ हैं और दो व्यावहारिक अर्थात इच्छा की। सैद्धान्तिक अर्थात ज्ञान की क्रियाओं के दो भेद हैं—अन्त:प्रज्ञात्मक या सहजानुभूति या स्वयं प्रकाश ज्ञान, तथा तर्कात्मक। व्यावहारिक अर्थात इच्छा की क्रियाओं के भी दो भेद हैं—आत्मिक अर्थात सांसारिक योग-क्षेम से सम्बद्ध और नैतिक अर्थात सत्-असत् से सम्बद्ध।"[80]

वस्तुत: क्रोचे कलावादी हैं। वे कला का उपयोगितावाद से अथवा जीवन के यथार्थ से कोई सम्बन्ध नहीं मानते। वे अन्त:प्रज्ञा और अभिव्यंजना का अभेद प्रतिपादित करते हुए फिर कला के साथ उनका अभेद प्रतिपादित करते हैं। अन्त:प्रज्ञा स्फुरित होते ही अभिव्यंजना के द्वारा कला में बदल जाती है। क्रोचे इस पूरी प्रक्रिया का बाह्य जगत से कोई सम्बन्ध नहीं मानते। आचार्य देवेन्द्रनाथ शर्मा कहते हैं कि क्रोचे के अनुसार कला की सृष्टि तथा सिद्धि कलाकार के भीतर होती है। उनके इस विचार को देवेन्द्रनाथ शर्मा इस वाक्य में स्पष्ट करते हैं—

"वस्तुत: कला की सृष्टि ही नहीं कला की सत्ता भी बाहर नहीं है।"[81]

क्रोचे के अनुसार अन्त:प्रज्ञा अखंड है, इसलिए कला भी अखंड है—Another corollary of the conception of expression as activity is the indivisibility of the work of art. Every expression is a single expression. Activity is a fusion of the impressions in an organic whole."[82]

अन्त:प्रज्ञा की ही तरह अभिव्यंजना को भी क्रोचे आत्मिक क्रिया मानते हैं और कला की अखंडता के साथ-साथ अभिव्यंजना की अखंडता पर भी बल देते हैं। कला कवि या कलाकार के मन में स्फुरित होती है और वह अखंड होती है तथा उसी प्रक्रिया में वह अभिव्यंजना बन जाती है।

इस उद्धरण से साफ झलकता है कि क्रोचे के लिए कला का बाह्य जगत से कोई सम्बन्ध नहीं है। कला उनके लिए सिर्फ कला है "The aesthetic fact is altogether completed in the expressive eleboration of impressions when we have achieved the word within us, conceived definitely and vividly a figur or a statue, or found a musical motive, expression is born and complete."[83]

क्रोचे के सिद्धान्त को इस प्रकार क्रमिक रूप से सूत्रबद्ध किया जा रहा है—

1. कला सहजानुभूति है।
2. रूप ही अभिव्यंजना है।
3. सौन्दर्य अभिव्यंजना मात्र है।
4. कला एक आध्यात्मिक क्रिया है और कृति इस आध्यात्मिक क्रिया का भौतिक रूप है। कला-सर्जन की सम्पूर्ण प्रक्रिया के चार चरण हैं— अरूप संवेदना, सहजानुभूति, आनन्द की अनुभूति और कलाकृति का भौतिक रूप।
5. कला अथवा अभिव्यंजना अविभक्त है तथा इसका रूपान्तरण सम्भव नहीं है।
6. कला (अभिव्यंजना) का भौतिक जगत के सन्दर्भ में कोई उद्देश्य नहीं होता। कला सिर्फ कला के लिए होती है। इसीलिए यह वैयक्तिक है। तात्पर्य यह कि काव्य में अभिव्यंजना ही मुख्य होती है, इसके बाहर यह कुछ भी नहीं होती।

आचार्य शुक्ल ने क्रोचे के अभिव्यंजनावाद का विरोध किया। इसे दुहराने की जरूरत नहीं कि शुक्ल जी साहित्य और कला में लोक-जीवन को महत्त्व देते थे और क्रोचे मानता था कि कला सिर्फ कला के लिए होती है। शुक्ल जी अँग्रेजी आलोचना के इस कलावाद को स्वीकार करने के लिए तैयार नहीं

थे इसलिए उन्होंने क्रोचे के अभिव्यंजनावाद की आलोचना की। इसकी सीमा की ओर संकेत करते हुए उन्होंने इसका सम्बन्ध भारतीय आचार्य कुन्तक के वक्रोक्तिवाद से जोड़ा।

क्रोचे के अभिव्यंजनावाद को कुन्तक के मत से जोड़ने को लेकर शुक्ल जी पर कतिपय आचार्यों ने आरोप लगाये। इस प्रसंग में लक्ष्मी नारायण सुधांशु की टिप्पणी उल्लेखनीय है—''वक्रोक्तिवाद का प्रधान लक्ष्य ही वक्रतापूर्ण उक्ति है। दोनों मूलत: एक नहीं माने जा सकते और एक-दूसरे से प्रभावित हुआ, न यही कहा जा सकता है। दोनों की प्रकृति में यूरोप और भारतवर्ष की प्रकृति की असमानता है। वक्रोक्तिवाद की प्रकृति अलंकार की ओर विशेष तत्पर दिखाई देती है, लेकिन अभिव्यंजनावाद का बाह्य रूप से अलंकार के साथ कोई सम्बन्ध नहीं है। अलंकार अनुगामी होकर अभिव्यंजना के पीछे चल सकता है, वक्रोक्ति की भाँति सहभागी होकर नहीं। इसका कारण यह है कि वक्रोक्तिवाद का जन्म और विकास उसी वातावरण में हुआ है जहाँ बहुत दिनों तक अलंकार की तूती बोलती रही है। अतएव उसमें वैसे वातावरण के संस्कार का रहना सम्भव नहीं है। अभिव्यंजनावाद में वक्रतापूर्ण उक्तिओं का तो मान है ही साथ ही स्वभावोक्तियों के लिए भी उसमें यथेष्ट स्थान है। जिस उक्ति से किसी दृश्य का मनोरम बिम्ब-ग्रहण हो वह वक्रताहीन रहने पर भी अभिव्यंजना की चीज है। वक्रोक्तिवाद में स्वभावोक्ति को स्थान नहीं दिया गया है। अभिव्यंजनावाद के चित्रण में स्पष्ट तीव्रता रहती है। उसमें पाठक या श्रोता को बहुत सोचने-विचारने की जरूरत नहीं पड़ती। नग्न रूप से कुछ कह देने को काव्यत्व नहीं समझा जाता, साथ ही अपने भावों को अलंकार की तहों में लपेटकर दिखलाना भी उससे अधिक मूल्य नहीं रखता। अभिव्यंजनावाद और वक्रोक्तिवाद में जितनी समानता है उससे कहीं अधिक विषमताएँ हैं।''[84]

क्रोचे कला को वैयक्तिक कर्म मानते थे और उसे सामाजिक या लोक-जीवन के प्रसंग में कोई महत्त्व नहीं देते थे। वे कविता को स्वयंप्रकाश ज्ञान कहते हैं, मगर शुक्ल जी कला को भावानुभूति स्वरूप या आस्वाद्य स्वरूप मानते थे। क्रोचे के लिए कलात्मक अनुभूति आभास मात्र है पर शुक्ल जी के लिए इसका जीवन से सम्बन्ध है। वे कहते हैं—''यदि काव्य की तह में जीवन का कोई सच्चा मार्मिक तथ्य, सच्ची भावानुभूति नहीं तो उसका मूल्य मनोरंजन करनेवाली सजावट या खेल-तमाशों के मूल्य से कुछ भी अधिक नहीं। पर उक्त वाद के प्रतिपादक ने उसका मूल्य दूसरी दुनिया में ढूँढ़ निकालने की चेष्टा की है। उसने कला की अभिव्यंजना के इस व्यवसाय को बाह्य प्रकृति और अन्त: प्रकृति दोनों

से परे जो आत्मा है उसकी अपनी निज की क्रिया कहा है—इस जगत और जीवन से स्वतन्त्र।''[85]

डॉ. रामलाल सिंह का कथन है—''शुक्ल जी प्रकृति के प्रत्यक्ष रूपों में जगत और जीवन के पदार्थों में सौन्दर्य मानते हैं, इसलिए वे संसार के पदार्थों तथा भावों का वर्णन काव्य का लक्षण मानते हुए काव्य-सृष्टि को संसार की सृष्टि से सर्वथा स्वतन्त्र नहीं मानते। किन्तु क्रोचे कल्पना की सहायता के बिना प्रकृति में कहीं सौन्दर्य नहीं मानता इसलिए उसकी दृष्टि में बाह्य प्रकृति के पदार्थों का वर्णन या अन्त: प्रकृति के भावों का चित्रण काव्य का लक्ष्य नहीं होता, ये उपादान मात्र होते हैं, उसकी दृष्टि में काव्य में कवि बाह्य प्रकृति एवं अन्त:प्रकृति के पदार्थों को द्रव्य रूप में लेकर उनका मनमाना योग करके प्रकृति से सर्वथा स्वतन्त्र एक नयी रचना खड़ी करता है।''[86]

जैसा कि पूर्व में उल्लेख किया गया है; क्रोचे के लिए स्वयंप्रकाश ज्ञान अन्त:प्रज्ञा है और बाह्य जगत से अर्थात वस्तु-जगत के क्रिया-कलापों से उसका कोई सम्बन्ध नहीं होता। किन्तु शुक्ल जी कवि की सहज अनुभूति को वस्तु सापेक्ष्य कहते हैं—''शुक्ल जी की दृष्टि में कवि की सहजानुभूति वस्तु-सापेक्ष्य कोटि की होती है, वह जीवन और जगत के सम्पर्क में आने पर उद्‌भूत होती है। उसके द्वारा निर्मित मूर्त विधान बाह्य जगत के रूपों के आधार पर होता है।''[87]

क्रोचे के अभिव्यंजनावाद की आलोचना करते हुए शुक्ल जी सौन्दर्यशास्त्र की सीमा की ओर भी संकेत करते हैं—''सौन्दर्यशास्त्र में जिस प्रकार चित्रकला, मूर्तिकला आदि शिल्पों का विचार होने लगा उसी प्रकार काव्य का भी। सबसे बेढंगी बात तो यही हुई। अत: इस वाद का प्रतिषेध करने के पहले मैं यही कह देना चाहता हूँ कि सौन्दर्य शास्त्र, जिसके भीतर इसका निरूपण हुआ है, काव्य सम्बन्धी मीमांसा का ठीक स्थान ही नहीं। पहले तो सौन्दर्यशास्त्र अभी कोई ठीक-ठिकाने का शास्त्र नहीं, कभी होगा यह भी नहीं कहा जा सकता। यदि हो भी तो काव्य से उसका सम्बन्ध नहीं।''[88]

क्रोचे के काव्य सम्बन्धी चिन्तन का आधार है कल्पना जिसे वे ज्ञानात्मक कहते हैं। शुक्ल जी के अनुसार कल्पना का मूल रूप भावात्मक या अनुभूत्यात्मक है। वे मनोविज्ञान के हवाले से भाव के वृत्ति-चक्र की बात कहते हैं जिसके भीतर बोधवृत्ति या ज्ञान, इच्छा या संकल्प प्रवृत्ति और लक्षण ये चार मानसिक और शारीरिक वृत्तियाँ हैं।[89] कथन द्रष्टव्य है—''...भाव का अवयव प्रतीति या बोध भी होता है। रस निरूपण में जो विभाव कहा गया है वही कल्पना या ज्ञानात्मक अवयव है जो भाव का संचार करता है। कवि और पाठक दोनों के मन में कल्पना

कुछ मूर्त रूप या आलम्बन खड़ा करती है जिसके प्रति किसी भाव का अनुभव होता है। उस भाव की अनुभूति के साथ-साथ आलम्बन का बोध या ज्ञान भी बना रहता है, आलम्बन चाहे व्यक्ति हो चाहे वस्तु, चाहे व्यापार या घटना, चाहे प्रकृति का कोई खंड। इससे यह स्पष्ट व्यंजित होता है कि भावानुभूति के योग में ही कल्पना का स्थान काव्य के विधान में हमारे यहाँ स्वीकार किया गया है, यों तो मूर्त रूप मन में बराबर उठा करते हैं।''[90]

इस प्रकार शुक्ल जी विशिष्ट कोटि की कल्पना को ही काव्य की प्रक्रिया के रूप में स्वीकार करते हैं जो या तो किसी भाव द्वारा प्रेरित हो अथवा भाव का प्रवर्तन या संचार करती हो।[91] उनके अनुसार काव्य में हृदय की अनुभूति अंगी है, मूर्त रूप अंग भाव प्रधान है, कल्पना को वे उसकी सहयोगिनी कहते हैं।[92]

शुक्ल जी क्रोचे के मत पर टिप्पणी करते हुए पुराने ईसाई रहस्यवाद से उसका सम्बन्ध बतलाते हैं। इस क्रम में वे फ्रांसीसी दार्शनिक बर्गसां की भी आलोचना करते हैं—

''फ्रांस के दार्शनिक बर्गसां पर भी उपर्युक्त संस्कार का प्रभाव पूरा-पूरा है। कल्पना रूपी स्वयंप्रकाश ज्ञान को वह भी आत्मा की अपनी सृष्टि और पारमार्थिक ज्ञान कहता है और बुद्धि की विवेचना द्वारा उपलब्ध ज्ञान को व्यावहारिक ज्ञान।''[93]

बर्गसां के अनुसार सहज प्रवृत्ति और प्रज्ञा का अन्तर इस प्रकार है—''मूल प्रवृत्ति तथा प्रज्ञा एक दूसरे से विपरीत नहीं, भिन्न हैं। ऐसा नहीं है कि प्रज्ञा वाले मानव में मूल प्रवृत्ति का अभाव है अथवा पशु-पक्षी में कोई बुद्धि की क्रिया नहीं होती। फिर भी दोनों में अन्तर है। मूल प्रवृत्ति सहज प्रवृत्ति है, अत: उसके उपकरण जैविक हैं। इसके विपरीत बुद्धि या प्रज्ञा कृत्रिम उपकरणों से काम करती है, अपने उपकरण बनाती है। पुन: मूल प्रवृत्ति स्वभावत: उस ओर होती है जिसे प्राप्त करना उसका लक्ष्य है। उस लक्ष्य की अवगति होती है। बुद्धि वहीं कारगर होती है जहाँ मूल प्रवृत्ति असफल रहती है। मूल प्रवृत्ति की यह असफलता इस कारण है कि उसमें अपने को परिवर्तित करने की शक्ति नहीं होती, उसका व्यवहार का एक ही ढंग होता है। प्रज्ञा में यह शक्ति होती है कि वह वातावरण की माँगों के अनुरूप योजना बना सके।''[94]

बर्गसां स्पष्ट रूप से तर्क आधारित अर्थात व्यावहारिक ज्ञान को अधूरा साबित करते हैं। नन्दकिशोर आचार्य उनके दृष्टिकोण का सार इन शब्दों में स्पष्ट करते हैं—''बर्गसां कहते हैं कि विज्ञान या तर्कणा ज्ञान को केवल धारणाओं के रूप में समझ सकती है इसलिए अधूरी है जबकि प्रातिभ ज्ञान या Intuition अपरोक्षानुभूति

पर आधारित होने के कारण सम्पूर्ण है।''[95]

शुक्ल जी बर्गसां की आलोचना करते हैं कि उन्होंने Intuition को व्यावहारिक ज्ञान से अधिक महत्त्व देकर कल्पना को आध्यात्मिक आभास घोषित कर दिया। इस प्रकार शुक्ल जी क्रोचे और बर्गसां के द्वारा कल्पना को आध्यात्मिक पुट देने के खिलाफ थे और हिन्दी आलोचना को इस प्रकार के वैचारिक अमूर्तन से अलग रखना चाहते थे क्योंकि कला-कला के लिए है, इस सिद्धान्त का सीधा सम्बन्ध उपर्युक्त धारणा से है। इसीलिए आचार्य शुक्ल को क्रोचे के अभिव्यंजनावाद का विरोध करने के लिए प्रवृत्त होना पड़ा। वे कहते हैं—''कला-कला ही के लिए वाली बात को जीर्ण होकर मरे बहुत दिन हुए। एक क्या कई क्रोचे उसे फिर जिला नहीं सकते। काव्यानुभूति जीवन क्षेत्र में संचित अनुभूतियों का ही रसात्मक रूप है।''[96]

क्रोचे और शुक्ल जी में अनेक स्तरों पर मतभेद है। क्रोचे अभिव्यंजना को मानसिक व्यापार कहते हैं और भौतिक जगत से भिन्न मानते हैं और उनकी इस दृष्टि का सार यह है कि सर्जनात्मक मन को जैसे ही काव्यगत या कलागत अभिव्यंजना की अनुभूति होती है, वहीं वह पूर्ण हो जाती है। तात्पर्य यह कि क्रोचे के लिए अनुभूति ही अभिव्यंजना है। क्रोचे के लिए सौन्दर्य का अर्थ केवल उक्ति का सौन्दर्य है और इसका सम्बन्ध मनुष्य के मानसिक या आध्यात्मिक जगत से होता है।[97] किन्तु शुक्ल जी उक्ति में समस्त सौन्दर्य न मानकर अलंकारों की जरूरत पर बल देते हैं।[98] नैतिकता के प्रश्न पर भी शुक्ल जी क्रोचे का विरोध करते हैं। इस प्रश्न को क्रोचे नीतिशास्त्र से सम्बन्धित मानते थे और उनके अनुसार इसका काव्य या कला से कोई सम्बन्ध नहीं है। शुक्ल जी ने इसका विरोध करते हुए लोकमंगल और रसानुभूति को काव्य के केन्द्र में रखा और उसे औचित्य, नैतिकता, सदाचार आदि से सम्बद्ध किया।[99]

निष्कर्ष स्वरूप कहा जा सकता है कि शुक्ल जी ने क्रोचे के अभिव्यजनावाद के उन बिन्दुओं का पुरजोर विरोध किया जो काव्य को लोकजीवन के परिप्रेक्ष्य से अलग करते हैं। इस प्रकार हिन्दी आलोचना का लोक सापेक्ष स्वरूप उन्होंने विकसित करने का प्रयास किया। मगर यहाँ यह भी ध्यान में रखना जरूरी है कि शुक्ल जी किन्हीं पूर्वाग्रहों से ग्रस्त नहीं थे। क्रोचे के काव्य-सिद्धान्तों में जहाँ कुछ बातें उन्हें अनुकूल मालूम पड़ीं, उन्हें उन्होंने स्वीकार भी किया। विरोध उन्होंने इसलिए किया कि हिन्दी काव्यालोचन में कलावादी प्रवृत्ति बढ़ने का खतरा था। 'साधारणीकरण और व्यक्ति वैचित्र्यवाद' शीर्षक निबन्ध में उन्होंने इस ओर संकेत करते हुए कहा— ''काव्य-समीक्षा के क्षेत्र में व्यक्ति की ऐसी दीवार खड़ी

हुई, विशेष के स्थान पर सामान्य या विचार सिद्ध ज्ञान के आ घुसने का इतना डर समाया कि कहीं-कहीं आलोचना भी काव्य-रचना के ही रूप में होने लगी। कला की कृति की परीक्षा के लिए विवेचना-पद्धति का त्याग-सा होने लगा। हिन्दी की मासिक पत्रिकाओं में समालोचना के नाम पर आजकल जो अद्‌भुत और रमणीय शब्द- योजना मात्र कभी-कभी देखने में आया करती है, वह इसी पाश्चात्य प्रवृत्ति का अनुकरण है।''[100]

शुक्ल जी ने क्रोचे की उन मान्यताओं की प्रशंसा की है जिनसे हिन्दी कविता में व्यंजना के प्रयोग में जीवन्तता आई। इस प्रसंग में क्रोचे की बिम्ब सम्बन्धी धारणा को देखा जा सकता है। यहाँ इस पर विचार किया जाना अपेक्षित है।

## साधारणीकरण : आई.ए. रिचर्ड्स के परिप्रेक्ष्य में

साधारणीकरण के सम्बन्ध में आचार्य शुक्ल के चिन्तन को राममूर्ति त्रिपाठी स्पष्ट करते हुए कहते हैं कि साधारणीकरण के विषय में उन्होंने माना है कि विभावादि का इस रूप में लाया जाना साधारणीकरण है जिससे वे सबके हृदय में समान भाव जगा सकें—रसात्मक बोध उत्पन्न कर सकें। विभावादि में सबसे अधिक बल शुक्ल जी ने आलम्बन के साधारणीकरण पर दिया है। उन्होंने बताया है कि साधारणीकरण आलम्बन व्यक्ति का नहीं—आलम्बनत्व धर्म का होता है। ग्राहक की प्रतिभा में आलम्बन के रूप में जो चित्र आता है—वह तो व्यक्ति विशेष का ही होता है। उनकी दृष्टि में इस प्रकार साधारणीकरण प्रभाव का होता है।''[101] यह भी उल्लेखनीय है कि शुक्ल जी रसानुभूति को वास्तविक अनुभूति से भिन्न नहीं मानते—''वे मानते हैं कि यह भी लौकिक अनुभूति है—अन्तर यदि कुछ बताया जा सकता है तो केवल इतना ही कि वह एक उदात्त या अवदात्त कोटि का सात्विक अनुभव है।''[102]

साधारणीकरण के सन्दर्भ में निम्नांकित बिन्दु उल्लेखनीय हैं—

1. विभावादि का सामान्य प्रतीत होना
2. किसी भाव का विषय इस रूप में लाना कि वह सामान्यत: सबके उसी भाव का आलम्बन हो जाय।
3. साधारणीकरण आलम्बन धर्म का होता है।
4. सत्ता या व्यक्ति के बजाय प्रभाव का साधारणीकरण
5. आश्रय के साथ तादात्म्य होने पर उसका आलम्बन अपना हो जाता है।

शुक्ल जी के साधारणीकरण सम्बन्धी विचारों का यही सार है। निष्कर्ष यह कि शुक्ल जी साधारणीकरण में लोकधर्मी स्वरूप पर बल देने

के अलावे कवि, आलम्बन और सहृदय ये तीन तत्त्व भी मानते हैं। इसकी प्रक्रिया यह है कि सर्वप्रथम कवि की अनुभूति में साधारणीकरण स्थापन हो और इसके बाद विषय के सामान्यत्व की ओर कवि-दृष्टि लगे। स्वरूप की दृष्टि से कवि, विभाव तथा सहृदय तीनों के साधारणीकरण के तत्त्व शुक्ल जी साधारणीकरण में मानते हैं। इसे ही वे उत्तम कोटि की रस-दशा कहते हैं। इसमें ग्राहक का आश्रय से तादात्म्य होता है, मध्यम कोटि की रसदशा में यह तादात्म्य नहीं हो पाता। एक तीसरी कोटि भी है जिसका उल्लेख पूर्व में किया जा चुका है।

## शील-वैचित्र्य के सम्बन्ध में दृष्टिकोण

साधारणीकरण पर विचार करते हुए शुक्ल जी ने शील-वैचित्र्य के सन्दर्भ में पाश्चात्य काव्य-दृष्टि की आलोचना की है। भारतीय आचार्यों से इस प्रसंग में पाश्चात्य आचार्यों की तुलना करते हुए वे कहते हैं—"हमारे यहाँ के आचार्यों ने श्रव्य काव्य और दृश्य काव्य दोनों में रस की प्रधानता रखी है। इसी से दृश्य काव्य में भी उनका लक्ष्य तादात्म्य और साधारणीकरण की ओर रहता है। पर योरोप के दृश्य काव्यों में शील-वैचित्र्य या अन्तः प्रकृति वैचित्र्य की ओर ही प्रधान लक्ष्य रहता है जिसके साक्षात्कार से दर्शक को आश्चर्य या कुतूहल मात्र की अनुभूति होती है।"[103] जाहिर है कि शुक्ल जी कविता में विचित्र वस्तुओं के चित्रण से असहमत थे।

## मनोविज्ञान का प्रभाव

साधारणीकरण पर विचार करने के क्रम में शुक्ल जी मनोविज्ञान की ओर उन्मुख होते हैं क्योंकि वे रस को अलौकिक या ब्रह्मानन्द स्वरूप नहीं मानते हैं। उन्होंने रस-चिन्तन को अपने काव्य-चिन्तन का आधार बनाया और इस क्रम में भावों और मनोविकारों पर विस्तार से विचार किया। भाव, विचार, कल्पना आदि की विवेचना करते हुए उन्होंने अपनी रस सम्बन्धी स्थापना प्रस्तुत की और यह मनोविज्ञान से सम्बन्धित है। इन्होंने हरबर्ट स्पेंसर की पुस्तक जीवन के प्रारम्भिक दिनों में ही पढ़ी थी। इसके अतिरिक्त बेन, मैक्डूगल, फ्रायड, युंग, शैंड तथा रिचर्ड्स की पुस्तकों को गम्भीरतापूर्वक पढ़ा। किन्तु प्रभाव-ग्रहण इन्होंने अपने दृष्टिकोण और आलोचनात्मक विवेक से किया, इसीलिए ये ए.एफ. शैंड और आई.ए. रिचर्ड्स से ही मुख्यतः प्रभावित हैं। रवि शर्मा का यह कथन इस प्रसंग में उल्लेखनीय है—"आचार्य शुक्ल की मान्यताओं पर शैंड का प्रभाव प्रधानतः दो रूपों में पड़ा है। एक 'चिन्तामणि' प्रथम भाग में संकलित मनोविकार विषयक

निबन्धों के प्रतिपादन में तथा दूसरा रस-सिद्धान्त के प्रस्तुतीकरण के दौरान भाव तत्त्व के विश्लेषण-विवेचन में। शुक्ल जी के मनोविकार सम्बन्धी निबन्ध नागरी प्रचारिणी पत्रिका में सन् 1915 के आसपास प्रकाशित हुए। शैंड की 'फाउंडेशंस ऑफ कैरेक्टर' शीर्षक पुस्तक सन् 1914 में प्रकाशित हुई। इस पुस्तक में यह सिद्ध किया गया कि मनुष्य के सम्पूर्ण आचार-विचार मूलत: मनोगत भावों से ही निर्मित हैं। सम्भवत: शैंड की इस पुस्तक से शुक्ल जी की भाव तथा मनोविकार विषयक मान्यताएँ स्पष्ट हो गयी होंगी।''[104] कहीं-कहीं बेन और मैक्डूगल का प्रभाव भी दिखलाई पड़ता है।

## आई.ए. रिचर्ड्स और रामचन्द्र शुक्ल

मनोविज्ञान का सहारा लेकर शुक्ल जी ने पाश्चात्य सौन्दर्यशास्त्र की तुलना में भारतीय रस-सिद्धान्त को न सिर्फ काव्य-चिन्तन का श्रेष्ठ आधार साबित किया बल्कि संस्कृत काव्यशास्त्र के अलौकिकत्व के बोझ से मुक्त करके उसे वैज्ञानिक और लोकवादी स्वरूप भी प्रदान किया और हिन्दी आलोचना के जीवन से जुड़े रूप को विकसित किया। इसी क्रम में वे प्रख्यात अँग्रेजी समीक्षक आई.ए. रिचर्ड्स के करीब होते दिखलाई देते हैं। रिचर्ड्स के काव्य-चिन्तन की आधार भूमि मनोविज्ञान ही है। जिस प्रकार भारत में संस्कृत काव्य-चिन्तन में रसानुभूति को अलौकिक कहा गया उसी प्रकार पश्चिम में कांट और क्लाइव बेल जैसे दार्शनिकों-सौन्दर्यशास्त्रियों ने सौन्दर्यानुभूति को वास्तविक जीवन से भिन्न एक विशिष्ट प्रक्रिया कहा। रिचर्ड्स ने दोनों की आलोचना की। कांट के मत की आलोचना करते हुए उन्होंने उसे मरीचिका (Phantom) की संज्ञा दी है। Principle of Literary Criticism में वे कहते हैं—'All modern aesthetics rests upon an assumption which has been strangly little discussed the assumption that there is a distinct kind of mental activity present in what are called aesthetic experiences. Ever since the first rational word concerning beauty was spoken by Kant, the attempt to define the judgment of taste as concerning pleasure which is disinterested, universal, unintellectual and not to be confussed with the pleasure of sense or of ordinary emotions, in short to make it a thing suigeneris has continued. Thus arises the phantom problem of the aesthetic mode of aesthetic state a legacy from the days of abstract investigation into the *Good*, The *Beautiful* and the *True*.'[105]

इसी प्रकार क्लाइव बेल जैसे सौन्दर्यशास्त्री की बातों का इन शब्दों में वे खंडन करते हैं—'Mr. Clive bell used to maintain the existance of a unique emotion aesthetic emotion as the differentia. But psychology has no place for such an intity."[106]

रिचर्ड्स ने अनुभूति, मूल्य और सम्प्रेषण को केन्द्र में रखकर विचार किया। ये तीनों मनोविज्ञान से सम्बद्ध हैं। उन्होंने आलोचना को अनुभूतियों के पृथक्करण तथा मूल्यांकन का प्रयास कहा। इसी सन्दर्भ में इनके मूल्य-सिद्धान्त और सम्प्रेषण-सिद्धान्त का महत्त्व प्रतिपादित होता है क्योंकि यह कार्य सम्प्रेषण और मूल्यांकन के बिना सम्भव नहीं है—'...we cannot do this without some understanding of the nature of experience, or without theories of valution and communication. Such principles as apply in criticism must be taken from these more fundamental studies. All other critical principles are arbitrary and the history of the subject is a record of their abstructive influence.'[107]

## रिचर्ड्स का मूल्य-सिद्धान्त और शुक्ल जी

काव्यानुभूति पर विचार करते हुए रिचर्ड्स ने मनुष्य के क्रिया-व्यापारों पर विचार किया है क्योंकि काव्यानुभूति इसी से सम्बद्ध है, वह अलौकिक अनुभूति नहीं है। Harry Blamires इसे इन शब्दों में स्पष्ट करते हैं—'For Richards the mind is the nervous system, so that satisfaction is ultimately qualitative assesment of mental satisfaction, it is derived from a quantitative evaluation, but this quantitative evaluation calculates, not the number of minds satisfied, but the number and weight of impulses satisfied within the individual mind states of mind are valuable in so far as they involve co-ordination of activities as opposed to curtailment of them....'[108]

आवेग की उत्पत्ति उद्दीपन से होती है और उद्दीपन से जो मानसिक प्रतिक्रिया उत्पन्न होती है वह कार्यरूप में बदल जाती है। चेतन अवस्था में आवेगों की उत्पत्ति का क्रम कभी अवरुद्ध नहीं होता। इन्हें दो भागों में बाँटा गया है—इच्छा और द्वेष। इच्छा प्रवृत्तिमूलक है और द्वेष निवृत्तिमूलक। देवेन्द्रनाथ शर्मा कहते हैं—"मनुष्य इच्छा की सन्तुष्टि के लिए जितना प्रयत्नशील रहता है उतना ही द्वेष की निवृत्ति के लिए क्योंकि एक की अनुभूति अनुकूल होती है और दूसरे की

प्रतिकूल। रिचर्ड्स के मूल्य का सम्बन्ध इच्छाओं की सन्तुष्टि से है।''[109] इस प्रकार रिचर्ड्स के मूल्य-सिद्धान्त में आवेगों के बीच सन्तुलन स्थापित किया गया है। इनके मूल्य-विवेचन में उपयोगिता की धारणा निहित है। अनुभूति, इच्छा तथा रुचि इस सिद्धान्त के केन्द्र में हैं। अनुभूति किसी वस्तु को प्राप्त करने की इच्छा को जन्म देती है और वस्तु जब प्राप्त हो जाती है और रुचिकर प्रतीत होती है तो वह उपयोगी बन जाती है। उपयोगी बनना ही मूल्य-सिद्धान्त की कसौटी है। आवेगों पर विचार करते हुए रिचर्ड्स इस निष्कर्ष पर पहुँचते हैं। वे मस्तिष्क को आवेगों का क्रम (System of impulses) कहते हैं। इससे यह प्रमाणित होता है कि रिचर्ड्स के लिए काव्यानुभूति मानव-मन की अनुभूति से भिन्न नहीं है।

शुक्ल जी भी रिचर्ड्स की इस धारणा से सहमत हैं। 'काव्य में रहस्यवाद' शीर्षक निबन्ध में वे कहते हैं—''जो काव्यों का अनुशीलन और जनता पर उनके प्रभाव का अन्वीक्षण करते आ रहे हैं, वे अच्छी तरह जानते हैं कि कविता जीवन ही से उत्पन्न है और जीवन के भीतर ही अपनी विभूति का प्रकाश करती है, उसे जीवन से विच्छिन्न बताना कहीं की बात कहीं लगाना है।''[110]

रिचर्ड्स ने आवेगों के बीच सन्तुलन की जो बात कही है वह कविता द्वारा आन्तरिक वृत्तियों का सामंजस्य है। सामंजस्य को शुक्ल जी भी स्वीकार करते हैं, पर यहाँ दोनों के दृष्टिकोण में अन्तर भी है। रिचर्ड्स के लिए यह सामंजस्य आन्तरिक है, व्यक्ति केन्द्रित है, पर शुक्ल जी इसे विराट अर्थ में लेते हैं। कविता के सन्दर्भ में वे पूरी सृष्टि के साथ व्यक्ति के रागात्मक सम्बन्ध की बात कहते हैं। इस प्रकार दोनों में भिन्नता आन्तरिक और बाह्य, व्यक्ति और विश्व का ही है, अन्यथा कविता द्वारा सामंजस्य की बात दोनों स्वीकार करते हैं। रामलाल सिंह का कथन द्रष्टव्य है—''यथार्थतः बाह्य सामंजस्य के बिना न तो आन्तरिक सामंजस्य सम्भव है और न आन्तरिक सामंजस्य के बिना बाह्य। दोनों के सामंजस्य में बल के अन्तर का कारण उनकी मूल्य-दृष्टियों का अन्तर है।''[111]

पूर्व में  निवेदन किया जा चुका है कि रिचर्ड्स व्यक्ति के मनोविज्ञान पर बल देते हैं जबकि शुक्ल जी सामाजिक पक्ष पर बल देते हैं। यहाँ यह उल्लेखनीय है कि रिचर्ड्स के मूल्य-सिद्धान्त से शुक्ल जी पूर्णतः सहमत नहीं हैं, भले ही लक्ष्य दोनों के एक हैं जैसा कि रामलाल सिंह कहते हैं...'' रिचर्ड्स की मूल्य कसौटी वैयक्तिक मनोविज्ञान को लेकर चलती हैं किन्तु उसका सम्बन्ध भी लोकमंगल से है, अन्यथा वे काव्य-मूल्य-निर्धारण के समय त्याग की चर्चा न करते तथा काव्य-कसौटी में सार्वजनीनता का तथ्य न लाते।''[112]

इसमें कोई सन्देह नहीं है कि रिचर्ड्स भी लोकमंगल को ही लक्ष्य मानते

हैं लेकिन मानसिक प्रभाव की विवेचना में उलझ जाते हैं। मूल्य-कसौटी के प्रसंग पर आवेगों के क्रम की बात उठाकर वे अपने सिद्धान्त को व्यक्तिनिष्ठ बना देते हैं जबकि शुक्ल जी सौन्दर्यात्मक अनुभव (aesthetic experience) को मुक्ति की अवधारणा से जोड़ते हैं। इस प्रसंग में रिचर्ड्स की आलोचना करते हुए रेने वेलेक ने इंगित किया है—"रिचर्ड्स का सूक्ष्म विश्लेषणात्मक कार्य कविता के मानसिक प्रभाव के सिद्धान्त से बोझिल हो गया। मेरी दृष्टि में यह न केवल गलत है, साहित्यिक अध्ययन के लिए हानिकारक भी है। रिचर्ड्स लालित्यगत मूल्यों के संसार को मान्यता नहीं देते हैं। इसके स्थान पर कला का एकमात्र मूल्य मानसिक अवस्था में है, जिसे यह हम पर आरोपित करती है। इसे रिचर्ड्स मनोभावों का बुनावटीकरण कहते हैं, रुखों का सन्तुलन जिसे कला पैदा करती है। कलाकार लगभग एक मानसिक चिकित्सक है और कला एक दवा है या नसों के लिए एक पौष्टिक है... यह कविता की वस्तुनिष्ठ संरचना और पाठक के मन के बीच पूरा विच्छेद ला देता है। कविता को सायास रूप से समस्त ज्ञान और वास्तव के सन्दर्भ से काट दिया गया है।"[113]

वास्तव में रिचर्ड्स का मूल्य-सिद्धान्त दोष रहित नहीं है। स्वयं रिचर्ड्स को इसका अनुभव हुआ था और उन्होंने माना कि जीवन-बोध और कला-बोध में अन्तर होता है। पर दोनों को प्रकृति का भेद नहीं माना। इसलिए शुक्ल जी इसको स्वीकार नहीं करते मगर उनकी अर्थ-मीमांसा को वे उपयोगी मानते हैं। नामवर सिंह का कथन द्रष्टव्य है—"रिचर्ड्स के काव्य-सिद्धान्त में एक ओर काव्य-मूल्य के रूप में संवेगों के सन्तुलन का सिद्धान्त है तो दूसरी ओर अर्थ-मीमांसा। आचार्य शुक्ल ने अर्थ-मीमांसा की उपयोगिता की ओर संकेत किया लेकिन रिचर्ड्स के मूल्य-सिद्धान्त के बारे में वे खामोश रह गये।"[114]

अन्ततः इस प्रसंग में इतना ही निवेदन करना काफी होगा कि शुक्ल जी रिचर्ड्स की मनोवैज्ञानिक पद्धति का सहारा जरूर लेते हैं लेकिन वे इसको सामाजिक और नैतिक आधार देते हैं। डॉ. नगेन्द्र का कथन उचित प्रतीत होता है "....Skukla's view of morality, though linked us with tradition is a dynamic view of life, and the code of conduct which governs life cannot be static. This dynamic view, however, does not imply a denial of permanent values of life. There are certain stabel elements which control and regulate the movement of life. Such elements constitute the permanent values of life. Richards believes in regulation of psychic activity but he does not subscribe to the idea of any permanent checks and controls."[115]

## रिचर्ड्स का सम्प्रेषण-सिद्धान्त और शुक्ल जी

साधारणीकरण के सम्बन्ध में शुक्ल जी के विचारों की पर्याप्त चर्चा हो चुकी है। यहाँ रिचर्ड्स के सम्प्रेषण-सिद्धान्त से शुक्ल जी के रस-विवेचन के साम्य-वैषम्य पर विचार करना अपेक्षित है। शुक्ल जी ने रिचर्ड्स की सम्प्रेषण सम्बन्धी मान्यताओं के माध्यम से अपने साधरणीकरण के सिद्धान्त की पुष्टि की है। जैसा कि पूर्व के विवेचन में देखा गया है कि आचार्य शुक्ल कलाकार के हृदय की मुक्तावस्था की बात कहते हैं। इस मुक्तावस्था की स्थिति में राग-द्वेष समाप्त हो जाता है और कलाकार की अभिव्यक्ति को लोकहृदय उसी भाव में महसूस करने लगता है। यही साधारणीकरण है। रिचर्ड्स के सम्प्रेषण का अर्थ यह है कि अनुभूतियाँ सबको होती है और उनको अन्य लोगों तक पहुँचाना भी मानव मात्र का स्वभाव है। एक कलाकार एवं जनसाधारण में फर्क अनुभूति की अभिव्यक्ति का ही होता है क्योंकि सबकी अभिव्यक्ति-क्षमता एक जैसी नहीं होती। आचार्य देवेन्द्रनाथ शर्मा कहते हैं कि ''प्रभावी अभिव्यंजना को ही सम्प्रेषण कहते हैं और सम्प्रेषण में समर्थ व्यक्ति को ही कलाकार। इसके लिए अनुभूति की तीव्रता से अधिक जरूरी है उसका संघटन और संघटन से भी अधिक जरूरी है अभिव्यंजना के माध्यम का असाधारण प्रयोग-कौशल जो अनुभूति को रूपायित कर सके।''[116]

रिचर्ड्स के अनुसार सम्प्रेषण की सफलता के लिए यह आवश्यक है कि कवि के आवेग और पाठक के आवेग में साम्य हो। ठीक इसी प्रकार शुक्ल जी कवि के लोकहृदय की पहचान की बात कहते हैं। अनुभूतियों के सम्प्रेषण की प्रक्रिया को स्पष्ट करते हुए रिचर्ड्स ने जो कहा है उससे इसकी पुष्टि होती है। यह कथन द्रष्टव्य है''...Communication, we shall say, takes place when one mind so acts upon its environment that another mind is influenced, and in that other mind an experience occurs which is like the experience in the first mind, and is evidently a complicated affair, and capable of degrees at least in two respects. The two experiences may be more or less dependent upon the first.''[117]

अनुभूति और सम्प्रेषण में रिचर्ड्स अन्योन्याश्रय सम्बन्ध मानते हैं। सम्प्रेषण की सफलता के लिए रिचर्ड्स कलाकार के सामान्यीकरण की बात कहते हैं। शुक्ल जी के साधारणीकरण के समान ही रिचर्ड्स की यह धारणा है जो ऊपर के उद्धरण से स्पष्ट हो जाती है। रवि शर्मा कहते हैं—''रिचर्ड्स की सामान्यीकृत अनुभूति अथवा कल्पनात्मक अनुभूति (Imaginative experience) शुक्ल जी के रस से समानता रखती है।''[118] पूर्ण रस की अनुभुति के सम्बन्ध में शुक्ल जी कहते

हैं—"पूर्ण रस की अनुभूति—अर्थात जिस भाव की व्यंजना हो उसी भाव में लीन हो जाना क्यों उत्तम या श्रेष्ठ है, इसका भी विवेचन कर लेना चाहिए। काव्य-दृष्टि में जब हम जगत को देखते हैं तभी जीवन का प्रकृत्त रूप प्रत्यक्ष होता है। जहाँ व्यक्ति के भावों के पृथक विषय नहीं रह जाते, मनुष्य मात्र के भावों के आलम्बनों में हृदय लीन हो जाता है, जहाँ हमारी भाव-सत्ता सामान्य भाव सत्ता में लय हो जाती है, वहीं पुनीत रसभूमि है। आश्रय के साथ वह तादात्म्य, आलम्बन का वह साधारणीकरण जो स्थायी भावों में होता है दूसरे भावों में चाहे वे स्वतन्त्र रूप में भी आएँ नहीं होता। दूसरे भावों की व्यंजना का हम अनुमोदन मात्र करते हैं। इस अनुमोदन में भी रसात्मकता रहती है, पर उस कोटि की नहीं।"[119] ध्यातव्य है कि शुक्ल जी पूर्ण रस की स्थिति में तीन हृदयों, उसके द्वारा वर्जित पात्र और श्रोता या पाठक का समन्वय आवश्यक मानते हैं। रिचर्ड्स सम्प्रेषण के तीन पक्ष मानते हैं—अनुभूति, कलाकार तथा श्रोता या पाठक। जाहिर है कि शुक्ल जी का साधारणीकरण सिद्धान्त रिचर्ड्स के सम्प्रेषण के करीब है।"[120] निस्सन्देह शुक्ल जी रिचर्ड्स से प्रभाव ग्रहण करते हैं। रिचर्ड्स को उद्धृत करते हुए कहते हैं—"एक की अनुभूति को दूसरे तक पहुँचाना यही कला का लक्ष्य होता है। इसके लिए दो बातें अपेक्षित होती हैं। भाव पक्ष में तो अनुभूति का कवि के अपने व्यक्तिगत सम्बन्धों या योग-क्षेम की वासनाओं से मुक्त या अलग होकर लोक सामान्य भावभूमि पर प्राप्त होना (Impersonality and detachment) कला या विधान पक्ष में उस अनुभूति के प्रेषण के लिए कवि में अनुभूति का होना पहली बात है, इसमें सन्देह नहीं पर उस अनुभूति को जिस रूप में कवि प्रेषित करता है वह रूप उसे बहुत कुछ इस कारण दिया जाता है कि उसे प्रेषित करना रहता है।"[121] रिचर्ड्स का कथन द्रष्टव्य है—"An experience has to be formed, no doubt before it is communicated, but it takes the form it does largly because it may have to be communicated. The emphasis which natural selection has put upon communicative ability is overwhelming."[122]

स्वयं शुक्ल जी ने रिचर्ड्स के Communicability यानी सर्वग्राह्यता को साधारणीकरण के अर्थ में स्वीकार किया है। Impersonality and detachment यानी अहं का विसर्जन और नि:संगता की जो बात रिचर्ड्स कहते हैं उसी को शुक्ल जी ने निजी सत्ता की भावना का परिहार हो जाना कहा है। यही रसदशा है और सम्प्रेषण में भी यही होता है। इन तथ्यों के उल्लेख से यह पुष्टि होती है कि शुक्ल जी के साधारणीकरण सिद्धान्त पर रिचर्ड्स के सम्प्रेषण-सिद्धान्त का

प्रभाव है जैसा कि स्वयं आचार्य शुक्ल के द्वारा कई स्थलों पर रिचर्ड्स को याद करने से भी प्रमाणित होता है। इस प्रसंग में दोनों की वैचारिक पृष्ठभूमि और प्रस्तुतीकरण की शैली में ही भिन्नता है।

## बिम्ब विधान

साधारणीकरण के सम्बन्ध में जिस प्रकार शुक्ल जी ने पाश्चात्य प्रभाव को स्वीकार करने में खुलेपन का परिचय दिया है उसी प्रकार बिम्ब-विधान के प्रसंग में भी उन्होंने पाश्चात्य दृष्टिकोण को ध्यान में रखा है इसके बावजूद कि वे इसे वाद के रूप में स्वीकार नहीं करते। वाद के बारे में उनका मत है—''काव्य क्षेत्र में किसी प्रकार के वाद का प्रचार धीरे-धीरे उसकी सार सत्ता को ही चर जाता है।''[123] बिम्बवादियों से उनकी शिकायत यह है कि इनका सिद्धान्त था विषय को मूर्त रूप में रखना और इसीलिए ये छोटी कविताएँ पसन्द करते थे ताकि उनका चित्र मन में एक बार आ सके। भाववाचक शब्दों के स्थान पर मूर्त भावना प्रस्तुत करनेवाले शब्दों को ही महत्त्व देते हैं। शुक्ल जी की आपत्ति यह भी है कि ये वर्णनात्मक और विचारात्मक कविता के विरोधी थे। हालाँकि शुक्ल जी यह स्वीकार भी करते हैं कि इनके सिद्धान्त में सत्य का बहुत कुछ आधार था—मगर इनका विरोध यह है कि बिम्बवादी इसे बहुत दूर घसीट ले गये।[124]

किन्तु बिम्बविधान को साधारणीकरण के लिए शुक्ल जी बहुत महत्त्वपूर्ण मानते हैं। 'कविता क्या है' शीर्षक निबन्ध में वे कहते हैं—''काव्य में अर्थ ग्रहण मात्र से काम नहीं चलता, बिम्बग्रहण अपेक्षित होता है। यह बिम्बग्रहण निर्दिष्ट, गोचर और मूर्त विषय का ही हो सकता है।''[125] बिम्बविधान को अर्थग्रहण से अधिक महत्त्व देकर ही शुक्ल जी ने जीवन के व्यवहार और कविता की भाषा के बीच अन्तर स्थापित किया है। इस सन्दर्भ में मैनेजर पांडेय का कथन द्रष्टव्य है—''काव्य-भाषा में बिम्बविधान के महत्त्व पर विस्तार से विचार करने वाले पहले आलोचक आचार्य रामचन्द्र शुक्ल ही हैं। उन्होंने जीवन-व्यवहार और शास्त्र की भाषा से काव्य-भाषा को बिम्ब-विधान के आधार पर ही अलगाया है। व्यवहार और शास्त्र की भाषा में केवल अर्थग्रहण कराने से काम चल जाता है लेकिन काव्य में वस्तुओं और भावों को मूर्त्त और गोचर रूप में प्रस्तुत करने के लिए बिम्ब-विधान की आवश्यकता पड़ती है ताकि उनका प्रत्यक्षीकरण हो सके।''[126] इस प्रकार शुक्ल जी काव्य-भाषा के दो रूपों का जिक्र करते हैं और स्पष्ट रूप से बिम्ब विधायिनी भाषा को महत्त्व देते हैं—''कविता कुछ वस्तुओं और व्यापारों को मन के भीतर मूर्त रूप में लाने और प्रभाव उत्पन्न करने के लिए कुछ देर

रखना चाहती है। अतः उक्त प्रकार के अर्थ-संकेतों से ही उसका काम नहीं चल सकता। इससे जहाँ उसे किसी स्थिति का वर्णन करना रहता है, वहाँ वह उसके अन्तर्गत सबसे अधिक मर्म-स्पर्शिनी कुछ विशेष वस्तुओं या व्यापारों को लेकर उनका चित्र खड़ा करने का आयोजन करती है।"[127]

रामस्वरूप चतुर्वेदी के अनुसार आचार्य शुक्ल ने बिम्ब-ग्रहण और बिम्ब-स्थापना में फर्क किया है। बिम्ब-स्थापना का प्रयोजन शुक्ल जी वर्णनों में मानते हैं और बिम्ब-ग्रहण के अन्तर्गत परस्पर संश्लिष्ट विवरण की बात कहते हैं।"[128]

रामस्वरूप चतुर्वेदी के अनुसार शुक्ल जी ने बिम्ब शब्द का प्रयोग दो अलग-अलग अर्थों में किया है। कथन द्रष्टव्य है—"रामचन्द्र शुक्ल बिम्ब पद का प्रयोग वस्तुतः दो अलग-अलग अर्थों में करते हैं यद्यपि इस अन्तर का उन्होंने स्वयं कहीं स्पष्ट उल्लेख नहीं किया है। एक जगह वे बिम्ब का अर्थ लेते हैं साधारण चित्रात्मक वर्णन जो अभिधामूलक है। दूसरी जगह वे बिम्ब का प्रयोग अंग्रेजी इमेजरी के समतुल्य करते हैं जो मूलतः अप्रस्तुत विधान है। पहले रूप में वह भाषा का सामान्य प्रकार्य है, दूसरे रूप में कवि कृत सजग अप्रस्तुत विधान।"[129] किन्तु मैनेजर पांडेय उपर्युक्त मत से असहमति व्यक्त करते हुए कहते हैं कि "शब्द शक्ति और बिम्ब विधान सम्बन्धी आचार्य शुक्ल की मान्यताएँ एक दूसरे की पूरक हैं, विरोधी नहीं।"[130]

शब्द शक्ति और बिम्ब-विधान के सन्दर्भ में शुक्ल जी के दृष्टिकोण को ठीक से समझना आवश्यक है, तभी काव्य के सम्बन्ध में उनकी लोकमंगल की अवधारणा को तार्किक ढंग से समझा जा सकेगा। शुक्ल जी जहाँ कविता में वैचित्र्य के विरोधी थे वहीं स्थूल इतिवृत्तात्मकता भी उन्हें पसन्द नहीं थी। शुक्ल जी के बाद हिन्दी आलोचना में रचना के कलात्मक पक्षों की उपेक्षा न करते हुए लोकजीवन से उसकी संगति की तलाश करने पर बल दिया गया है। आलोचना के इस दृष्टिकोण का बीज आचार्य शुक्ल के आलोचना कर्म में मौजूद है। शब्द-शक्ति और बिम्ब-विधान के बारे में उनके मत के विश्लेषण से यह प्रमाणित हो जाता है। बिम्ब-विधान की प्रक्रिया में शुक्ल जी अभिधा और व्यंजना दोनों का महत्त्व मानते हैं, जैसाकि मैनेजर पांडेय के कथन से भी मालूम पड़ता है। शुक्ल जी के अनुसार दृश्य का ग्रहण अभिधा के माध्यम से होता है, जो सहज होता है, कृत्रिम या वैचित्र्य पर आधारित नहीं अर्थात जीवन के यथार्थ से सम्बद्ध होता है। इसके सहारे व्यंजना जो मूर्त विधान करती है वही शुक्ल जी की लोक दृष्टि के अनुकूल है। किन्तु यह भी याद रखना आवश्यक है कि सिर्फ अभिधा द्वारा दृश्य-ग्रहण को शुक्ल जी बिम्ब-विधान नहीं मानते क्योंकि बगैर व्यंजना के लाक्षणिकता नहीं

आएगी और कविता सपाट कथन भर रह जाएगी। फिर जीवन-व्यवहार और शास्त्र की भाषा से कविता की भाषा में कोई अन्तर नहीं रह जाएगा। इस प्रकार के सपाट कथन से साधारणीकरण नहीं हो सकता, इसलिए शुक्ल जी बिम्ब-विधान में अभिधा और व्यंजना दोनों को जरूरी मानते हैं।

शुक्ल जी ने पाश्चात्य बिम्बवाद का विरोध किया है पर बिम्ब-विधान सम्बन्धी उनकी मान्यताएँ पाश्चात्य प्रभाव से पूर्णतः रहित नहीं हैं। पूर्व में नामवर सिंह के हवाले से यह उल्लेख किया गया है कि शुक्ल जी ने रिचर्ड्स की अर्थ-मीमांसा को स्वीकार किया है। रिचर्ड्स की अर्थ-मीमांसा के सम्बन्ध में शुक्ल जी का यह कथन द्रष्टव्य है—"उन्होंने व्यावहारिक समीक्षा (Practical Criticism) नामक अपने बड़े ग्रन्थ में चार प्रकार के अर्थ माने हैं—1. प्रस्तुत अर्थ या व्यंग्य वस्तु, 2. व्यंग्य भाव 3. बोधव्य की विशेषता और भीतरी उद्देश्य। जिन्होंने अपने यहाँ के शब्द-शक्ति निरूपण का अच्छी तरह मनन किया है वे देख सकते हैं कि इन चारों में वास्तव में दो ही मुख्य हैं। तीसरे का समावेश हमारे यहाँ आर्थी व्यंजना के कारणों के अन्तर्गत हो जाता है...चौथे का समावेश अभिधामूलक ध्वन्यार्थ के अन्तर्गत हो जाता है..."[131] रिचर्ड्स द्वारा उल्लिखित उपर्युक्त चार प्रकार के अर्थों के बारे में शुक्ल जी कहते हैं कि "...काव्य मीमांसा की यह वही पद्धति है जो हमारे यहाँ स्वीकृत है।"[132] शुक्ल जी ने वाच्यार्थ को जो महत्त्व दिया है वह रिचर्ड्स के लिए अध्ययन की मुख्य समस्या अर्थबोध की ही समस्या है।[133] यह समस्या इसलिए है कि रिचर्ड्स के अनुसार कविता का अर्थ एक जटिल प्रक्रिया है। सौन्दर्यशास्त्र पर पी.सी. चटर्जी की पुस्तक में रिचर्ड्स के दृष्टिकोण को इस प्रकार व्यक्त किया गया है—'Dr. Richards tell us that the meaning of a poem is also a complex business... Dr. Richards in his 'Practical criticism' has pointed out that in a very large number of cases when readers fail to appreciate a poem, one reason is that they have not succeeded in making out its prove sense."[134]

रिचर्ड्स का यह कहना कि उक्ति में कभी किसी अर्थ की प्रधानता रहती है कभी किसी अर्थ की—का अभिप्राय है कि काव्य में अधिकतर व्यंग्य-भाव की प्रधानता रहती है किन्तु इसका यह मतलब नहीं कि अर्थ या तथ्य को महत्त्वहीन समझा जाय। इस प्रकार शब्द-शक्ति निरूपण के सम्बन्ध में रिचर्ड्स और शुक्ल जी के दृष्टिकोण में साम्य दिखलाई पड़ता है।

शुक्ल जी ने बिम्ब-विधान को महत्त्व दिया इसके पीछे नामवर सिंह संस्कृत काव्यशास्त्र की उस परम्परा का प्रभाव देखते हैं जिसे अभिनवगुप्त ने विभावन

व्यापार कहा था। मूर्तिमत्ता पर विचार करते हुए अभिनवगुप्त ने काव्यभाषा की इस विशेषता को विभावन व्यापार नाम दिया था, क्योंकि इस व्यापार के द्वारा एक ओर कवि पक्ष से भाव विभाव का मूर्त रूप धारण करता है तो दूसरी ओर सहृदय पक्ष में वही मूर्त विभाव पुनः भाव में रूपान्तरित हो जाता है। नामवर जी के अनुसार शुक्ल जी ने इसी के लिए मूर्तिमत्ता और बिम्ब-ग्रहण शब्दों का प्रयोग किया है।[135]

यह उल्लेखनीय है कि बिम्ब-विधान के प्रसंग में आचार्य शुक्ल एक ओर अभिनवगुप्त से प्रभाव ग्रहण करते हैं तो दूसरी ओर इस प्रसंग में शब्द शक्ति निरूपण के क्रम में पाश्चात्य चिंतक रिचर्ड्स के मत से भी साम्य रखते हैं। किन्तु पश्चिम में बिम्बवाद का जो आन्दोलन चला था शुक्ल जी उसके विरोध में थे और उसे बिम्ब-विधान से अलग रखते हैं।

बिम्बवाद के प्रवर्तक टी.ई. ह्यूम हैं और इसे आन्दोलन के रूप में शुरू करने का श्रेय फ्लिंट को है। एजरा पाउंड, हिल्डा डूलिंटल, रिचर्ड एलडिंग्टन आदि इसी में हैं। इनका विचार था, कविता का कथ्य सामान्य नहीं गूढ़ तथा व्यापक होना चाहिए। भावमयता का ये विरोध करते थे और मुख्य रूप से चाक्षुष बिम्ब को ही महत्त्व देते थे। रेने वेलेक और ऑस्टिन वारेन द्वारा लिखी गई पुस्तक 'साहित्य सिद्धान्त' (Theory of literature) का कथन ध्यान देने योग्य है— बिम्बवाद के अनुगामियों का दावा था...कि कविता में एक-एक बारीकी को यथातथ्य उतारा जाना चाहिए, इसे अस्पष्ट सामान्य उक्तियों तक सीमित नहीं रहना चाहिए, ये सामान्यताएँ चाहे कितनी ही मधुर क्यों न हों।''[136] एजरा पाउंड का कहना था—Poetry is a sort of inspired mathematics, which gives us equations, not for abstract figures, triangles, spheres, and the like but equations for the human emotions.''[137]

लोकमंगल पर बल देने के कारण शुक्ल जी इस प्रकार की मूर्तिमत्ता को पसन्द नहीं करते थे। रमेश कुन्तल मेघ कहते हैं—'लोकपक्ष और नैतिक दृष्टिकोण के कारण आचार्य हर एक प्रकार के कलावाद के, व्यक्तिवाद के आदयन्त विरोधी रहे हैं। उनकी एक संस्कारी वृत्ति यह भी रही है कि कला कामसूत्र से तथा काव्य विद्या से सम्बन्धित है। कला सौन्दर्य की उपासना पर, काव्य मंगल की साधना पर बल देता है तथा काव्य में लोकमंगल और आनन्द मंगल की साधना ही लक्ष्य होना चाहिए। कला को बाहरी सौन्दर्यबोधात्मक (चित्र, संगीत, मूर्ति वस्तु आदि) के लिए उपयुक्त मानते हैं...।''[138]

बिम्बवाद की भाँति फ्रान्स में संवेदनावाद का भी आन्दोलन चला था। शुक्ल

जी ने उसका भी विरोध किया क्योंकि इसमें "शब्दों के अर्थों पर उतना जोर न देकर उनकी नाद-शक्ति पर ही अधिक ध्यान देने का आग्रह किया गया है।"[139]

संवेदनावाद और मूर्तिविधानवाद को मिलाकर (E.E. Cummings) ने कविता के शिल्प-पक्ष का एक नया रूप प्रस्तुत किया। शुक्ल जी उनके इस काम को विलक्षण तमाशा कहते हैं।[140] इसमें पदभंग, पद-लोप, वाच्य-लोप, अक्षर-विन्यास, चरण-विन्यास आदि का कौशल कमिंग्ज साहब ने दिखलाया। यूरोपीय समीक्षा के वादों पर विचार करते हुए उन्होंने टी.एस. इलियट, अनातोले फ्रांस को भी निराशावादी कहा है।

बिम्ब-स्थापना के लिए शुक्ल जी कल्पना का महत्त्व स्वीकारते हैं। पर इसे वे साध्य नहीं साधन मानते हैं तथा इसे लोकोत्तर या आध्यात्मिक नहीं मानते हैं। उन्होंने कल्पना के दो प्रकारों का उल्लेख किया है—एक कल्पना वह है जो कवि में होती है, उसे शुक्ल जी विधायक कल्पना कहते हैं। कल्पना का दूसरा प्रकार वह है जो ग्राहक में होता है। यह उल्लेखनीय है कि कल्पना का महत्त्व शुक्ल जी और रिचर्ड्स दोनों स्वीकार करते हैं। पाश्चात्य कल्पना-सिद्धान्त के अध्ययन के क्रम में मुख्यतः एडीसन, कॉलरिज, क्रोचे, रिचर्ड्स का नाम आता है। शुक्ल जी पर एडीसन, कॉलरिज और रिचर्ड्स का प्रभाव है। रिचर्ड्स ने कॉलरिज के कल्पना-सिद्धान्त का समर्थन किया पर उनकी चिन्तन-भूमि मनोविज्ञान है जबकि कॉलरिज की दर्शन। शुक्ल जी ने कल्पना को रस-सिद्धान्त के परिप्रेक्ष्य में विवेचित किया है। इनके लिए कल्पना कवि की अनुभूति पाठक तक पहुँचानेवाली, रसानुभूति कराने वाली है। एडीसन ने कल्पना के आनन्द को दो भागों में बाँटा है। पहला वह जो दृश्य है, दूसरा वह जो दृश्य पदार्थों का केवल ध्यान करने से उत्पन्न होती है।[141] शुक्ल जी ने रसानुभूति की तीन श्रेणियाँ बनाई हैं—प्रत्यक्ष रूप-विधान, स्मृति रूप-विधान और कल्पित रूप-विधान। एडीसन जिसे दूसरी श्रेणी का आनन्द कहते हैं उसमें स्मृति और कल्पित दोनों का समाहार है। शुक्ल जी कल्पना को सत्य से अनुप्राणित मानते हैं। यहाँ वे एडीसन द्वारा कल्पना को अलौकिक, विलक्षण कहे जाने के विरुद्ध नजर आते हैं।

कॉलरिज कल्पना के दो भेद मानते हैं—मुख्य और गौण। यह शुक्ल जी के विधायक और ग्राहक की अवधारणा के ही समान है। मगर कॉलरिज कल्पना को जब आध्यात्मिक कहते हैं तब शुक्ल जी उनके विरुद्ध नजर आते हैं। शुक्ल जी उसका सम्बन्ध प्रत्यक्ष जगत से स्थापित करते हैं। इसी क्रम में उन्होंने फ्रायड का भी विरोध किया है। एक महत्त्वपूर्ण अन्तर पश्चिमी चिन्तकों से शुक्ल जी का यह भी है कि पश्चिमी काव्य-चिन्तक अप्रस्तुत विधायिनी कल्पना को महत्त्व

देते हैं। शुक्ल जी उसी कल्पना को महत्त्व देते हैं जो भाव के संकेत पर होगी। शुक्ल जी रिचर्ड्स की कई बातों को स्वीकार करते हुए भी कुछ बिन्दुओं पर अलग नजर आते हैं। रिचर्ड्स ने कल्पना के छ: भेद किये। रिचर्ड्स कल्पना को अनुभूतियों की मूल्यवत्ता का आधार प्रस्तुत करनेवाली मानते हैं जबकि शुक्ल जी उसको केवल बोध-पक्ष मानते हैं। दरअसल शुक्ल जी पाश्चात्य सौन्दर्यशास्त्र के समानान्तर रस-सिद्धान्त को महत्त्व देते हैं और इसी कारण एडीसन, कॉलरिज तथा रिचर्ड्स से कतिपय साम्य रखते हुए भी अलग नजर आते हैं। यही हिन्दी आलोचना के स्वत्व निर्धारण में इनका महत्त्व है।

## भाषा-दृष्टि

उपर्युक्त विवेचन के अन्त में आचार्य शुक्ल की भाषा-दृष्टि पर भी एक नजर डालना अप्रासंगिक नहीं होगा। आलोचना की भाषा से सम्बन्धित बहुत सारी बातों का उल्लेख साधारणीकरण, बिम्ब-विधान आदि के प्रसंग में हो चुका है। किन्तु शुक्ल जी का भाषा-विवेचन अन्य कई स्तरों पर चलता है हालाँकि इस विषय की सीमा को देखते हुए उनके सांगोपांग विवेचन की गुंजाइश यहाँ अधिक नहीं है, फिर भी कुछ खास बातों की ओर संकेत करना आवश्यक है। रामस्वरूप चतुर्वेदी कहते हैं कि "भाषा-विवेचन उनके यहाँ कई स्तरों पर चलता है—व्याकरणिक, सर्जनात्मक और व्यावहारिक प्रयोगात्मक। ब्रज, अवधी, खड़ी बोली का विवेचन व्याकरणिक और सर्जनात्मक दोनों स्तरों पर हुआ है कि वे हिन्दी की सम्पन्न और विकसित काव्य भाषाएँ हैं। 'बुद्धचरित' और 'जायसी ग्रन्थावली' के अतिरिक्त यह मीमांसा 'कविता क्या है', 'काव्य में अभिव्यंजनावाद' इतिहास के आधुनिक काल तथा रस-मीमांसा के कई प्रकरणों में सैद्धान्तिक और व्यावहारिक दोनों रूपों में हुई है। हिन्दी, उर्दू, हिन्दुस्तानी के आपसी सम्बन्ध जन-भाषा और सरकारी कामकाज की भाषा के रूप में अधिकतर चर्चित हैं। विवेचन का यह स्तर-भेद आलोचक की सही भाषिक पहचान का परिचायक है। तब यह स्वाभाविक है कि आलोचना-प्रक्रिया में भाषा को विशिष्ट स्थान देने वाले आलोचक आचार्य रामचन्द्र शुक्ल हैं।"[142]

यह महत्त्वपूर्ण बात है कि आचार्य शुक्ल ने 'हिन्दी साहित्य का इतिहास' 'हिन्दी शब्दसागर' की भूमिका के रूप में लिखा है। यह संयोग नहीं है बल्कि इस ऐतिहासिक दायित्व का सूचक है कि उनके सामने न सिर्फ हिन्दी साहित्य की परम्परा के मूल्यांकन और आलोचना के मानदंड स्थिर करने की महती जिम्मेदारी थी बल्कि भाषा के सम्बन्ध में एक सुसंगत दृष्टि बनाने की जरूरत भी थी। शुक्ल

जी की विशेषता है कि वे सिद्धान्त और व्यवहार में विनियोग स्थापित करते हैं। ब्रजभाषा, अवधी और खड़ी बोली का जिस प्रकार उन्होंने विवेचन किया है उसमें उनकी इस दृष्टि की झलक मिलती है। रामस्वरूप चतुर्वेदी कहते हैं कि "हिन्दी भाषा और साहित्य के जातीय रूप की निष्ठा यहीं स्थिर होती है।"[143]

खड़ी बोली के स्वरूप और निर्माण के सम्बन्ध में आचार्य शुक्ल ने जो कुछ कहा है उससे जातीय रूप स्थिर करने के प्रति निष्ठा का पता चलता है— 'हिन्दी साहित्य का इतिहास' में उन्होंने लिखा है—"कुछ लोगों का यह कहना या समझना कि मुसलमानों के द्वारा ही खड़ी बोली अस्तित्व में आई और उसका मूल रूप उर्दू है जिससे आधुनिक हिन्दी गद्य की भाषा अरबी-फारसी शब्दों को निकालकर गढ़ ली गयी, शुद्ध भ्रम या अज्ञान है। इस भ्रम का कारण यही है कि देश के परम्परागत साहित्य की जो संवत् 1900 के पूर्व तक पद्यमय ही रहा भाषा ब्रजभाषा ही रही और खड़ी बोली वैसे ही एक कोने में पड़ी रही जैसे और प्रान्तों की बोलियाँ। साहित्य या काव्य में उसका व्यवहार नहीं हुआ।"[144] शुक्ल जी आगे कहते हैं कि व्यवहार न होने का मतलब यह नहीं है कि इनका अस्तित्व ही नहीं था।

उपर्युक्त प्रसंग में राजा शिवप्रसाद सितारेहिन्द एवं भारतेन्दु की भाषा नीति को लेकर काफी विवाद हो चुके हैं। इसकी गहराई में जाने की यहाँ आवश्यकता नहीं है। इतना स्वीकार करने में कोई हर्ज नहीं मालूम पड़ता कि हिन्दी-उर्दू-हिन्दुस्तानी के सम्बन्ध में आचार्य शुक्ल की दृष्टि अन्तर्विरोधों से मुक्त नहीं है। अन्तर्विरोध और भी हैं जैसे अपभ्रंश को लेकर। मैनेजर पांडेय का यह कथन उचित प्रतीत होता है कि अपभ्रंश की वास्तविक स्थिति और उससे स्वतन्त्र बोलचाल की भाषा के रूप में हिन्दी के अस्तित्व को वे पहचान सके हैं यह उनकी विशेषता है।"[145]

शुक्ल जी ने हिन्दी भाषा के जातीय स्वरूप को ध्यान में रखकर ही साहित्य की भाषा पर विचार किया है। जैसे आलोचना के मानदंड के सन्दर्भ में संस्कृत काव्यशास्त्र और विदेशी प्रभाव से भिन्न हिन्दी आलोचना के स्वरूप-निर्माण का उन्होंने प्रयास किया, उसी प्रकार भाषा के सन्दर्भ में भी संस्कृत के शब्दों और समाज की बहुलता का उन्होंने विरोध किया। दूसरी ओर अरबी-फारसी के अप्रचलित शब्दों के प्रयोग का भी विरोध किया। देशभाषा के प्रति उनका लगाव विदित है। आचार्य शुक्ल का विचार था कि हिन्दी भाषा में स्पष्टता, स्वच्छता और विचारशीलता को महत्त्व मिले।[146] ध्यातव्य है कि इसी सन्दर्भ में आचार्य शुक्ल ने आचार्य महावीर प्रसाद द्विवेदी की प्रशंसा की है—"यदि द्विवेदी जी

न उठ खड़े होते तो जैसा अव्यवस्थित, व्याकरण-विरुद्ध और ऊटपटांग भाषा चारों ओर दिखाई पड़ती थी उसकी परम्परा जल्दी न रुकती।"[147]

तात्पर्य यह कि आचार्य शुक्ल भाषा के प्रसंग में भी रूपवाद और कलावाद के समर्थक नहीं थे। उनकी लोकदृष्टि इस प्रसंग में भी स्पष्ट है, इसके बावजूद कि उनकी कुछ सीमाएँ भी हैं। पर ये सीमाएँ जितनी उनके दृष्टिकोण की हैं उससे अधिक उस युग की हैं जिसमें शुक्ल जी हिन्दी आलोचना के स्वतन्त्र रूप का निर्माण कर रहे थे। इस प्रकार यह देखना महत्त्वपूर्ण है कि हिन्दी भाषा का विकास किन परिस्थितियों में हुआ। हिन्दी भाषा और साहित्य को प्रारम्भिक काल में संस्कृत, प्राकृत और अपभ्रंश से संघर्ष और सामंजस्य करके चलना पड़ा और आगे चलकर इसके विकास के मार्ग में हिन्दी-उर्दू का विवाद पैदा किया गया। इस विषम परिस्थिति में हिन्दी का जातीय स्वरूप किस प्रकार बना इसका विवेचन शुक्ल जी ने बड़ी गम्भीरतापूर्वक किया है—सीमाओं और अन्तर्विरोधों के बावजूद उनका यह महत्त्व अतुलनीय है।

## सन्दर्भ


1. पहल—64-65 मार्क्सवादी आलोचना विशेषांक, पृ. 83-84 सं. ज्ञानरंजन, जबलपुर
2. संस्कृत साहित्य का इतिहास—वाचस्पति गैरोला, पृ. 803,
3. संस्कृत साहित्य का इतिहास—आचार्य बलदेव उपाध्याय, पृ. 600
4. वही, पृ. 602
5. रस-सिद्धान्त का पुनर्विवेचन—डॉ. गणपतिचन्द्र गुप्त, पृ. 3
6. काव्यशास्त्र-डॉ. भगीरथ मिश्र. पृ. 227
7. वही, पृ. 114
8. काव्यदर्पण—पं. रामदहिन मिश्र, पृ. 111
9. रस-सिद्धान्त का पुनर्विवेचन—डॉ. गणपतिचन्द्र गुप्त, पृ. 25-26
10. वही पृ. 26
11. वही, पृ. 28
12. वही, पृ. 29
13. काव्यदर्पण—पं. रामदहिन मिश्र, पृ. 112
14. भारतीय सौन्दर्य-सिद्धान्त की नयी परिभाषा—सुरेन्द्र एस. बारलिंगे, अनु. डा. रामजी तिवारी, पृ. 139।
15. काव्य दर्पण—पं. रामदहिन मिश्र, पृ. 113-114

16. भारतीय सौन्दर्य-सिद्धान्त की नयी परिभाषा—सुरेन्द्र एस. बारलिंगे, पृ. 139
17. वही, पृ. 91
18. रस-सिद्धान्त का पुनर्विवेचन—डॉ. गणपतिचन्द्र गुप्त, पृ. 44
19. वही, पृ. 43-44
20. वही, पृ. 54
21. रस-सिद्धान्त और सौन्दर्यशास्त्र—डॉ. निर्मला जैन, पृ. 31
22. वही, पृ. 32
23. अभिनव भारती, भाग-1, पृ. 279 (उपरोक्त पुस्तक के पृ. 32 से उद्धृत)
24. रस-सिद्धान्त का पुनर्विवेचन-डा. गणपति चन्द्र गुप्त, पृ. 52
25. वही, पृ. 53
26. वही, पृ. 53
27. वही, पृ. 53
28. रामदहिन मिश्र के 'काव्यदर्पण' के पृ. 146 से उद्धृत
29. वही, पृ. 146
30. वही. पृ. 145
31. वही, पृ. 145
32. वही, पृ. 45
33. आलोचना, अक्टूबर-दिसम्बर 2003, प्रधान सं. नामवर सिंह, पृ. 146,
34. रस-सिद्धान्त और सौन्दर्यशास्त्र-निर्मला जैन, पृ. 4
35. वही, पृ. 73
36. The Hindustan Review, Feb. 1907 (विपक्ष-सं. भारत यायावर, प्रवेशांक, जून, 1985, पृ. 57 से उद्धृत)
37. चिन्तामणि, भाग-2—आचार्य रामचन्द्र शुक्ल, सं. विश्वनाथ प्रसाद मिश्र, पृ. 155
38. चिन्तामणि भाग-1, आचार्य रामचन्द्र शुक्ल, पृ. 134
39. आचार्य शुक्ल के समीक्षा-सिद्धान्त—रामलाल सिंह, पृ. 179
40. चिन्तामणि भाग-1 आचार्य रामचन्द्र शुक्ल, पृ. 134
41. वही, पृ. 134
42. वही, पृ. 135
43. वही, पृ. 140
44. रस-मीमांसा—आचार्य रामचन्द्र शुक्ल—सं. विश्वनाथ प्रसाद मिश्र, पृ. 87
45. आचार्य शुक्ल के समीक्षा-सिद्धान्त—रामलाल सिंह, पृ. 213

46. आलोचना—सं. नामवर सिंह, अप्रैल-जून 1985, पृ. 62
47. चिन्तामणि, भाग-1, आचार्य रामचन्द्र शुक्ल, पृ. 136
48. वही, पृ. 136
49. वही, पृ. 136
50. आलोचना—सं. नामवर सिंह, अप्रैल-जून 1985, पृ. 63
51. चिन्तामणि भाग-2 आचार्य रामचन्द्र शुक्ल, पृ. 106
52. भारतीय राष्ट्रवाद की सामाजिक पृष्ठभूमि—ए. आर. देसाई, पृ. 109-110
53. हिन्दी आलोचना का सैद्धान्तिक आधार—कृष्णदत्त पालीवाल, पृ. 274
54. वही, पृ. 274
55. वही, पृ. 275
56. Literary Criticism in India and Acharya Shukla's Theory of Poetry—Dr. Nagendra. Pg.61
57. आचार्य रामचन्द्र शुक्ल और हिन्दी आलोचना—रामविलास शर्मा, पृ. 32-33।
58. संस्कृत साहित्य का इतिहास—आ. बलदेव उपाध्याय, पृ. 138
59. हिन्दी आलोचना का सैद्धान्तिक आधार—कृष्णदत्त पालीवाल, पृ. 317
60. हिन्दी साहित्य का इतिहास—आचार्य रामचन्द्र शुक्ल, पृ. 98
61. वही, पृ. 145
62. हिन्दी आलोचना का सैद्धान्तिक आधार—डा. कृष्णदत्त पालीवाल, पृ. 317
63. जायसी ग्रंथावली—आचार्य रामचन्द्र शुक्ल 66-67
64. हिन्दी आलोचना का सैद्धान्तिक आधार—कृष्णदत्त पालीवाल, 318
65. वही, पृ. 318
66. आचार्य रामचन्द्र शुक्ल—आलोचना का अर्थ, अर्थ की आलोचना, डॉ. रामस्वरूप चतुर्वेदी, पृ. 51
67. हिन्दी साहित्य का इतिहास—आचार्य रामचन्द्र शुक्ल, पृ. 464
68. वही, पृ. 470
69. हिन्दी आलोचना का सैद्धान्तिक आधार—कृष्णदत्त पालीवाल, पृ. 319
70. चिन्तामणि—प्रथम भाग, आ. रामचन्द्र शुक्ल पृ. 105
71. वही, पृ. 105-106
72. भारतीय सौन्दर्य-सिद्धान्त की नयी परिभाषा—सुरेन्द्र एस. बारलिंगे, पृ. 65
73. चिन्तामणि—आचार्य रामचन्द्र शुक्ल पृ. 106
74. वही, पृ. 106
75. वही, पृ. 107

76. वही, पृ. 107
77. हिन्दी आलोचना का विकास—नन्दकिशोर नवल, पृ. 131
78. वही. पृ. 131
79. पाश्चात्य काव्य-चिन्तन और आचार्य रामचन्द्र शुक्ल—रवि शर्मा, पृ. 88
80. पाश्चात्य काव्यशास्त्र—आचार्य देवेन्द्रनाथ शर्मा, पृ. 167
81. The Life Divine—Sri. Aurobindo, P. 64 उपरोक्त पुस्तक के पृ. 167 से उद्धृत
82. Aesthetic, Pg. 50
83. काव्य में अभिव्यंजनावाद—डा. लक्ष्मी नारायण सुधांशु, पृ. 61
84. चिन्तामणि—भाग 2, आचार्य रामचन्द्र शुक्ल, पृ. 170
85. आचार्य शुक्ल के समीक्षा सिद्धान्त—रामलाल सिंह, पृ. 462
86. वही, पृ. 463
87. चिन्तामणि—भाग 2, आचार्य रामचन्द्र शुक्ल, पृ. 171
88. वही, पृ. 181
89. वही, पृ. 181
90. वही, पृ. 181
91. वही, पृ. 181
92. वही, पृ. 182
93. समकालीन पाश्चात्य दर्शन—बसन्त कुमार लाल, पृ. 141
94. आधुनिक विचार-नन्दकिशोर आचार्य, पृ. 62
95. चिन्तामणि-भाग 2, आचार्य रामचन्द्र शुक्ल, पृ. 184
96. Philosophy of Benedetto Croc, the Problem of Art and History, H.W. Carr P. 164
97. पाश्चात्य काव्य-चिन्तन और आचार्य रामचन्द्र शुक्ल—रवि शर्मा, पृ. 101
98. वही, पृ. 101
99. चिन्तामणि—भाग 1, आचार्य रामचन्द्र शुक्ल, पृ. 141
100. आचार्य रामचन्द्र शुक्ल-प्रस्थान और परम्परा-राममूर्ति त्रिपाठी, पृ. 168, वाणी प्र. दिल्ली 2005
101. वही. पृ. 169
102. चिन्तामणि भाग-1 आचार्य रामचन्द्र शुक्ल, पृ. 137
103. पाश्चात्य काव्य चिन्तन और आचार्य रामचन्द्र शुक्ल—रवि शर्मा पृ. 106
104. Principles of Literary Criticism—I.A. Richards, Page 6

105. Ibid, Page. 9
106. Ibid, Preface
107. A History of Literary Criticism, Harry Blamires, Page, 334-35
108. पाश्चात्य काव्य शास्त्र—आचार्य देवेन्द्रनाथ शर्मा, पृ. 229
109. चिन्तामणि, भाग-2, आचार्य रामचन्द्र शुक्ल, पृ. 107
110. आचार्य शुक्ल के समीक्षा सिद्धान्त—रामलाल सिंह, पृ. 480
111. वही, पृ. 480
112. आलोचना की धारणाएँ (Concept of Criticism) रेने वेलेक, पृ. 204-205, अनु. इन्द्रनाथ मदान
113. कविता के नये प्रतिमान—नामवर सिंह, पृ. 47
114. Literary Criticism in India and Acharya, Shuklas Theory of Poetry—Dr. Nagendra, Page. 98
115. पाश्चात्य काव्य शास्त्र—आचार्य देवेन्द्रनाथ शर्मा, पृ. 242
116. Principles of Literary Criticism—I.A. Richards, Page. 137
117. पाश्चात्य काव्य चिन्तन और आचार्य रामचन्द्र शुक्ल— रवि शर्मा, पृ. 127
118. चिन्तामणि—भाग-2, आचार्य रामचन्द्र शुक्ल पृ. 90
119. पाश्चात्य काव्य चिन्तन और आचार्य रामचन्द्र शुक्ल—रवि शर्मा, पृ. 128
120. चिन्तामणि भाग-2, आचार्य रामचन्द्र शुक्ल, पृ. 122
121. Principles of Literary Criticism—I.A. Richards, Page. 17
122. चिन्तामणि भाग-1, आचार्य रामचन्द्र शुक्ल, पृ. 139
123. रस-मीमांसा—सं. विश्वनाथ प्रसाद मिश्र
124. चिन्तामणि, भाग : 1, आचार्य रामचन्द्र शुक्ल, पृ. 84
125. आलोचना की सामाजिकता—मैनेजर पांडेय, पृ. 52, वाणी 2005
126. चिन्तामणि भाग-1, आचार्य रामचन्द्र शुक्ल पृ. 102
127. आचार्य रामचन्द्र शुक्ल-आलोचना का अर्थ, अर्थ की आलोचना-रामस्वरूप चतुर्वेदी, पृ. 24
128. वही, पृ. 23
129. आलोचना की सामाजिकता—मैनेजर पांडेय, पृ. 53
130. चिन्तामणि, भाग-2, आचार्य रामचन्द्र शुक्ल पृ. 164-165
131. वही पृ. 165
132. Practical Criticism—I.A. Richards, Page. 180
133. Fundamental Questions in Aesthetics—P.C. Chatterji, Pg-35

134. कविता के नये प्रतिमान—नामवर सिंह, पृ. 110
135. साहित्य सिद्धान्त—रेने वेलेक, ऑस्टिन वारेन, पृ. 244, अनु. बी.एस. पालवाल
136. A History of Literary Criticism—Harry Blamires , Page 313
137. आलोचना—सं. नामवर सिंह, अप्रैल-जून 1985, पृ. 77
138. चिन्तामणि, भाग 2, आचार्य रामचन्द्र शुक्ल पृ. 226
139. वही, पृ. 230
140. चिन्तामणि भाग-3, आचार्य रामचन्द्र शुक्ल पृ. 34-35, सं. नामवर सिंह
141. आचार्य रामचन्द्र शुक्ल—आलोचना का अर्थ, अर्थ की आलोचना—डॉ. रामस्वरूप चतुर्वेदी, पृ. 76
142. वही, पृ. 77
143. वही, पृ. 77
144. हिन्दी साहित्य का इतिहास—आचार्य रामचन्द्र शुक्ल, पृ. 279
145. साहित्य और इतिहास दृष्टि—मैनेजर पांडेय, पृ. 97
146. वही, पृ. 101
147. महावीर प्रसाद द्विवेदी रचना संचयन—सं. भारत यायावर, संपादकीय, पृ. 12

# 2

# रामचन्द्र शुक्ल की परम्परा

## परवर्ती सैद्धान्तिक आलोचना एवं छायावाद

आचार्य शुक्ल ने हिन्दी आलोचना को जो रूप दिया, कतिपय असहमतियों के बावजूद परवर्ती आलोचना में उसका विकास हुआ है तथा यह भी देखने में आता है कि जहाँ उससे कुछ भिन्न रुख अपनाने का प्रयास किया गया वहाँ असंगतियाँ उत्पन्न हो गयी हैं। रघुवंश इस प्रसंग में आचार्य नन्ददुलारे वाजपेयी और आचार्य हजारीप्रसाद द्विवेदी के विशेष महत्त्व का उल्लेख करते हुए कहते हैं—"हजारीप्रसाद द्विवेदी तथा नन्ददुलारे वाजपेयी ने साहित्य की सामाजिक, युगीन तथा ऐतिहासिक चेतना को सांस्कृतिक-मानवीय अभिव्यक्ति के रूप में व्याख्यायित किया और रचना के सौन्दर्य को शाश्वत तथा सार्वभौम तत्त्व के रूप में विवेचित किया तो दूसरी ओर कतिपय आलोचकों ने साहित्य-चिन्तन को अधिक वस्तुपरक और शास्त्रीय आधार देने का प्रयत्न किया। उन्होंने एक ओर भारतीय काव्यशास्त्र के रस, अलंकार, गुण, दोष तथा औचित्य आदि का आश्रय लिया तो दूसरी ओर पाश्चात्य समीक्षाशास्त्र के कल्पना, सौन्दर्य, अनुभूति, निर्वैयक्तिकता आदि तत्त्वों को भी ग्रहण किया।"[1]

आचार्य शुक्ल काव्यानुभूति और जीवनानुभूति के बीच फाँक नहीं देखते हैं। उन्होंने पाश्चात्य सौन्दर्यशास्त्र के स्थान पर रस को समीक्षा का आधार बनाया। इसका कारण स्पष्ट रूप से उनकी वही लोक-दृष्टि है जो काव्यानुभूति और जीवनानुभूति में फर्क नहीं मानती। शुक्लोत्तर हिन्दी आलोचना में इस प्रसंग में काफी विचार-विमर्श किया गया है और निश्चय ही इससे इंकार नहीं किया जा सकता कि हिन्दी में भी उस सौन्दर्यशास्त्र के पक्ष में कतिपय आलोचकों का रुझान दिखलाई पड़ता है जो काव्य को जीवन से अलग दिव्य और लोकोत्तर आनन्द देनेवाला मानते हैं। लेकिन यह भी सच है कि इसका जोरदार विरोध किया गया।

मुक्तिबोध की इन पंक्तियों को देखना आवश्यक प्रतीत होता है—"जिस समाज में सौन्दर्य प्रतीति और सामाजिक दृष्टि में परस्पर विरोध माना जाता है अथवा दूसरे शब्दों में इन दो के भीतर किसी आन्तरिक गहरी एकता का अस्तित्व नहीं माना जाता वह समाज भी खूब है। और वे दार्शनिक या विचारक भी खूब हैं, जो इन मान्यताओं को लेकर चलते हैं।"[2]

परवर्ती आलोचकों में हजारीप्रसाद द्विवेदी मूलतः साहित्येतिहास-लेखन और अनुसन्धान में लगे रहे हालाँकि रस को उन्होंने भी महत्त्व दिया। काव्यशास्त्रीय विवेचन में वे शुक्ल जी की परम्परा में ही हैं, पर इसका विकास वे नहीं कर सके। नन्दकिशोर नवल कहते हैं—"द्विवेदी जी मूलतः शुक्ल जी की परम्परा के आलोचक हैं लेकिन वे आलोचना में शुक्ल जी की परम्परा को विकसित नहीं कर सके हैं। इसका एक कारण तो यह है कि उनका मुख्य क्षेत्र साहित्येतिहास और अनुसन्धान है, आलोचना नहीं। दूसरा कारण उनमें विद्यमान समन्वयवादी प्रवृत्ति है जिससे वे आलोचना को न तो सिद्धान्त के क्षेत्र में सुसंगत रूप से वैज्ञानिक परिणति तक ले जा सके न व्यवहार के क्षेत्र में।"[3]

वस्तुतः शुक्ल जी के बाद रस-चिन्तन के विकास में नन्ददुलारे वाजपेयी का नाम आता है। इन्होंने आचार्य शुक्ल से भिन्न अनुभूति को ही कविता का मुख्य तत्त्व बतलाया। इस क्रम में उन्होंने शुक्ल जी की आलोचना की है कि वे दृष्टिकोण के आधार पर काव्य का मूल्यांकन करते हैं। "हिन्दी साहित्य : बीसवीं शताब्दी में वे कहते हैं, "...हम किसी पूर्व निश्चित दार्शनिक या साहित्यिक सिद्धान्त को लेकर कला की परख नहीं कर सकते। सभी सिद्धान्त सीमित हैं, किन्तु कला के लिए कोई भी सीमा नहीं है।"[4] अनुभूति को आचार्य वाजपेयी ने इतना महत्त्व दिया कि वे उसकी शुद्धता का आग्रह करते दिखाई देने लगते हैं। वे कहते हैं—"वास्तव में अनुभूति के व्यक्तिगत और वस्तुगत भेद किये ही नहीं जा सकते, उसकी तो अखंड सत्ता है। आत्मानुभूति तो काव्यमात्र की विशेषता है। किसी एक प्रकार की रचना को आत्माभिव्यंजक कहकर दूसरी रचनाओं को आत्माभिव्यंजना से रहित मानना कोरी भ्रान्ति है।"[5] इसमें कोई सन्देह नहीं कि आचार्य वाजपेयी शुक्ल जी के रस-विवेचन को आगे बढ़ाते हैं, किन्तु उनके रस-सिद्धान्त को अपूर्ण बताकर वे उनकी परम्परा से खुद को अलग करने का प्रयास करते हैं। आचार्य शुक्ल ने रस के सम्बन्ध में नैतिक-अनैतिक की बात उठाई थी किन्तु आचार्य वाजपेयी इससे असहमति व्यक्त करते हैं। इसका कारण यही है कि वे कला को सभी प्रकार के बन्धनों से मुक्त मानते हैं और कहते हैं कि एकमात्र सौन्दर्य ही उसका बन्धन हो सकता है। कृष्णदत्त पालीवाल उनके रस-सिद्धान्त

की शुक्ल जी के रस-विवेचन से तुलना करते हुए कहते हैं—"काव्य को जीवन-सौन्दर्य का पर्याय बनाकर आचार्य शुक्ल ने काव्य-संवेदना को उच्च स्तर पर प्रतिष्ठित किया है। किन्तु आचार्य शुक्ल की मूल अवधारणाओं से अतार्किक ढंग से टकराने के कारण आचार्य वाजपेयी के वक्तव्य भटक जाते हैं। वाजपेयी जी रसानुभूति को 'संवेदना' का पर्याय मानते हैं। यह संवेदन सजग कलाकार की मानसिकता का अनिवार्य रूप है। अपनी इसी दृष्टि से वे रसानुभूति को सौन्दर्यानुभूति का पर्याय मानकर रसास्वादन की नवीन भूमिका प्रस्तुत करते हैं। उन्होंने देश-विदेश के नये सन्दर्भों को अपनाते हुए रस की बहुत आधुनिक परिभाषा प्रस्तुत करनी चाही है पर अर्थ-मीमांसा से विरक्ति रखने के कारण बात नहीं बन सकी है।"[6]

दरअसल आचार्य वाजपेयी ने सौन्दर्यशास्त्र की दृष्टि से आचार्य शुक्ल के रस-विवेचन को आगे बढ़ाने का प्रयास किया और यही अपूर्णता उन्हें शुक्ल जी के रस-विवेचन में दिखलाई पड़ी। पर आचार्य शुक्ल रस-सिद्धान्त के मुकाबले सौन्दर्यशास्त्र की सीमा दिखला चुके थे। उनका रस-सिद्धान्त लोक-भूमि पर टिका है। मगर आचार्य वाजपेयी सौन्दर्यानुसंधान को ही आलोचक का मुख्य कार्य मानते हैं। इसीलिए उनकी आलोचना में पूरी तरह सिद्धान्तहीनता का पक्ष लिया गया है।[7] वे आलोचना में सिद्धान्त-निरपेक्षता को जरूरी मानते हैं। नन्दकिशोर नवल कहते हैं कि "...वाजपेयी जी आलोचना को कृति विशेष की व्याख्या मात्र समझते हैं, उसका मूल्यांकन नहीं क्योंकि मूल्यांकन का प्रत्येक प्रयास उनकी दृष्टि में आत्मनिष्ठ होगा।"[8] निष्कर्षत: आचार्य वाजपेयी पाश्चात्य सौन्दर्यशास्त्र और भारतीय रसवाद के बीच समन्वय स्थापित करने का प्रयास करते नजर आते हैं। पर इसमें खटकनेवाली बात यह है कि "...वे रस को भावोच्छ्वास मान लेते हैं। भावोच्छ्वास में चित्त की समाहिति न होकर चित्त का उद्वेग रहता है पर रस तो द्वन्द्व में अद्वन्द्व की कल्पना है।"[9] इनकी आलोचना-दृष्टि पर विचार करते हुए नन्दकिशोर नवल ठीक ही कहते हैं कि "वाजपेयी जी की मुख्य चिन्ता साहित्य की शुद्ध और शाश्वत कसौटी के निर्माण की है।"[10] इस प्रसंग में स्वयं आचार्य वाजपेयी का कथन उल्लेखनीय है—"साहित्य की कोई अपनी कसौटी क्यों नहीं बन रही? क्यों हम अपनी विशेष दृष्टियों से साहित्यिक कृतियों की समीक्षा करते हैं? इसका कारण केवल हमारे संस्कार नहीं हैं, वे मतवाद भी हैं जो नई समीक्षा में प्रवेश कर चुके हैं। इन मतवादों में अत्यधिक उलझ जाने के कारण साहित्यिक विवेचन की कोई स्वतन्त्र परम्परा नहीं बन पा रही।"[11] जाहिर है कि आचार्य वाजपेयी जिस स्वतन्त्र परम्परा की बात कर रहे हैं, वह कला कला के लिए सिद्धान्त का

ही समर्थक  है और इसीलिए अनुभूति के प्रसंग में विचार करते हुए वे क्रोचे के सिद्धान्त की ओर झुके दिखलाई देते हैं—"क्रोचे का कथन है कि अनुभूति वही है जो काव्य या कलाओं के रूप में अभिव्यक्त होती है। जिस अनुभूति में यह अभिव्यक्ति क्षमता नहीं है वह वास्तव में अनुभूति न होकर कोरी ऐंन्द्रियता या मानसिक जमुहाई मात्र है। वह अनुभूति जो आत्मिक व्यापार का परिणाम है सौन्दर्य रूप में अभिव्यक्त हुए बिना रह ही नहीं सकती। उसे काव्य-स्वरूप ग्रहण करना ही पड़ेगा। क्रोचे के मत में अनुभूति अभिव्यक्ति ही है और अभिव्यक्ति ही काव्य है।...क्रोचे के निरूपण के अनुसार अनुभूति का समरस या समरूप होना अनिवार्य है। एक ही अखंड अनुभूति समस्त कवियों और रचनाकारों में होती है...काव्यगत अनुभूति के सम्बन्ध में यह क्रोचे की स्थापना है। भारतीय विचार भी इससे भिन्न नहीं है...समस्त काव्य-शैलियों और काव्य-स्वरूपों में अनुभूति की अखंड एकरूपता का अनवरत प्रवाह दिखाकर भारतीयों ने काव्य की सार्वजनीनता और सार्वभौमिकता सिद्ध की थी।"[12]

वाजपेयी जी अनुभूति की परीक्षा शुद्ध सौन्दर्य के आधार पर करने पर बल देते हैं और इस प्रकार एक ओर वे पाश्चात्य सौन्दर्यशास्त्रियों के करीब होकर कलावाद का समर्थन करते प्रतीत होते हैं तो रस-निष्पत्ति के सन्दर्भ में अभिनवगुप्त के विचारों से साम्य रखते दिखलाई देते हैं। हालाँकि प्राचीन संस्कृत रसशास्त्रियों की उन्होंने अलौकिकता को लेकर कड़ी आलोचना की है पर जैसा कि कृष्णदत्त पालीवाल लक्षित करते हैं—"आचार्य वाजपेयी ने काव्यानुभूति की प्रक्रिया में किसी नये मत को स्थापित न करते हुए परम्परा प्राप्त संस्कृत काव्यशास्त्रियों के साधारणीकरण सिद्धान्त को मान्यता दी है। रस-निष्पत्ति के काव्यशास्त्रीय विवाद में वे अभिनवगुप्त के साथ हैं। भट्टनायक के काव्यशास्त्रीय विवाद में भी वे अभिनवगुप्त के साथ हैं।"[13]

साधारणीकरण के सम्बन्ध में आचार्य वाजपेयी की धारणा है कि कवि द्वारा कल्पित समस्त संसार का साधारणीकरण होता है, किसी पात्र विशेष का नहीं। इसी के अनुरूप डॉ. नगेन्द्र का भी विचार है। इन दोनों के विचारों में साम्य है और कृष्णदत्त पालीवाल के अनुसार "मूलत: दोनों ही इस चिन्तन में कॉलरिज के ऋणी हैं पर इस बात को इस सफाई से फटक कर रखते हैं कि पता लगाना कठिन हो जाता है।"[14] यह गौर करने योग्य है कि आचार्य शुक्ल ने भी कल्पना का महत्त्व स्वीकार किया है लेकिन उनके लिए वह साधन मात्र है, साध्य नहीं। पर आचार्य वाजपेयी कल्पना को साधन और साध्य दोनों मानते हैं। आचार्य शुक्ल ने कल्पना और भावना में भेद नहीं किया है। भेद तो वाजपेयी जी ने भी नहीं

किया है लेकिन अनुभूतिमूलक कल्पना पर अधिक बल देकर उन्होंने कल्पना को काव्य का एकमात्र नियामक तत्त्व मान लिया है।[15] इस प्रकार वे कल्पना और भावना के प्रसंग में भारतीय और पाश्चात्य दृष्टि को समान साबित करके शुक्ल जी की परम्परा से अलग होने का प्रयास करते हैं। इस प्रयास की व्यर्थतता के लिए आचार्य शुक्ल के कल्पना सम्बन्धी दृष्टिकोण को देखना चाहिए। उन्होंने पाश्चात्य कल्पना-सिद्धान्त के सन्दर्भ में 'कल्पना की मुनादी' करने की बात कही है और स्वयं पाश्चात्य यथार्थवादियों ने इसकी निन्दा की है। आचार्य शुक्ल के कल्पना सम्बन्धी विचारों की चर्चा पूर्व के अध्याय में हो चुकी है।

ऊपर यह चर्चा आई है कि साधारणीकरण के प्रसंग में आचार्य वाजपेयी के ही समान मत डॉ. नगेन्द्र का है। वास्तव में शुद्ध साहित्य का समर्थन डॉ. नगेन्द्र वाजपेयी जी से भी आगे बढ़कर करते हैं और उनके लिए शुद्ध साहित्य का स्पष्ट अर्थ है यथार्थ और लोक जीवन से पूरी तरह मुक्त साहित्य। वे साहित्य में राजनीतिक मूल्यों को अवांछित मानते हैं और उनके राजनीतिक मूल्य में सामाजिक, आर्थिक, सांस्कृतिक सभी तरह के संघर्ष आ जाते हैं।[16] वस्तुतः नगेन्द्र शुद्ध साहित्य की बात करते हुए पूरी तरह प्रतिक्रियावादी नजर आते हैं। आनन्द को उन्होंने अखंड, निरपेक्ष बताकर अलौकिक बना दिया है—"...आनन्द की व्यापक परिधि में हित की भावना अन्तर्भूत है और हित की परिणति भी आनन्द ही है।"[17] इससे यह मालूम पड़ता है कि सुख और दुख दोनों स्थितियों में समान रूप से आनन्द मिलता है। शुक्ल जी रस की आनन्दरूपता को स्वीकार नहीं करते हैं। विश्वनाथ त्रिपाठी आनन्द के प्रसंग में शुक्ल जी के विचारों को स्पष्ट करते हुए कहते हैं—"शुक्ल जी लोक को प्रमाण मानने वाले आचार्य हैं। सामान्य अनुभव यह है कि सीता-राम के विवाह का दृश्य देखकर हम सुखी होते हैं और सीता-हरण का दृश्य देखकर दुखी। यह कहना कि दोनों दृश्यों को देखकर समान भाव से हमें आनन्द की प्राप्ति होती है, लोकानुभव के विरुद्ध है।...काव्यगत सुख-दुःख का आधार जागतिक यानी घटित या कल्पित व्यापार से है। इनके आस्वाद में भी यह अन्तर बना रहता है।"[18]

नगेन्द्र आनन्दवादी आलोचक हैं और रस इनके लिए लोकोत्तर है। वे रिचर्ड्स से प्रभाव ग्रहण करते हैं पर आनन्द के सम्बन्ध में शैव दर्शन के आनन्दवाद में चले जाते हैं। कृष्णदत्त पालीवाल कहते हैं कि "...समस्या यह है कि काव्यानन्द शुद्ध आनन्द नहीं है क्योंकि भौतिक जीवन की भूमिका काव्यानन्द में अवश्य विद्यमान रहती है। इस दृष्टि से काव्यानन्द को समझने के लिए डॉ. नगेन्द्र मनोविज्ञान और समाजशास्त्र की खोजों की शरण में जाते हैं।"[19]

यह देखना समीचीन होगा कि रस-विवेचन के बारे में नगेन्द्र के अन्तर्विरोध कितने विकट हैं। डॉ. नगेन्द्र आई.ए. रिचर्ड्स से प्रभाव ग्रहण करते हैं, मगर उनकी अर्थ-मीमांसा की ओर ध्यान नहीं देते हैं। आचार्य शुक्ल ने काव्य-मीमांसा में शब्द शक्ति के महत्त्व पर बल दिया था और इस प्रसंग में उन्होंने रिचर्ड्स की पुस्तक 'प्रैक्टिकल क्रिटीसिज्म' का विशेष रूप से उल्लेख किया है। आचार्य शुक्ल रस-निरूपण के सम्बन्ध में अर्थ-मीमांसा का महत्त्व भलीभाँति समझते थे और इसी प्रसंग में उन्होंने रिचर्ड्स के प्रैक्टिकल क्रिटीसिज्म का महत्त्व समझा था। इस सम्बन्ध में नगेन्द्र किस प्रकार भ्रम का शिकार हो गये हैं यह नामवर सिंह के कथन से ज्ञात होता है—''निस्सन्देह आज डॉ. नगेन्द्र भी आचार्य शुक्ल के ही सदृश रस-सिद्धान्त को शाश्वत एवं सार्वभौम काव्य-सिद्धान्त के रूप में प्रतिष्ठित करने का आग्रह कर रहे हैं किन्तु आग्रह समान होते हुए भी प्रयास कितना दूर है, इसका प्रत्यक्ष प्रमाण है अर्थ-मीमांसा से निपट विरक्ति। यह आकस्मिक नहीं है कि जिस रस-सिद्धान्त नामक ग्रन्थ में रस को शाश्वत एवं सार्वभौम काव्य-सिद्धान्त बनाने के लिए आकाश-पाताल एक कर दिया गया है उसी में सम्पूर्ण अर्थ-मीमांसा तो दरकिनार, ध्वनि पर भी कोई अध्याय नहीं है। सभी जानते हैं कि संस्कृत काव्य शास्त्र में अन्तिम रूप से रस की प्रतिष्ठा रस-ध्वनि के रूप में हुई है, इसलिए ध्वनि के बिना रस की स्थापना निराधार है। आज अर्थ-मीमांसा के बिना रस को सर्वांगीण और सार्वभौम काव्य-प्रतिमान के रूप में प्रतिष्ठित करने का प्रयास अभिनवगुप्त अथवा आई.ए. रिचर्ड्स से मिथ्या स्पर्धा ही कहलाएगी।''[20]

नगेन्द्र का रस-सिद्धान्त वस्तुत: संस्कृत का परम्परागत रस-सिद्धान्त ही है। मगर यहाँ भी वे ध्वनि की उपेक्षा करके अन्तर्विरोधग्रस्त हो जाते हैं। इसीलिए वे रस को आनन्द का पर्याय मानते हैं और उसे व्यष्टि एवं समष्टि के कल्याण की अन्तिम परिणति कहकर अखंड, निरपेक्ष और लोकोत्तर मान लेते हैं।[21] नगेन्द्र साधारणीकरण के सम्बन्ध में आचार्य शुक्ल के मत के प्रति विरोध प्रकट करते हैं। उनके विरोध का मूल कारण यह है कि शुक्ल जी साधारणीकरण के सम्बन्ध में नैतिक मूल्यों का प्रश्न उठाकर रामादि को सदा प्रीतिकर भावों और रावणादि को अप्रीतिकर भावों के आलम्बन में बाँट देते हैं और नगेन्द्र के अनुसार उनकी रस-दृष्टि परम्परागत मूल्यों में बँध जाती है। नगेन्द्र का मत है कि इससे मानवीय और सार्वभौम काव्य-मूल्यों का महत्त्व नहीं रह जाता और रस का क्षेत्र सीमित हो जाता है। इनके मत को ध्यान से देखने पर यह मालूम पड़ता है कि रस को नैतिक मूल्यों से मुक्त करने के आग्रह का क्षेत्र इतना व्यापक है कि अन्ततः वे उसे लोकोत्तर मान लेते हैं।

रामचन्द्र तिवारी का विचार है कि रस के सम्बन्ध में नगेन्द्र का विश्वास 'लगभग उसी कोटि का है जिस कोटि का आचार्य शुक्ल का था।'[22] किन्तु फिर आगे की पंक्तियों में वे नगेन्द्र का वैशिष्ट्य बतलाते हैं तो पता चल जाता है कि आचार्य शुक्ल से उनका अन्तर किस प्रकार का है—"आचार्य शुक्ल ने रस-सिद्धान्त को व्याप्ति दी थी। उसे अध्यात्म के शीर्ष से नीचे उतारकर लोक-हृदय में प्रतिष्ठित किया था। रस-दृष्टि को लोकमंगल की नैतिक मर्यादा से सम्पृक्त किया था। डॉ. नगेन्द्र रस को शुद्ध मानवीय अनुभूति के स्तर पर प्रतिष्ठित करना चाहते हैं।"[23] इसकी व्याख्या की यहाँ जरूरत नहीं है कि नगेन्द्र की मानवीय अनुभूति लोक जीवन से विच्छिन्न है, यह पूर्व में कहा जा चुका है।

आचार्य शुक्ल ने जहाँ रस को हृदय की अनुभूति के रूप में विकसित किया, वहीं अर्थ-मीमांसा को भी महत्त्वपूर्ण माना। नगेन्द्र अनुभूति की प्रामाणिकता का प्रश्न उठाते हैं। इस पर नन्दकिशोर नवल की टिप्पणी है—"नगेन्द्र काव्यानुभूति के सुसंगत सिद्धान्त की चर्चा न कर अनुभूति की प्रामाणिकता और अनुभूति की सार्थकता के बीच समन्वय स्थापित करने की चेष्टा करते हैं।"[24] अनुभूति की प्रामाणिकता का प्रश्न उठाते हुए नगेन्द्र फिर उसकी सार्थकता की बात उठाते हैं और उनका विचार है कि सार्थक अनुभूति ही वास्तव में सर्जनात्मक होती है। फिर वे स्थायित्व का प्रश्न उठाते हैं। इस प्रकार वे भाव को कविता का आन्तरिक मूल्य और विचार को बाह्य मूल्य कहते हैं। इससे यह भ्रान्ति उत्पन्न होती है कि कविता में भाव और विचार की पृथक सत्ता होती है। नगेन्द्र के मत की वास्तविकता नन्दकिशोर नवल की इन पंक्तियों से स्पष्ट हो जाती है—"साहित्य की स्वतन्त्रता को अक्षुण्ण रखने के लिए नगेन्द्र आलोचना को व्याख्या तक ही सीमित रखना चाहते हैं और शेष जीवन से उसे काट देने के लिए उसमें बाहर से लाये गये किसी प्रतिमान के प्रयोग को अवांछनीय बतलाते हैं।"[25]

अनुभूति में भाव और विचार के योग के बारे में नगेन्द्र के मत में आचार्य शुक्ल से पूरा पार्थक्य दिखलाई देता है। आचार्य शुक्ल की तुलना में नगेन्द्र के मत में वैज्ञानिकता बिलकुल नहीं दिखलाई पड़ती। आचार्य शुक्ल ने भाव के अन्तर्गत ज्ञानात्मक अवयव के विशिष्ट विन्यास को महत्त्व दिया है, किन्तु नगेन्द्र की अनुभूति शुद्ध है इसीलिए सीमित भी है। निष्कर्ष यह सामने आता है कि डॉ. नगेन्द्र ने रस को काव्य-विवेचन में पर्याप्त महत्त्व तो दिया किन्तु अत्यन्त शास्त्रीय आग्रह के कारण रस-विवेचन को उसी लोकोत्तर ऊँचाई तक पहुँचा दिया, जहाँ से आचार्य शुक्ल ने उतार कर उसे लोक भूमि पर प्रतिष्ठित किया था। तथापि रस को केन्द्र बनाकर काव्य-विवेचन करनेवाले इन समीक्षकों का महत्त्व है। इन्होंने

रस-चिन्तन में नये मनोवैज्ञानिक एवं सौन्दर्यशास्त्रीय मूल्यों का समावेश किया। काव्य-मूल्यों और काव्य-रूपों में बदलते विधान का विवेचन इन्होंने किया एवं बिम्ब, प्रतीक, काव्य-भाषा, अनुभूति, साधारणीकरण का नये परिवेश में विवेचन किया।

सैद्धान्तिक आलोचना के सन्दर्भ में बिम्ब पर किये गये विचार पर भी एक दृष्टि डालना प्रासंगिक प्रतीत होता है। आचार्य वाजपेयी पर पाश्चात्य बिम्बवाद का प्रभाव नहीं मालूम पड़ता है। वे अभिधा को काव्यप्रणाली कहते हैं और व्यंजना के प्रति रुझान नहीं दिखलाते हैं। डॉ. नगेन्द्र ने भी बिम्ब पर विचार किया है। वे आचार्य शुक्ल की इस मान्यता से सहमत हैं कि अनुभूति को मूर्त और विषय को स्पष्ट बनाने में बिम्ब की भूमिका होती है। पर बिम्ब को अभिव्यंजना में प्रथम स्थान देकर वे पाश्चात्य मत की ओर झुके दिखलाई देते हैं। इस प्रसंग में इसके अलावा वे कोई नया काम नहीं करते सिवाय बिम्बों की परिभाषा, वर्गीकरण आदि के।

परवर्ती आलोचकों में नामवर सिंह ने बिम्ब पर आधुनिक सन्दर्भों में विचार किया है। उनकी पुस्तक 'कविता के नए प्रतिमान' में 'काव्य-बिम्ब और सपाटबयानी' शीर्षक से एक पूरा अध्याय संकलित है। वे जीवन के रोजमर्रा के व्यापारों के चित्रों को भी बिम्ब कहते हैं। इस प्रसंग में उन्होंने उदाहरण के लिए नागार्जुन की कविता 'अकाल और उसके बाद' को प्रस्तुत किया है। वे पाश्चात्य बिम्बवादी सिद्धान्त को अपनाये बिना भी मूर्तिमत्ता संभव मानते हैं (उद्धरण के लिए देखें उप. पुस्तक पृ. 117) और इस प्रकार वे आचार्य शुक्ल की बिम्ब सम्बन्धी दृष्टि का विकास करते हैं। आगे समकालीन आलोचना पर विचार करने के क्रम में इस पर विस्तारपूर्वक चर्चा की जाएगी।

## छायावाद के सन्दर्भ में

परम्परा के प्रति अन्धश्रद्धा अखंड जड़ता का द्योतक होती है तो सर्वनिषेधवादी आधुनिकता-बोध अपनी सांस्कृतिक भावधारा से विच्छिन्नता का। दोनों के बीच तर्कपूर्ण, विवेकशील और युगबोध से पूरित संगति से हिन्दी आलोचना को अपनी पहचान मिली है। शुक्ल जी ने छायावाद पर विचार करते हुए वस्तु और रूप की अन्विति की बात उठाई और आज हिन्दी आलोचना का यह आधार है। इसी अन्विति का अभाव पाकर छायावाद के प्रारम्भिक दौर की कविताओं का शुक्ल जी ने विरोध किया और उत्कर्ष काल में लिखी गयी कविताओं की उन्होंने प्रशंसा की क्योंकि उनमें उन्हें स्वच्छन्दता दिखलाई पड़ी। यही कारण है कि शुक्ल जी

को छायावाद का विरोधी और स्वच्छन्दतावाद का समर्थक कहा जाता है। वस्तुत: शुक्ल जी ने छायावाद और स्वच्छन्दतावाद के नामकरण पर अपनी आलोचना केन्द्रित नहीं की है, वे छायावाद को शैली के रूप में देख रहे थे और इसीलिए उसकी आलोचना के पीछे बिम्ब-विधान के प्रसंग में यह उल्लेख किया गया है कि शुक्ल जी कविता में इतिवृत्तात्मकता का जितना विरोध करते थे उतना ही भाव विहीन लाक्षणिक वैचित्र्य और व्यंजना के चमत्कारपूर्ण प्रयोगों का। रामविलास शर्मा का यह कथन द्रष्टव्य है कि काव्य में लाक्षणिकता, वक्रता और चित्रमयी भावना जरूरी है लेकिन किसलिए? रस-संचार की गति को तीव्र करने के लिए, केवल चमत्कार-प्रदर्शन के लिए नहीं। शुक्ल जी रीतिकालीन चमत्कारवाद के प्रेमी नहीं, वे द्विवेदी जी के तथ्यवाद के हिमायती नहीं, वे छायावादियों की अतिशय लाक्षणिकता के भी समर्थक नहीं।''[26]

आलोचकों का मत है कि शुक्ल जी छायावाद के समानान्तर स्वच्छन्दतावाद को महत्त्व दे रहे थे। नन्दकिशोर नवल की ये पंक्तियाँ द्रष्टव्य हैं—''आधुनिक हिन्दी कविता में शुक्ल जी ने छायावाद के साथ एक अन्य काव्यधारा की भी कल्पना की है। वह है स्वच्छन्दतावादी काव्यधारा।''[27] शुक्ल जी ने छायावाद की जो आलोचना की है उसको ध्यान से देखने पर यह साफ हो जाता है कि उन्होंने छायावाद को प्रवृत्ति के रूप में स्वीकार ही नहीं किया, वे उसे शैली विशेष मानते थे। प्रवृत्ति के रूप में उन्होंने स्वच्छन्दतावाद को ही माना। छायावाद के प्रारम्भिक दौर की कविताओं में भावहीन लाक्षणिक प्रयोग, निराधार व्यंजना का चमत्कारपूर्ण व्यापार और लोकहृदय से विच्छिन्न रहस्यवादी प्रवृत्ति की शुक्ल जी ने आलोचना की मगर कुछ आगे की कविताओं में उन्होंने जो भाव की उन्मुक्तता देखी, वेदना का लोक परिप्रेक्ष्य से जुड़ाव देखा तो उसकी प्रशंसा की। इसलिए शुक्ल जी स्वच्छन्द प्रवृत्ति को यानी जिसमें रूढ़ियों-वर्जनाओं से मुक्ति की बेचैनी थी, स्वीकार करते हैं क्योंकि इसका सम्बन्ध उस समय के सामाजिक-राजनीतिक और सांस्कृतिक जागरण से था। रहस्यवाद उन्हें इसलिए प्रिय नहीं था कि वह धार्मिक कर्मकांड की जड़ता और रूढ़ियों के विरोध के नाम पर स्वयं एक जड़ता बन गया था, हालाँकि कबीर जैसे कवि में रहस्यवाद की काव्यात्मक प्रस्तुति को उन्होंने स्वीकार भी किया मगर काव्य के एक पक्ष के रूप में ही। छायावादी कविता में उन्हें उपनिषद के शुष्क रहस्यवाद और बौद्धों के लोकविमुख शून्यवाद की झलक लगी, इसलिए उन्होंने स्वीकार नहीं किया। वस्तुत: छायावादी कविताओं के पीछे शुक्ल जी ईसाई सन्तों के फैंटासमाटा (छायाभास) एवं यूरोपीय प्रतीकवाद के अनुकरण की प्रवृत्ति देखते हैं जो बंगला से होते हुए छायावादी कवियों में

आई। इस प्रकार शुक्ल जी छायावाद और स्वच्छन्दतावाद को दो भिन्न प्रवृत्तियों के रूप में स्वीकार ही नहीं करते, वे छायावाद को शैली मात्र मानते हैं। इसी शैली में लिखी गयी जिन कविताओं में भाव और वस्तु की दृष्टि से उन्मुक्तता है उन्हें शुक्ल जी स्वच्छन्दतावादी कविता के रूप में स्वीकार करते हैं। इसीलिए उन्होंने श्रीधर पाठक और रामनरेश त्रिपाठी को सच्चा स्वच्छन्दतावादी कहा है। विश्वनाथ त्रिपाठी इस सन्दर्भ में कहते हैं—"उन्होंने श्रीधर पाठक और रामनरेश त्रिपाठी को सच्चे अर्थों में स्वच्छन्दतावादी कवि माना है। उनके अनुसार इन कवियों में स्वच्छन्दता का स्वाभाविक विकास मिलता है। वे अँग्रेजी स्वच्छन्दतावादी कविताओं के अंधानुकरण को गलत मानते हैं क्योंकि रीतिकाल या भारतेन्दु काल के अन्त में जो परिस्थिति थी वही परिस्थिति स्वच्छन्दतावाद के समय इंग्लैंड की नहीं थी...।"[28] इस प्रकार शुक्ल जी के छायावाद-विरोध का कारण उपनिवेशवाद के कारण भारतीय जनमानस की बेचैनी में देखा जाना चाहिए। शोषक वर्ग के अनुभव और उसकी संवेदना शोषित वर्ग के लिए कतई अनुकूल नहीं हो सकती।

छायावाद की पृष्ठभूमि पर विचार करते हुए शुक्ल जी ने तत्कालीन विश्व में हो रही जनक्रान्तियों (यहाँ तक कि सोवियत साम्यवादी क्रान्ति की भी, भले ही एक ही पंक्ति में) का हवाला देते हुए भारतीय राष्ट्रीय आन्दोलन से सामान्य जन समुदायों के जुड़ने और गाँधी के अलावे क्रान्तिकारियों की भूमिका का जो ब्यौरा दिया है, उस पर ध्यान देने से स्वच्छन्दतावाद के प्रति उनके रुझान का महत्त्व समझा जा सकता है। छायावाद के प्रारम्भ में जो कविताएँ लिखी गयीं उन पर शुक्ल जी बंगला कविताओं का प्रभाव देखते हैं जो अंग्रेजी कविताओं के अनुकरण पर लिखी गयी थीं। ये कविताएँ उन्हें क्यों पसन्द नहीं हुईं इसके लिए 'हिन्दी साहित्य का इतिहास' की इन पंक्तियों को देखना प्रासंगिक होगा..." जो अँग्रेजी या अँग्रेजी के ढंग पर चली हुई बांग्ला की कविताओं से प्रभावित थे वे कुछ लाक्षणिक वैचित्र्य, व्यंजक चित्र विन्यास और रुचिर अन्योक्तियाँ देखना चाहते थे।"[29]

छायावाद का विरोध शुक्ल जी दो कारणों से कर रहे थे, एक इसलिए कि यह बांग्ला की उन कविताओं की अनुकृति था जिन पर अँग्रेजी के बिम्बवाद, अभिव्यंजनावाद, प्रतीकवाद जैसे कलावादी आन्दोलनों का प्रभाव था और शुक्ल जी संस्कृत की काव्यशास्त्रीय जड़ता के साथ-साथ यूरोपीय कलावाद के भी घोर विरोधी थे, दूसरा यह कि व्यक्तिगत वेदना का रहस्यवादी चित्रण किया गया जिसमें लोकहृदय की कोई परवाह नहीं थी और शुक्ल जी रसानुभूति पर विचार करते हुए लोकहृदय को कितना महत्त्व दे रहे थे, इसका विवेचन पूर्व में हो चुका है।

शुक्ल जी कहते हैं—"छायावाद नाम चल पड़ने का परिणाम यह हुआ कि बहुत से कवि रहस्यात्मकता, अभिव्यंजना के लाक्षणिक वैचित्र्य, वस्तु-विन्यास की विशृंखलता, चित्रमयी भाषा और मधुमयी कल्पना को ही साध्य मानकर चले। शैली की इन विशेषताओं की दूरारूढ़ साधना में ही लीन हो जाने के कारण अर्थ-भूमि के विस्तार की ओर उनकी दृष्टि न रही। विभाव—पक्ष या तो शून्य अथवा अनिर्दिष्ट रह गया। इस प्रकार प्रसरणोन्मुख काव्य-क्षेत्र बहुत कुछ संकुचित हो गया। असीम और अज्ञात प्रियतम के प्रति अत्यन्त चित्रमयी भाषा में अनेक प्रकार के प्रेमोद्गारों तक ही काव्य की गतिविधि प्राय: बँध गयी। नीरव सन्देश, अभिसार, अनंत प्रतीक्षा, प्रियतम का दबे पाँव आना, आँख-मिचौली, मद में झूमना, विभोर होना, इत्यादि के साथ-साथ शराब, प्याला, साकी आदि सूफी कवियों के पुराने सामान भी इकट्ठे किये गये। कुछ हेर-फेर के साथ वही—बँधी पदावली, वेदना का वही प्रकांड प्रदर्शन, कुछ विशृंखलता के साथ प्राय : सब कविताओं में मिलने लगा।"[30]

ऊपर के उद्धरण से यह भ्रम होना बहुत आश्चर्य की बात नहीं कि शुक्ल जी नैतिकताबोध (इसे ब्राह्मणवादी नैतिकता बोध से भी कुछ लोग जोड़ते हैं) से ग्रसित होने के कारण छायावादी कविता का विरोध करते हैं। मगर ध्यानपूर्वक देखा जाय तो उपर्युक्त पंक्तियों में विरोध के जो दो कारण नजर आते हैं—एक शैली के स्तर पर दूसरा असीम और अज्ञात प्रियतम के प्रति प्रेम-निवेदन, इनमें लोकहृदय के प्रति उदासीनता ही लेखक के क्षोभ के कारण के रूप में दिखाई पड़ती है। भाव-प्रवणता के स्थान पर शैलीगत चमत्कार और वस्तु के नाम पर वायवीय प्रेमोद्गार, इनका जीवन से कोई नाता नहीं देखकर ही शुक्ल जी ने छायावाद का विरोध किया। शुक्ल जी को न तो अँग्रेजी कविता से चिढ़ थी न रहस्यवादी चेतना से। उन्होंने "काव्य में रहस्यवाद" शीर्षक निबन्ध में कहा है "मैं रहस्यवाद का विरोधी नहीं हूँ। मैं इसे भी कविता की एक शाखा विशेष मानता हूँ। पर जो इसे काव्य का सामान्य स्वरूप समझते हैं उनके अज्ञान का निवारण मैं बहुत ही आवश्यक समझता हूँ।"[31] इसी निबन्ध में वे आगे रहस्यवादी वर्णन के प्रति अपने दृष्टिकोण को स्पष्ट करते हुए कहते हैं "...जो लोग ज्ञात या अज्ञात के प्रेम, अभिलाष, लालसा या वियोग के नीरव-सरव क्रन्दन अथवा वीणा के तार-झंकार तक ही काव्यभूमि समझते हैं उन्हें जगत की अनेकरूपता और हृदय की अनेक भावात्मकता के सहारे अंधकूपता से बाहर निकलने की फिक्र करनी चाहिए। निकलने पर वे देखेंगे कि काव्यभूमि कितनी विस्तृत है। जितना विस्तार जगत और जीवन का है उतना ही विस्तार उसका है। काव्यदृष्टि से यह

दृश्य जगत ब्रह्म की नित्य और अनन्त कल्पना है जिसके साथ उसका नित्य हृदय भी लगा हुआ है।''[32]

मुझे नहीं लगता कि इस कथन को पढ़ने के बाद भी यह भ्रम रहना चाहिए कि शुक्ल जी नैतिकता बोध से ग्रस्त होकर छायावाद का विरोध कर रहे थे। वे रहस्यवाद को लेकर छायावादी कविता की आलोचना इसलिए करते हैं कि उसमें लोक जीवन के दुःख-सुख, हर्ष-विषाद, संघर्षों आदि के चित्र नहीं हैं और सिर्फ असीम के प्रति निरर्थक प्रेम-निवेदन को कवि ने वस्तु-तत्त्व समझ लिया है।

यह भी गौर करने की बात है कि शुक्ल जी अँग्रेजी कविता के भी विरोधी नहीं हैं। छायावाद की आलोचना वे दो कारणों से करते हैं, एक तो यह कि छायावाद में अँग्रेजी रोमांटिक कविता के लाक्षणिक वैचित्र्य और निरर्थक अभिव्यंजना की नकल की गयी, दूसरा कारण यह है कि भारत और इंग्लैंड की परिस्थितियों में अन्तर था जैसा कि पूर्व में उद्धृत विश्वनाथ त्रिपाठी के कथन से संकेत मिलता है। तात्पर्य यह कि शुक्ल जी उन अँग्रेजी रोमांटिक कविताओं को पसन्द करते हैं जिनमें सच्ची व्यंजनाओं को लेकर अन्योक्ति का विधान होता है। वर्ड्सवर्थ की इस प्रकार की मर्मस्पर्शिनी व्यंजना की वे प्रशंसा करते हैं।[33] वर्ड्सवर्थ की चर्चा करते हुए प्रमोद वर्मा ने कहा है—''उनकी रचनाओं में जहाँ एक ओर गहरी अनुभूति और कल्पनाशीलता को प्रमुखता मिली है वहाँ दूसरी ओर सूक्ष्म निरीक्षण शक्ति, विचारात्मकता और आदर्शीकरण की प्रवृत्ति को भी समान महत्त्व दिया गया है।''[34] किन्तु हिन्दी छायावादी कवियों में शुक्ल जी इसका अभाव देखते हैं क्योंकि उनकी दृष्टि में भावानुभूति को छोड़कर कवि कल्पना का विधान करके ही मुग्ध होने लगे। अभिव्यंजना और शैली को ही सब कुछ समझ लेने के कारण ''नाना अर्थभूमियों पर काव्य का प्रसार रुक सा गया।''[35]

छायावाद को लेकर शुक्ल जी की आपत्ति का एक कारण यह भी है कि स्त्री के सौन्दर्य-निरूपण को लेकर जो खुली दृष्टि इसमें अपनायी गयी उसमें उन्हें रीतिवाद की आशंका महसूस हुई। छायावादियों में विशुद्ध काव्य की सामग्री जुटाकर रख देने की प्रवृत्ति भी उन्हें नजर आई। फिर भी यह समझना भूल होगी कि छायावाद के प्रति उनका रुख पूरी तरह नकारात्मक ही था। उनका यह कथन देखना चाहिए—''खैरियत यह हुई कि कलावाद की उस रसवर्जिनी सीमा तक लोग नहीं बढ़े जहाँ यह कहा जाता है कि रसानुभूति के रूप में किसी प्रकार का भाव जगाना तो वक्ताओं का काम है, कलाकार का काम तो केवल बेल-बूटे या बारात की फुलवारी की शब्दमयी रचना खड़ी करके सौन्दर्य की अनुभूति

उत्पन्न करना है। हृदय और वेदना का पक्ष छोड़ा नहीं गया है इससे काव्य के प्रकृत स्वरूप के तिरोभाव की आशंका नहीं है।"[36]

दरअसल शुक्ल जी छायावाद में आध्यात्मिक रहस्यवाद के समावेश से ही सबसे ज़्यादा अरुचि व्यक्त करते हैं। शैली और अभिव्यंजना में सरसता के अभाव का कारण वे रहस्यवाद को ही मानते हैं—"भाषा के परिमार्जन काल में किस प्रकार खड़ी बोली की कविता के रुखे-सूखे रूप में ऊबकर कुछ कवि उसमें सरसता लाने के चिह्न दिखा रहे थे, यह कहा जा चुका है। अतः आध्यात्मिक रहस्यवाद का नूतन रूप हिन्दी में न आता तो शैली और अभिव्यंजना पद्धति की उक्त विशेषताएँ क्रमशः स्फुरित होतीं और उनका स्वतन्त्र विकास होता।"[37]

इस प्रकार शुक्ल जी छायावाद शब्द का प्रयोग दो अर्थों में करते हैं—एक तो रहस्यवाद के अर्थ में यानि भारतीय सन्तों, साधकों तथा ईसाई सन्तों के फैंटासमाटा के अर्थ में, दूसरा काव्यशैली के अर्थ में जो फ्रांसीसी प्रतीकवाद से प्रभावित है। प्रतीकवाद में प्रस्तुत के स्थान पर अप्रस्तुत का विधान होता था। शुक्ल जी ने अपने निबन्ध 'काव्य में रहस्यवाद' में इस प्रवृत्ति की कड़ी आलोचना की है। इस प्रसंग में उन्होंने अँग्रेजी कवि डब्लू.बी. यीट्स की भी आलोचना की है—"कल्पना को एक प्रकार का इलहाम कहना, एक की कल्पना का दूसरे के अन्तःकरण में अज्ञात रूप से प्रवेश बताना : बैठे-बैठे अन्य देश और अन्य काल की घटनाएँ देखना, असीम-ससीम का राग अलापना ये सब बातें आजकल के रहस्यवादी कवि यीट्स की पुस्तक Ideas of God and Evil में मौजूद हैं।"[38] History of English Literature (Lengouis and Cazamian) की इन पंक्तियों से भी शुक्ल जी के कथन की पुष्टि होती है—"His work is more thoroughly steeped than any other in the imaginative mysticism which, we are told, is the essential attribute of celticism. The deepest roots of this mysticism are in the old traditions of Ireland, its inspiration, no doubt, derives strong nourishment from the racy sap of the soil. But it draws as well on foreign and distant influences. India and her pantheism come in for a growing share in it, and French symbolism has been more and more responsible for the general manner of its expression."[39]

तात्पर्य यह कि शुक्ल जी को काव्य में स्वच्छन्दतावादी प्रवृत्तियों से विरोध नहीं था, वे प्रारम्भिक छायावादी कविताओं में रहस्यवाद और प्रतीकवाद के प्रभाव के विरोध में थे। आगे चलकर जब रहस्यवाद के कोहरे से बाहर निकलकर

छायावादी कवि जीवन के विविध क्षेत्रों की ओर दृष्टि डालने लगे तो शुक्ल जी ने उन कविताओं की प्रशंसा की। वे कहते हैं—"अब तक उनकी कल्पना थोड़ी सी जगह के भीतर कलापूर्ण और मनोरंजक नृत्य-सा कर रही थी। वह जगत और जीवन के जटिल स्वरूप से घबराने वालों का जी बहलाने का काम करती रही है। अब उसे अखिल जीवन के नाना पक्षों की मार्मिकता का साक्षात्कार करते हुए एक करीने के साथ रास्ता चलना चाहिए। इसके लिए उसे अपनी चपलता और भाव-भंगिमा का प्रदर्शन, क्रीड़ा-कौतुक की प्रवृत्ति कुछ संयत करनी पड़ेगी। इस ऊँचे-नीचे मर्मपथ पर चित्रों का बहुत अधिक फालतू बोझ लादकर चलना भी वाणी के लिए उपयुक्त न होगा। प्रसाद जी ने 'लहर' में छायावाद की चित्रमयी शैली को तीन ऐतिहासिक जीवन-खंडों के बीच ले जाकर आजमाया है।"[40]

ध्यातव्य है कि छायावाद को लेकर प्रसाद जी के साथ शुक्ल जी का खूब विवाद हुआ। यह विवाद मूलतः रहस्यवाद को भारतीय या अभारतीय मानने को लेकर था। किन्तु शुक्ल जी काव्य में रहस्यवाद को केन्द्रीय महत्त्व देने के लिए तैयार ही नहीं थे फिर भारतीय या अभारतीय होने से इसमें कोई फर्क पड़ने की गुंजाइश ही नहीं बनती है। स्वच्छन्दतावादी कवियों में साम्राज्यवाद और सामन्तवाद के विरोध के स्वर की वे प्रशंसा करते हैं लेकिन रहस्यवाद और प्रतीकवाद के प्रभाव को स्वीकार नहीं करते। छायावाद में रहस्यवाद की उपस्थिति को वे बंगला के रवीन्द्रनाथ टैगोर की रहस्यवादी कविताओं की देन मानते हैं जिसकी विशेषता है अप्रस्तुत योजना पर आधारित प्रतीकवाद और चित्रमयी भाषा का प्रयोग।

शुक्ल जी ने निराला की आलोचना भी रहस्यवादी रुझान और चित्रमयी भाषा के लिए ही की। मगर उनकी 'बहुवस्तु-स्पर्शिनी प्रतिभा' की उन्होंने प्रशंसा की। 'वह तोड़ती पत्थर' शीर्षक कविता को उन्होंने निराला की लोकहितवादी दृष्टि का उदाहरण बताया है। स्वयं शुक्ल जी लोकवादी आलोचक हैं। पन्त की प्रकृति पर लिखी गयी सहज रचनाओं ('ताज' आदि कविताओं) की उन्होंने सराहना की है। तात्पर्य यह कि छायावाद में जहाँ भी उन्हें जीवन के यथार्थ के प्रति कवि की दृष्टि नजर आई वहाँ उन्होंने उसकी प्रशंसा की। विश्वनाथ त्रिपाठी का कथन समीचीन है—"छायावाद से उनकी शिकायत का मुख्य कारण भी अर्थभूमि के विस्तार की ओर दृष्टि न जाना और विभाव पक्ष का शून्य अथवा अनिर्दिष्ट रह जाना है। यानी छायावाद जिस सीमा तक जीवन की वास्तविकताओं की उपेक्षा करता है वहाँ तक शुक्ल जी उसके विरोधी हैं। परवर्ती काव्य में जब छायावाद के कवियों ने सामाजिकता के दबाव से जीवन और जगत की सहज बातों को भी अपने काव्य में चित्रित किया तो शुक्ल जी ने उनकी प्रशंसा की।"[41]

यह कहना गलत होगा कि छायावाद के सम्बन्ध में शुक्ल जी के दृष्टिकोण की कोई सीमा नहीं है फिर भी उन्होंने उसमें आभ्यन्तर प्रभाव-साम्य को आधार बनाकर उसकी अप्रस्तुत योजना की तारीफ की है, यह उनकी सूक्ष्म दृष्टि का परिचायक है और यह संकेत भी देता है कि वे हिन्दी आलोचना का किस प्रकार एक विशिष्ट स्वरूप निर्मित कर रहे थे।

## शुक्लोत्तर आलोचकों का छायावाद के प्रति दृष्टिकोण

शुक्लोत्तर आलोचना में छायावाद और रहस्यवाद को लेकर खूब विचार हुए और जाहिर होता है कि यहाँ छायावाद के सम्बन्ध में शुक्ल जी के मत से भिन्नता दिखलाई पड़ती है। आचार्य नन्ददुलारे वाजपेयी इसमें मानवीयता और आध्यात्मिकता का समन्वय देखते हैं। छायावाद की जो परिभाषा उन्होंने दी है उसमें वे मानव अथवा प्रकृति के सूक्ष्म पर व्यक्त सौन्दर्य में आध्यात्मिकता की छाया देखते हैं। स्पष्ट है कि आध्यात्मिकता की छाया का आभास छायावादी कविता के क्षेत्र को अत्यन्त सीमित कर देता है। इसका निवारण करने के लिए उन्होंने अलग से एक स्वच्छन्दतावाद की कल्पना की एवं छायावादी और रहस्यवादी काव्य रचनाओं को स्वच्छन्दतावाद की शैलियाँ कहा।[42]

आचार्य नन्ददुलारे वाजपेयी जिसे 'छायावाद' नाम देते हैं, वह प्रसाद जी का रहस्यवाद ही है जिसमें रहस्यवादी विषय और लाक्षणिक शैली को समन्वित कर दिया गया था। इस प्रसंग में नामवर जी का विचार है कि वाजपेयी जी की आध्यात्मिक छाया शुक्ल जी का फैंटासमाटा ही है—अन्तर इतना ही है कि 'उसमें धार्मिक स्थूलता नहीं है।'[43] वस्तुतः आध्यात्मिकता और मानवीय-सांस्कृतिक प्रेरणा को लेकर वाजपेयी जी अन्तर्विरोध ग्रस्त नजर आते हैं। छायावाद की परिभाषा देते हुए उन्होंने मानव अथवा प्रकृति के सूक्ष्म लेकिन व्यक्त सौन्दर्य में आध्यात्मिक छाया का आभास कहा, फिर अन्यत्र उसे बीसवीं शताब्दी की भौतिक-वैज्ञानिक प्रगति की प्रतिक्रिया, मानवीय और सांस्कृतिक प्रेरणा आदि कहकर अपने मत को असंगतिपूर्ण बना दिया है। इस प्रकार उनका मत स्पष्ट नहीं हो पाता। विश्वनाथ त्रिपाठी ने ठीक ही लक्षित किया है—"सौन्दर्य की स्थूलता या सूक्ष्मता समझ में आनी मुश्किल है, इसके अलावा आध्यात्मिक छाया भी व्याख्या सापेक्ष है। शुक्ल जी ने आध्यात्मिकता की व्याख्या करने का प्रयास किया था। 'विश्व प्रपंच' की भूमिका में उन्होंने आध्यात्मिकता की भौतिकता समझी-समझायी है। वाजपेयी जी आध्यात्मिकता के विषय में शुक्ल जी से सहमत प्रतीत नहीं होते। लेकिन वे आध्यात्मिकता से क्या समझते हैं, यह पाठकों पर नहीं खुलता।"[44]

शुक्ल जी ने 'कामायनी' को एकांगी कहा था 'क्योंकि उसमें बुद्धि, ज्ञान और कर्म के सम्बन्ध का निर्वाह नहीं हो पाया और इसके लिए रहस्यवादी प्रवृत्ति जिम्मेदार है। वाजपेयी जी ने भी कामायनी पर विस्तृत रूप में विचार किया। पर उन्होंने इन तीनों के समन्वय में विज्ञानवाद-भौतिकवाद के साथ भाव के विस्तार की अनिवार्यता पर ध्यान नहीं दिया और "इस तथ्य पर ध्यान न देने के कारण ही वाजपेयी जी कामायनी के अन्तर्गत बुद्धि और हृदय के समन्वय की वकालत करते हैं और बुद्धि की अति से चिन्तित हैं।"[45] प्रसाद की प्रशंसा वाजपेयी जी इस बात के लिए करते हैं कि मूलतः प्रेम का कवि होने के बावजूद वे प्रेम को रहस्यात्मक ऊँचाई तक ले जाते हैं। यहाँ भी शुक्ल जी से उनका पार्थक्य झलकता है क्योंकि शुक्ल जी प्रसाद को मूलतः शृंगार रस का ही कवि मानते हैं।

वाजपेयी जी ने निराला की प्रशंसा की है। यह प्रशंसा भी उन्होंने उनके रहस्यवाद के लिए ही की है। शुक्ल जी ने निराला का विरोध किया था। किन्तु उन्होंने उनकी बहुस्पर्शिनी प्रतिभा की प्रशंसा भी की थी। नामवर सिंह कहते हैं— "हिन्दी साहित्य का इतिहास के अन्तिम संस्करण में आचार्य शुक्ल ने भी निराला की बहुस्पर्शिनी प्रतिभा की प्रशंसा की यद्यपि निराला पर उन्होंने उतने विस्तार से नहीं लिखा जितने विस्तार से प्रसाद और पन्त पर लिखा।"[46] हालाँकि वाजपेयी जी निराला की 'भिक्षुक', 'विधवा' तथा पूर्व की 'जूही की कली' आदि कविताओं में स्वतन्त्र वस्तु-वर्णन को देखकर मानवीय भावबोध का भी उल्लेख करते हैं पर मूलतः वे उनकी प्रशंसा रहस्यवाद और आध्यात्मिकता का आभास देनेवाली कविताओं के लिए ही करते हैं। 'राम की शक्ति पूजा' और 'तुलसीदास' को वे खास महत्त्व नहीं देते।

वाजपेयी जी ने पन्त को मुख्य रूप से छायावादी कवि माना है क्योंकि उनके अनुसार वे प्रकृति-प्रेमी हैं, उसमें अध्यात्म सत्ता का अनुभव करते हैं, सूक्ष्म सौन्दर्य की वायवीय कल्पनाओं की उद्भावना करते हैं। 'पल्लव', 'गुंजन' तथा 'ज्योत्स्ना' नाटक का उल्लेख इन्हीं सन्दर्भों में उन्होंने किया है तथा आचार्य शुक्ल द्वारा पन्त में प्रगतिवादी झलक देखे जाने का उन्होंने खंडन किया। महादेवी की आलोचना उन्होंने इस बात को लेकर की है कि उनमें शुद्ध रहस्यवाद की कमी है। छायावाद सम्बन्धी उनकी विवेचना से यह मालूम पड़ता है कि 'वे वस्तुतः अध्यात्म भावना और मानवीय भावना का समन्वय चाहते हैं...।"[47]

वाजपेयी जी शुक्ल जी की परम्परा से अलग परम्परा की बात नहीं करते हैं बल्कि स्वयं को उसी परम्परा में मानते हैं। लेकिन उनसे भिन्न मार्ग अपनाने की कोशिश बराबर करते हैं। उनकी धारणा है कि शुक्ल जी का रसवादी काव्य-

चिन्तन अपूर्ण है और इस अपूर्णता को दूर करने के लिए वे उन्हीं कलावादी अवयवों का सहारा लेते हैं जिनसे मुक्त होकर शुक्ल जी ने हिन्दी आलोचना की एक अलग पहचान बनाई।

आचार्य हजारीप्रसाद द्विवेदी ने 'छायावाद' पर बांग्ला कविता के प्रभाव से इंकार नहीं किया है मगर वे इसका खंडन करते हैं कि बांग्ला में छायावाद नाम का कोई शब्द है।[48] वे छायावादी कविता को राष्ट्रीय-सांस्कृतिक जागरण की काव्यात्मक अभिव्यक्ति कहते हैं। शुक्ल जी ने छायावाद से पूर्व जिस स्वच्छन्दतावादी काव्यधारा का उल्लेख किया था (श्रीधर पाठक, रामनरेश त्रिपाठी, मुकुटधर पांडेय आदि) द्विवेदी जी उससे छायावाद का सम्बन्ध बतलाते हैं। प्रसाद जी को इन्होंने भी शृंगार रस का कवि कहा। निराला की 'राम की शक्ति पूजा', 'तुलसीदास' आदि कविताओं की भरपूर प्रशंसा की।

डॉ. नगेन्द्र छायावाद को 'स्थूल के प्रति सूक्ष्म का विद्रोह' कहते हैं। इस पर नन्दकिशोर नवल की टिप्पणी उल्लेखनीय है—''छायावाद में विद्रोह के तत्त्व काफी प्रबल थे, लेकिन ऐसी बात नहीं है कि वह उपयोगितावाद को पूर्णतः नकार कर चला था। छायावाद में राष्ट्रीयतापरक और सामाजिक परिवर्तन से सम्बन्धित कविताओं की एक अच्छी परम्परा है। इसी तरह उसमें कवियों ने मानसिक स्वतन्त्रता का परिचय दिया, पर उन्होंने एक नयी आधुनिक नैतिकता के निर्माण का भी प्रयत्न किया। ऐसी स्थिति में छायावाद को नितान्त मानसिक स्वातन्त्र्य का काव्य नहीं कह सकते। जहाँ तक काव्य के बन्धनों के प्रति विद्रोह का प्रश्न है, छायावाद में नयी काव्यभाषा, नये काव्य-रूप और नये अनुशासन के निर्माण और उसे मानकर चलने की प्रवृत्ति भी दिखलाई पड़ती है।''[49]

यह भी गौरतलब है कि शुक्ल जी ने छायवाद के पूर्व स्वच्छन्दतावाद की चर्चा की थी और आचार्य हजारीप्रसाद द्विवेदी ने दोनों में सम्बन्ध देखा जिसकी चर्चा की जा चुकी है, किन्तु नगेन्द्र विद्रोह कहकर छायावाद को पिछली प्रवृत्तियों से अलग कर देते हैं। हालाँकि बाद में इस ओर भी उनका ध्यान गया। पर फिर वे इसके पीछे फ्रायड के प्रभाव की चर्चा करते हैं, पर बाद में इसे भी उन्होंने अमान्य कर दिया है।[50] रहस्यवाद को नगेन्द्र छायावाद का अंग मानते हैं। इसके बारे में भी उनके विचार बदलते रहे हैं। नन्दकिशोर नवल उनकी असंगति पर टिप्पणी करते हैं—''नगेन्द्र की रहस्यवाद की इस व्याख्या में संगति नहीं है क्योंकि कभी वे उसे प्रतिक्रिया कहते हैं, कभी काल्पनिक, कभी जिज्ञासा पर आधारित और कभी मूलतः पार्थिव प्रणयानुभूति, तथापि उनकी इस व्याख्या से ऐसा पता चलता है कि वे कमोबेश शुक्ल जी की रहस्यवाद की व्याख्या के करीब हैं।

लेकिन अपने परवर्ती ग्रन्थ 'रस-सिद्धान्त' में उन्होंने शुक्ल जी से असहमति प्रकट करते हुए रहस्य की भी रसात्मक अनुभूति को सम्भव माना है...।''[51]

व्यावहारिक आलोचना में नगेन्द्र ने भी मुख्यत: छायावादी कवियों पर ही विचार किया है। पन्त में उन्होंने अनुभूति की कमी और कल्पना की प्रधानता लक्षित की। प्रसाद की 'कामायनी' की उन्होंने प्रशंसा की मगर उसकी कथा की जटिलता को उन्होंने भी महसूस किया। महादेवी की रहस्यानुभूति में उन्होंने काम-कुंठा देखी। यह उनकी दृष्टि की संकीर्णता ही कही जाएगी कि उनकी कविताओं में स्त्री की मुक्ति की बेचैनी को उन्होंने काम-कुंठा समझ लिया। निराला को वे छायावाद और प्रगतिवाद के बीच की कड़ी मानते हैं।

छायावाद पर विचार करने वाले समीक्षकों में शान्तिप्रिय द्विवेदी की चर्चा भी आवश्यक है। इन्होंने इसका सांस्कृतिक और सौन्दर्यमूलक आकलन किया। त्रे छायावाद को उपयोगितावाद के खिलाफ विद्रोह कहते हैं, साथ ही यह भी कि इस विद्रोह के मूल में भारतीय जनता की चित्तवृत्तियों का विस्फोट है। वे रवीन्द्रनाथ टैगोर और गाँधी दोनों का प्रभाव इस पर मानते हैं। इस प्रसंग में आचार्य नलिन विलोचन शर्मा का मत भी उल्लेखनीय है। उन्होंने छायावादी कवियों को प्रत्यक्ष तौर पर तो नहीं, अप्रत्यक्ष तौर पर सामाजिक क्रान्ति से सम्बद्ध माना है।

परवर्ती आलोचकों में डॉ. रामविलास शर्मा एवं डॉ. नामवर सिंह की चर्चा यहाँ अनिवार्य है। डॉ. शर्मा इस सम्बन्ध में शुक्ल जी की दृष्टि की सीमा की चर्चा करते हुए कहते हैं कि वे छायावाद के सामन्त विरोधी रूप को नहीं समझ सके। छायावाद को वे स्वच्छन्दतावादी काव्यधारा कहते हैं और रहस्यवाद को उसका कमजोर पक्ष बतलाते हैं। यहाँ भी वे शुक्ल जी से भिन्न दृष्टिकोण रखते हैं, क्योंकि शुक्ल जी रहस्यवाद को ही छायावाद की मुख्य विषयवस्तु समझते थे। डॉ. शर्मा छायावाद को स्थूल के प्रति सूक्ष्म का विद्रोह नहीं मानते हैं। उन्होंने निराला पर विस्तारपूर्वक विचार किया और लक्षित किया कि निराला अन्य स्वच्छन्दतावादी कवियों की तरह कविता को भावोच्छ्वास नहीं मानते थे। उनके भावावेश में उन्होंने स्वाधीनता-प्रेम देखा। उन्होंने तर्कपूर्ण ढंग से निराला की क्रान्तिकारिता का उल्लेख किया है।

छायावाद के प्रसंग में नामवर सिंह की पुस्तक 'छायावाद' उल्लेखनीय है। इसमें उन्होंने आचार्य शुक्ल के दृष्टिकोण का खंडन करते हुए कहा कि ''...छायावाद उस राष्ट्रीय जागरण की काव्यात्मक अभिव्यक्ति है जो एक ओर पुरानी रूढ़ियों से मुक्ति चाहता था और दूसरी ओर विदेशी पराधीनता से। इस जागरण में जिस तरह क्रमश: विकास होता गया, इसकी काव्यात्मक अभिव्यक्ति भी विकसित होती

गयी और इसके फलस्वरूप संज्ञा का भी अर्थ विस्तार होता गया।''[52] इन्होंने छायावादी कवियों की आत्माभिव्यक्ति की आकांक्षा के पीछे आत्मप्रसार की आकांक्षा का उल्लेख किया। निराला पर विचार करते हुए उन्होंने रवीन्द्रनाथ टैगोर की कविता के चित्रों की विराटता की ओर ध्यान आकृष्ट किया है—''निराला के अनुसार बंगला साहित्य ने जो आधुनिक युग में इतनी अधिक उन्नति की, वह इस नये विज्ञान और नयी संस्कृति का ही परिणाम है। इसी व्यापक भावना के कारण रवीन्द्रनाथ के चित्रों में विराटता के दर्शन होते हैं।''[53] पन्त की कविताओं में प्रेम की गूढ़-गहन अनुभूतियों की नामवर सिंह प्रशंसा करते हैं। वे इसे अनुभव में सहजगम्य मगर अभिव्यक्ति के प्रयास में दुर्गम कहते हैं। प्रसाद को नामवर जी प्रेम-पथिक कहते हैं। इसी प्रकार महादेवी के गीतों के उदात्त भाव की वे प्रशंसा करते हैं जो उनके गीतों में गहरी पीड़ा भरता है। इसके बावजूद छायावादी कवियों की न्यूनताओं को नामवर जी नजरअन्दाज नहीं करते। वे प्रसाद के अबुद्धिवाद की आलोचना करते हैं। महादेवी की परवर्ती कविताओं में बौद्धिकता के आधिक्य की भी उन्होंने आलोचना की और पन्त के बारे में कहा कि ''गुंजन तक आते-आते उनमें एक अभूतपूर्व उन्मन विषाद छा गया।''[54] निराला के काव्य में बिखराव की भी वे चर्चा करते हैं। वे छायवाद के प्रसंग में चारों कवियों का महत्त्व स्वीकार करते हैं पर इस टिप्पणी के साथ ''...इतना होते हुए भी छायावाद क्लासिक काव्यों की तुलना में एकदेशीय ही रहा।''[55] यह गौर करने योग्य है कि डॉ. शर्मा एवं नामवर जी समान रूप से छायावाद में मुक्ति की आकांक्षा देखते हैं। स्वच्छन्दतावाद के सन्दर्भ में शुक्ल जी ने यह खूबी देखी थी।

छायावादी कविता जीवन के प्रति नवीन दृष्टिकोण एवं शिल्प के स्तर पर नवीन उद्‌भावनाओं की अभिव्यक्ति है। इस काव्यांदोलन के मूल में राष्ट्रीय-सांस्कृतिक जागरण की चेतना है। कतिपय खामियों एवं सीमाओं के बावजूद इस काव्यांदोलन में जीवन और काव्य दोनों के सन्दर्भ में मुक्ति की आकांक्षा देखी जा सकती है। परवर्ती आलोचना में इसके सकारात्मक एवं नकारात्मक पक्षों पर पर्याप्त विचार-विमर्श हुए।

## सन्दर्भ


1. आलोचना, जुलाई-सितम्बर, 1967, पृ. 57-58
2. नयी कविता का आत्मसंघर्ष—गजानन माधव मुक्तिबोध, पृ. 25
3. हिन्दी आलोचना का विकास—नन्दकिशोर नवल, पृ. 216
4. हिन्दी साहित्य: बीसवीं शताब्दी—आचार्य नन्ददुलारे वाजपेयी, पृ. 82

5. रस-सिद्धान्त : नये सन्दर्भ, नन्ददुलारे वाजपेयी, सं. राममूर्ति त्रिपाठी, पृ. 48
6. हिन्दी आलोचना का सैद्धान्तिक आधार—कृष्णदत्त पालीवाल, पृ. 366-67
7. हिन्दी आलोचना का विकास—नन्दकिशोर नवल, पृ. 166
8. वही, पृ. 166
9. हिन्दी आलोचना का सैद्धान्तिक आधार—कृष्णदत्त पालीवाल, पृ. 367
10. हिन्दी आलोचना का विकास—नन्दकिशोर नवल, पृ. 166
11. आधुनिक साहित्य—आचार्य नन्ददुलारे वाजपेयी, पृ. 310
12. रस-सिद्धान्त : नये सन्दर्भ—आचार्य नन्ददुलारे वाजपेयी, पृ. 47-48
13. हिन्दी आलोचना का सैद्धान्तिक आधार—कृष्णदत्त पालीवाल, पृ. 368
14. वही, पृ. 369
15. वही, पृ. 382
16. आस्था के चरण—नगेन्द्र, पृ. 101
17. वही, पृ. 183
18. हिन्दी आलोचना—विश्वनाथ त्रिपाठी, पृ. 165
19. हिन्दी आलोचना का सैद्धान्तिक आधार—कृष्णदत्त पालीवाल, 410
20. कविता के नये प्रतिमान—नामवर सिंह, पृ. 44
21. रस-सिद्धान्त—नगेन्द्र, पृ. 338
22. भारतीय काव्य-सिद्धान्त—सं. नगेन्द्र एवं तारकनाथ बाली, पृ. 285
23. वही, पृ. 285
24. हिन्दी आलोचना का विकास—नन्दकिशोर नवल, पृ. 187
25. वही, पृ. 188
26. आचार्य रामचन्द्र शुक्ल और हिन्दी आलोचना—रामविलास शर्मा, पृ. 160
27. हिन्दी आलोचना का विकास—नन्दकिशोर नवल, पृ. 147
28. हिन्दी आलोचना—विश्वनाथ त्रिपाठी, पृ. 80
29. हिन्दी साहित्य का इतिहास—आचार्य रामचन्द्र शुक्ल, पृ. 439
30. वही, पृ. 442
31. चिन्तामणि, भाग : 2 आचार्य रामचन्द्र शुक्ल, पृ. 46
32. वही, पृ. 51
33. वही, पृ. 62
34. अँग्रेजी की स्वच्छन्द कवता—प्रमोद वर्मा, पृ. 90
35. हिन्दी साहित्य का इतिहास—आचार्य रामचन्द्र शुक्ल, पृ. 444
36. वही, पृ. 445

37. वही, पृ. 445
38. चिन्तामणि, भाग : 2, आचार्य रामचन्द्र शुक्ल, पृ. 119-20
39. History of English Literature—Lengouis and Cazamian, Pg 1285
40. हिन्दी साहित्य का इतिहास—आचार्य रामचन्द्र शुक्ल, पृ. 459
41. हिन्दी आलोचना—विश्वनाथ त्रिपाठी, पृ. 81
42. हिन्दी आलोचना का विकास—नन्दकिशोर नवल, पृ. 173
43. छायावाद—नामवर सिंह, पृ. 17
44. हिन्दी आलोचना—विश्वनाथ त्रिपाठी, पृ. 130
45. वही, पृ. 131
46. रामचन्द्र शुक्ल संचयन—सं. नामवर सिंह, पृ. 9 (भूमिका)
47. हिन्दी आलोचना का विकास—नन्दकिशोर नवल, पृ. 178
48. हिन्दी साहित्य : उद्भव और विकास—आचार्य हजारीप्रसाद द्विवेदी, पृ. 265
49. हिन्दी आलोचना का विकास—नन्दकिशोर नवल, पृ. 190-191
50. वही, पृ. 192
51. वही, पृ. 193
52. छायावाद—नामवर सिंह, पृ. 19
53. वही, पृ. 28-29
54. वही, पृ. 145
55. वही, पृ. 157

# 3

# हिन्दी आलोचना की दूसरी परम्परा का यथार्थ

## शुक्ल-द्विवेदी विवाद

सिद्धान्त और व्यवहार का विनियोग आचार्य शुक्ल की आलोचना की खास विशेषता है जो हिन्दी की काव्य-परम्परा एवं कवियों के मूल्यांकन में दिखलाई पड़ती है और आज जो हिन्दी की आलोचना का रूप दिखलाई दे रहा है उसकी जमीन शुक्ल जी ने तैयार की थी, यह स्वीकार करने में कोई हर्ज नहीं है, इसके बावजूद कि शुक्ल जी के कई अन्तर्विरोध हैं, सीमाएँ भी हैं और इनको लेकर संवाद और विवाद भी चलते रहे हैं। हालाँकि इस संवाद में विवादी स्वर प्राय: अधिक उभरकर आया है फिर भी इसका महत्त्व है। संवाद और विवाद आलोचना की परम्परा को विकसित करने में सहायक होते हैं, बशर्ते दृष्टि में भक्ति या ध्वस्त कर देने का भाव न हो। हिन्दी आलोचना की यह खेदपूर्ण स्थिति है कि शुक्ल जी को लेकर इसी प्रकार के भाव देखने को मिलते हैं। विवाद की शुरुआत आचार्य हजारीप्रसाद द्विवेदी द्वारा शुक्ल जी की कतिपय मान्यताओं के खंडन से हुई। विशेषत: सिद्धों, नाथों एवं कबीर के साहित्यिक महत्त्व के प्रसंग में शिवदान सिंह चौहान, रांगेय राघव जैसे आलोचकों ने इस खंडन को आगे बढ़ाते हुए शुक्ल जी को संकीर्णतावादी, ब्राह्मणवादी कह दिया। इसी क्रम में नामवर सिंह, शिवनाथ, नीलकान्त आदि आते हैं। उधर डॉ. रामविलास शर्मा ने शुक्ल जी को उस हद तक प्रगतिशील साबित करने की मुहिम छेड़ी जहाँ उनके मार्क्सवादी परिप्रेक्ष्यों से जुड़े होने का भ्रम होने लगता है। इस प्रसंग में उनकी पुस्तक 'आचार्य रामचन्द्र शुक्ल और हिन्दी आलोचना' उल्लेखनीय है।

हिन्दी आलोचना की दूसरी परम्परा की चर्चा नामवर सिंह की पुस्तक 'दूसरी परम्परा की खोज' के प्रकाशन से शुरू हुई। इस अध्याय में इस दूसरी परम्परा

के यथार्थ का विवेचन तो किया ही जाएगा, इस पर भी विचार करना अपेक्षित है कि इस खोज का किस प्रकार प्रत्यावर्तन होता है। फिलहाल एक दृष्टि इस पर डालनी चाहिए कि शुक्ल जी के अन्तर्विरोधों को जाँचने की जो परम्परा शुरू हुई वह किस प्रकार आलोचना के नाम पर अनर्गल कुतर्क और अमर्यादित भाषा का शिकार हो गयी। इसी प्रसंग में नीलकान्त की चर्चा प्रासंगिक है, अन्यथा चर्चा का कोई अन्य औचित्य नजर नहीं आता। कभी नामवर जी ने शुक्ल जी पर लिखे गये इनके लेख की सख़्त और तल्ख़ भाषा की प्रशंसा की थी। वह पत्र पुस्तक में छापा गया है। यह कहना मुश्किल है कि नामवर जी ने किन परिस्थितियों अथवा किन बातों से प्रभावित होकर प्रशंसा की क्योंकि स्वयं नामवर जी ने उन दिनों और आगे भी शुक्ल जी के लिए वैसी सख़्त और तल्ख़ भाषा का प्रयोग नहीं किया था, बाद में तो उनकी दृष्टि में परिवर्तन भी हुए। बहरहाल नीलकान्त की ये पंक्तियाँ द्रष्टव्य हैं—"शुक्ल जी की रहस्य और अध्यात्म से बोझिल दृष्टि और भाषा उस समय भी ऊब पैदा करती थी जब मैं विद्यालय में पढ़ता था। मनोविकारों या भाव पर उनके निबन्ध मनोविज्ञान की दृष्टि से भी कुछ नयी बात नहीं कहते"।[1] यह टिप्पणी उस आलोचक पर है जिसने हिन्दी आलोचना को संस्कृत काव्यशास्त्र के अलौकिकत्व और पाश्चात्य कलावाद के प्रभाव से मुक्त किया तथा रहस्य और बोझिल अध्यात्म के ही कारण छायावाद का विरोध किया। आश्चर्य की बात तो यह है कि रहस्य और अध्यात्म से बोझिल दृष्टि ऊब पैदा करती थी मगर यह निष्कर्ष निकालने में तनिक भी देर नहीं लगी कि भाव और मनोविकार पर इनके निबन्ध में कुछ भी नया नहीं कहते। ख़ेद है कि इन्होंने इसका कोई उदाहरण नहीं दिया है कि ये निबन्ध घिसी-पिटी बातों की ही प्रस्तुति करते हैं। आगे यह सूचना भी दी गयी है कि यह निबन्ध (जिसके सम्बन्ध में पंक्तियाँ उद्धृत की गयी हैं) वृहत्तर वेतनमान पानेवाले प्रोफेसर तथा उनके लग्गू-भग्गू शोधकामी लोगों की टोली के सामने पढ़ना था। शब्दों का चयन ध्यान देने योग्य है, साथ ही यह भी कि आलोचना की दूसरी परम्परा का मानदंड खोजने में वृहत्तर वेतमान और लग्गू-भग्गू भी प्रतिमान होते हैं। बहरहाल इन अवान्तर बातों की छानबीन की गुंजाइश तो नहीं है फिर भी यह उल्लेख करना जरूरी है कि नीलकान्त शुक्ल जी की विश्वदृष्टि पर विचार करते हुए व्याकरण, भाषा, रस-मीमांसा और छन्दशास्त्र के क्षेत्र में शुक्ल जी के कार्यों से बचकर चलने का दावा करते हैं। यह आलोचना की कैसी परम्परा है जहाँ विश्वदृष्टि में इनको निषेधात्मक समझा जाता है गोया विश्वदृष्टि कोई अलौकिक तत्त्व हो। पुस्तक में संकलित निबन्धों की विशेषता है कि निष्कर्ष पहले दिये गये हैं प्रमाण बाद में, तर्क के नाम पर कोरी हठधर्मिता है। प्रमाण भी ऐसे दिये गये हैं कि उद्धरणों के आगे-पीछे के

अंश काटकर उन्हीं पंक्तियों को लिया गया है जिनसे आचार्य शुक्ल जी परम्परावादी-अतीतजीवी, हिन्दुवादी, ब्राह्मणवादी, प्रतिक्रियावादी, मनुवादी वगैरह (जितने भी रूढ़ मार्क्सवादी और दलितवादी पारिभाषिक शब्द हैं) नजर आएँ। शुक्ल जी को ध्वस्त करने का यह दावा कुछ-कुछ वैसा ही है जैसा डॉ. रामविलास शर्मा द्वारा शुक्ल जी को द्वन्द्वात्मक भौतिकवादी सिद्ध करना। यहाँ कुछ-कुछ शब्द का प्रयोग इसलिए किया गया है कि मताग्रहों के बावजूद रामविलास शर्मा की सूक्ष्म विश्लेषण-पद्धति, गहन अध्ययन और प्रमाण आधारित तार्किक क्षमता के महत्त्व से इनकार नहीं किया जा सकता, असहमतियाँ हो सकती हैं, हैं भी। इस प्रसंग में आगे विचार किया जाएगा। फिलहाल यहाँ आलोचना की दूसरी परम्परा की प्रासंगिकता पर ही विचार करना आवश्यक है।

## दूसरी परम्परा की खोज की प्रासंगिकता

परम्परा और विरासत जैसे सवालों को लेकर काफी विचार-विमर्श किये जा चुके हैं, खास तौर से कविता और कथा के अध्ययन के क्षेत्र में। आलोचना की परम्परा के सन्दर्भ में भी बातें हुई हैं, और कहने की जरूरत नहीं कि यहाँ आधार के रूप में शुक्ल जी हैं। मगर जहाँ कविता और कथा के क्षेत्र में परम्परा को आगे बढ़ाने की बातें होती हैं वहीं आलोचना में शुक्ल जी की आलोचना की परम्परा से भिन्न परम्परा के विकास की बातें होती हैं वहीं आलोचना में शुक्ल जी की आलोचना की परम्परा से भिन्न परम्परा के विकास की बातें होती रहीं। परम्परा को आगे बढ़ाने का मतलब उसको कन्धे पर लेकर ढोना नहीं होता है, यह सामान्य बुद्धि का आदमी भी जानता है। काल की गति और परिवर्तनशील सामाजिक, राजनैतिक तथा सांस्कृतिक परिस्थितियों के अनुसार उसमें कुछ चीजें छोड़ी जाती हैं, कुछ नया जोड़ा जाता है। परम्परा में, विशेषत: आलोचना की परम्परा के केन्द्र में व्यक्ति नहीं युग होता है। आलोचना के मानदंड युग के दबाव में बनते हैं भले ही आलोचक आवश्यकतानुसार कहीं-कहीं अतिक्रमण भी करता है। आचार्य रामचन्द्र शुक्ल की आलोचना के केन्द्र में लोक है और निश्चय ही उन्होंने इस प्रसंग में तुलसी को अधिक महत्त्व दिया है। इसका यह अर्थ नहीं है कि आचार्य शुक्ल ने कबीर को खारिज कर दिया, आचार्य हजारीप्रसाद द्विवेदी ने भी यही प्रतिपादित किया कि कबीर को जो महत्त्व मिलना चाहिए था वह नहीं मिला। निश्चय ही कबीर को समुचित महत्त्व न देने से सन्तों की उस पूरी परम्परा का उचित अध्ययन बाधित होने का खतरा उत्पन्न हो गया था जो शास्त्रीय और अभिजात्य जीवन-दृष्टि को चुनौती दे रही थी। आचार्य द्विवेदी ने इस विराट ऐतिहासिक परिप्रेक्ष्य में कबीर के महत्त्व पर विचार किया। इस प्रसंग

में आचार्य शुक्ल के दृष्टिकोण की विवेचना भी आगे की जाएगी। यहाँ यह देखना आवश्यक है कि आचार्य द्विवेदी ने जिस व्यापक परिदृश्य में कबीर को समझने का प्रयास किया, उसको एक भिन्न परम्परा की खोज का नाम देकर सीमित कर दिया गया और संवाद तुलसी बनाम कबीर के विवाद में उलझ गया। मगर जब अलग-अलग परम्पराओं की तलाश की जरूरत महसूस की गयी तो एक सूरदास की परम्परा की भी खोज होती, फिर जायसी की परम्परा की भी क्योंकि सूर की लोक-दृष्टि तुलसी के मुकाबले कम अभिजात्य है और शुक्ल जी ने उन्हें पीछे कर दिया और जायसी को तो अभारतीय ही सिद्ध कर दिया और निस्सन्देह यह भी शुक्ल जी का अन्तर्विरोध ही है। फिर सिर्फ कबीर को लेकर दूसरी परम्परा की खोज क्यों? कई परम्पराओं की खोज होनी चाहिए थी। भक्ति आन्दोलन हिन्दी साहित्य के इतिहास का बहुत महत्त्वपूर्ण युग है और इसकी अनेक अन्तर्धाराएँ हैं। ये विभिन्न दिशाओं में चलती हैं, आपस में टकराती भी हैं मगर इनके केन्द्र में समान ऐतिहासिक, सामाजिक और सांस्कृतिक परिदृश्य है जिससे इनका प्रस्फुटन हुआ है। इसलिए किसी प्रवृत्ति विशेष या उपेक्षित रह गयी काव्यधारा पर विचार करना ऐतिहासिक दायित्व-बोध का परिचायक है, किन्तु उसको लेकर एक अलग परम्परा के निर्माण का कार्य एकपक्षीय तो है ही, अवैज्ञानिक भी है जिसके परिणाम स्वरूप इतिहास-अध्ययन खंडित निष्कर्षों का शिकार हो जाता है क्योंकि इस प्रकार के अध्ययन में आलोच्य युग की प्रवृत्तियों के घात-प्रतिघात, अन्तर्विरोधों और अन्तर्सम्बन्धों की अनदेखी हो जाती है। कबीर की अलग परम्परा की खोज की त्रासद परिणति डॉ. धर्मवीर की आलोचना में हुई है और परम्परा की खोज करनेवाले हैरान हैं। नामवर सिंह को कहना पड़ा कि धर्मवीर की भाषा 'मंगनी की भाषा है'।[2]

हालाँकि नामवर सिंह दूसरी परम्परा की खोज को सम्प्रदाय निर्माण कहे जाने से बचते हैं, पर शुक्ल जी से भिन्न सम्प्रदाय निर्माण का प्रयास दिखलाई पड़ ही जाता है। 'दूसरी परम्परा की खोज' की भूमिका का यह कथन उल्लेखनीय है—"शायद यह स्पष्ट करना जरूरी हो कि यह प्रयास परम्परा की खोज का ही है, सम्प्रदाय निर्माण का नहीं। पंडित जी (हजारीप्रसाद द्विवेदी) स्वयं सम्प्रदाय निर्माण के विरुद्ध थे...जो परम्परा पीढ़ियों से चलकर स्वयं पंडित जी तक आते-आते बदल चुकी थी और स्वयं पंडित जी के हाथों कट-छँट कर और बन गयी वह स्वयं मेरे प्रयास में कट-छँटकर कुछ और न हो जाएगी इसका दावा कैसे किया जा सकता है?"[3] उद्धरण में नामवर जी का यह कहना कि परम्परा पंडित जी तक आते-आते स्वयं बदल चुकी थी ध्यान देने योग्य है। उन्हीं के कथन से साबित होता है कि परम्परा युगीन सन्दर्भों में स्वयं को बदलती है। क्या फिर

यह दावा उचित है कि आचार्य द्विवेदी के रूप में उन्हें एक भिन्न परम्परा मिली? उनका कथन द्रष्टव्य है—"परम्परा के रूप में वे (हजारीप्रसाद द्विवेदी) मिले तो अनायास ही, लेकिन लगा कि उन्हें पाने के लिए आयास जरूरी है। यह खोज तभी शुरू हुई थी।"[4] देखने की बात यह है कि खोज पूरी होने के पूर्व ही नामवर जी का खोज के प्रति दृष्टिकोण ही बदल गया। आजकल इस खोज का जिम्मा जिन लोगों ने थाम रखा है वे पहली और दूसरी दोनों परम्पराओं की ऐसी की तैसी कर रहे हैं। इसी सन्दर्भ में पीछे डॉ. धर्मवीर का उदाहरण दिया गया है। इस प्रसंग में भवदेव पांडेय का यह कथन द्रष्टव्य है "...मार्क्सवादी आलोचना के शिखर पुरुष डॉ. नामवर सिंह हैं जो समय और परिस्थिति के अनुसार अपने आलोचना-सिद्धान्त में परिवर्तन करते चलते हैं। जिन नामवर जी को दूसरी परम्परा की खोज में आचार्य शुक्ल प्रगति-विरोधी और सवर्णवादी लगे थे उन्हीं नामवर सिंह को चिन्तामणि भाग-3 और मलयज की किताब का सम्पादन करते हुए शुक्ल जी प्रगतिशील लगने लगे।"[5]

दरअसल आचार्य शुक्ल और आचार्य द्विवेदी के मतों को लेकर हिन्दी आलोचना में दो सम्प्रदाय बन गये, भले ही बकौल नामवर सिंह पंडित जी सम्प्रदाय निर्माण के विरुद्ध थे। रामविलास शर्मा शुक्ल जी के प्रति निष्ठावान हैं तथा उनसे सहमति रखने वाले आलोचकों में मैनेजर पांडेय, विश्वंभरनाथ उपाध्याय, शिवकुमार मिश्र, रमेश कुन्तल मेघ, मलयज और विजेन्द्र नारायण सिंह हैं। दूसरे वर्ग में जो आचार्य शुक्ल से असहमत हैं शिवदान सिंह चौहान, रांगेय राघव, शिवनाथ, वीरभारत तलवार और नीलकान्त आदि हैं। नामवर सिंह इसी दूसरे वर्ग को लेकर भिन्न परम्परा खोज रहे थे। मगर बाद में इनके दृष्टिकोण में बदलाव आया। इस प्रकार आचार्य शुक्ल की आलोचना के मानदंडों को लेकर आलोचना-प्रत्यालोचना की एक लम्बी परम्परा चलती रही। इसका अध्ययन आवश्यक है क्योंकि इसी से यह मालूम पड़ेगा कि आचार्य शुक्ल ने हिन्दी आलोचना की जो स्वतन्त्र पहचान स्थापित की थी, उससे कुछ असहमतियों के बावजूद हिन्दी आलोचना का आधार वही है। जैसा कि कहा जा चुका है इस प्रसंग में विवाद की शुरुआत आचार्य हजारी प्रसाद द्विवेदी द्वारा शुक्ल जी की कतिपय मान्यताओं को लेकर प्रश्न उठाने से हुई। द्विवेदी जी ने शुक्ल जी द्वारा हिन्दी साहित्य के प्रारम्भिक काल को वीरगाथा काल कहे जाने का विरोध किया क्योंकि उनके अनुसार इससे सिद्धों, नाथों और जैनों के साहित्य के विपुल भंडार की उपेक्षा हो जाती है। सन्तों के साहित्य पर योगियों के प्रभाव का प्रश्न तो उन्होंने उठाया ही शुक्ल जी द्वारा कबीर के महत्त्व की उपेक्षा किये जाने की आलोचना भी की

तथा स्वतन्त्र रूप से कबीर के महत्त्व पर विचार किया। शुक्ल जी ने भक्ति काल के उदय के पीछे मुसलमानी आक्रमण को कारण के रूप में देखा था। द्विवेदी जी ने इस पर भी प्रश्न उठाया और भक्ति आन्दोलन के उदय के कारणों पर वृहत्तर परिप्रेक्ष्य में विचार किया। इसमें कोई सन्देह नहीं कि शुक्ल जी की उपर्युक्त मान्यताओं की सीमा है। यह सीमा जायसी के प्रेम-मार्ग पर विचार करते हुए भी दिखलाई पड़ती है, पर यह सीमा कितनी है, द्विवेदी जी द्वारा प्रस्तुत की गयी मान्यताएँ शुक्ल जी की मान्यताओं को पूरी तरह उलट देती हैं या उनको आधार रूप में स्वीकार करते हुए खामियों और असंगतियों को सामने लाती हैं इस सम्बन्ध में विचार करते हुए परवर्ती आलोचकों के दो दल बन गये जिनका उल्लेख पूर्व में किया गया है। हिन्दी साहित्य के इतिहास और आलोचना के क्षेत्र में चले इस विवाद पर किये गये विचारों को देखना अप्रासंगिक न होगा।

## रामविलास-नामवर विवाद और कबीर के मूल्यांकन का प्रश्न

आचार्य रामचन्द्र शुक्ल ने सिद्धों-नाथों की रचनाओं को साहित्य की श्रेणी में नहीं रखा। आचार्य हजारीप्रसाद द्विवेदी का विचार है कि सन्त काव्य-परम्परा के विकास में सिद्धों-नाथों के साहित्य का महत्त्व है जिसे शुक्ल जी ने नजरअन्दाज कर दिया। इसी काव्य-परम्परा में कबीर आते हैं और यह विदित है कि शुक्ल जी ने कबीर की तुलना में तुलसी को अधिक महत्त्व दिया। आचार्य द्विवेदी ने हिन्दी साहित्य में कबीर के महत्त्व पर स्वतन्त्र रूप से विचार किया। इस प्रसंग में रामविलास शर्मा और नामवर सिंह के बीच के विवाद का अध्ययन करना आवश्यक है। रामविलास जी ने अपनी पुस्तक ''रामचन्द्र शुक्ल और हिन्दी आलोचना'' में आचार्य शुक्ल और आचार्य द्विवेदी के मतों को आमने-सामने रखकर मूल्यांकन किया है। सिद्धों और योगियों की रचनाएँ जीवन से पराङ्मुख थीं, उनमें या तो वामाचार था या हठयोग, जीवन की स्वाभाविक अनुभूतियाँ नहीं। इनका प्रभाव निर्गुणवादी सन्तों पर पड़ा यह वह मानते हैं लेकिन यह भी कहते हैं कि यह प्रभाव वेदान्त के ज्ञानवाद, सूफियों के प्रेमवाद, वैष्णवों के अहिंसावाद आदि से घुल-मिलकर विकसित हुआ।[6] ध्यातव्य है कि शुक्ल जी के अनुसार नाथपंथ का मूल भी बौद्धों की वज्रयान शाखा ही है।[7] इनके साहित्य के बारे में शुक्ल जी का रुख निश्चय ही नकारात्मक था। उन्होंने साफ तौर पर कहा कि ''उनकी रचनाओं का जीवन की स्वाभाविक सरणियों, अनुभूतियों और दशाओं से कोई सम्बन्ध नहीं है। वे साम्प्रदायिक शिक्षा मात्र हैं, अत: शुद्ध साहित्य की कोटि में नहीं आ सकतीं। उन रचनाओं की परम्परा को हम काव्य या साहित्य की कोई

धारा नहीं कह सकते।''[8]

इस प्रसंग में आचार्य द्विवेदी के दृष्टिकोण को क्रान्तिकारी सिद्ध करते हुए नामवर सिंह ने कहा कि ''आचार्य हजारीप्रसाद द्विवेदी की हिन्दी साहित्य की भूमिका ऐसे ही समय नवीन युग की भूमिका बनकर प्रकाश में आई। पूर्ववर्ती व्यक्तिवादी इतिहास-प्रणाली के स्थान पर सामाजिक अथवा जातीय-ऐतिहासिक प्रणाली का आरम्भ करनेवाली यह पहली हिन्दी पुस्तक है।...हिन्दी साहित्य को संस्कृत के गर्भ से उत्पन्न लोकशक्ति की नवीन आकांक्षा कहना इसी सामाजिक दृष्टिकोण का परिणाम था।''[9] रामविलास शर्मा शुक्ल जी और द्विवेदी जी का तुलनात्मक अध्ययन प्रस्तुत करते हैं—

1. शुक्ल जी और द्विवेदी जी में अन्तर यह है कि शुक्ल जी ने सिद्धों और योगियों की तुलना केवल निर्गुण सम्प्रदाय से की है, द्विवेदी जी ने सगुणोपासक कवियों पर भी बौद्ध धर्म का प्रभाव देखा है।
2. शुक्ल जी ने धार्मिक कर्मकांड, वर्ण-भेद आदि की आलोचना को अंशतः सही माना है, लेकिन सच्चे लोक कल्याणकारी कार्यों का विरोध करने के कारण उस आलोचना को आदर्श नहीं माना। द्विवेदी जी ने इस आलोचना को प्रगतिशील माना है और यह प्रश्न नहीं किया कि किस दृष्टिकोण से यह आलोचना की जा रही है और उससे लोक कल्याणकारी कामों पर तो कुठाराघात नहीं हो रहा।
3. शुक्ल जी ने सिद्धों के वामाचार की तीव्र भर्त्सना की है, द्विवेदी जी इस बारे में चुप रहते हैं।
4. शुक्ल जी ने जीवन की सहज अनुभूतियों का प्रश्न उठाकर सिद्धों और योगियों की असली कमजोरी प्रकट कर दी है। द्विवेदी जी इस प्रश्न को भारतीय चिन्तन की लम्बी चर्चा में छिपा जाते हैं।
5. शुक्ल जी ने सिद्धों और योगियों की जीवन विमुखता, चमत्कारवाद, जनता पर धाक जमाने की प्रवृत्ति को संक्षेप में उनके योग को आड़े हाथों लिया है। उन्होंने इन अन्ध-विश्वासों की खुलकर आलोचना की है। द्विवेदी जी ने कभी-कभी दबी जुबान से इस योग का लोक विरोधी रूप स्वीकार किया है और कभी दबी जुबान से यह भी कहा है क्या मालूम, योगी सच ही कहते रहे हों।[10]

इस तुलनात्मक आलोचना की सीमा यह है कि इसमें दो व्यक्तियों में एक को क्रान्तिकारी और दूसरे को प्रतिक्रियावादी या दिग्भ्रमित सिद्ध करने के लिए 'कम या ज़्यादा' का सिद्धान्त अपनाया गया है लिहाजा युग की विशेषताएँ और

अन्तर्विरोध, प्रवृत्तियों के आपसी टकराव गौण हो जाते हैं। रामविलास शर्मा शुक्ल जी को क्रान्तिकारी सिद्ध करने के लिये युग की प्रवृत्तियों की विवेचना नहीं करते और शुक्ल जी के अन्तर्विरोधों को युग के परिप्रेक्ष्य में रखकर नहीं जाँचते। इसी प्रकार नामवर सिंह 'दूसरी परम्परा की खोज' में शुक्ल जी पर सिर्फ आक्षेप करते दिखलाई देते हैं—''वैसे तो लोक-धर्म शब्द का प्रयोग द्विवेदी जी से पहले शुक्ल जी ने भी किया है किन्तु जैसा कि तुलसीदास नामक पुस्तक के लोक-धर्म शीर्षक अध्याय से स्पष्ट है, शुक्ल जी का लोक-धर्म बहुत कुछ वर्णाश्रम धर्म ही है। भक्ति के नाम पर वेद-शास्त्रों की निन्दा करनेवाले और आर्यधर्म के सामाजिक तत्त्व को न समझकर लोगों में वर्णाश्रम धर्म के प्रति अश्रद्धा उत्पन्न करने वाले नीच जातियों के निर्गुणपंथी भक्तों की जैसी भर्त्सना शुक्ल जी ने की है उससे स्पष्ट है कि शुक्ल जी का लोकधर्म वस्तुत आर्य शास्त्रानुमोदित सनातन धर्म ही है।''[11] सहज ही देखा जा सकता है कि नामवर सिंह की नजर में शुक्ल जी मनुवादी हैं। आगे की पंक्तियाँ भी देखने योग्य हैं—''इसके विपरीत 'भूमिका' में जब द्विवेदी जी कहते हैं कि बौद्ध धर्म उत्तरोत्तर लोक धर्म में घुल-मिल रहा था तो स्पष्ट है कि सामान्य जन में प्रचलित टोना, टोटका, तन्त्र-मन्त्र, मिथक आदि विश्वासों को ही वे लोकधर्म मानते हैं।''[12]

इस लोक धर्म ने शास्त्र को चुनौती दी, पर अशिक्षित जनता को शास्त्र की रूढ़ियों से निकालकर किस तरह अतिचारों और मूर्खतापूर्ण व्यवहारों में कैद कर दिया गया, यह भी विचारणीय है। अब स्वयं आचार्य द्विवेदी ने 'हिन्दी साहित्य : उद्‌भव और विकास' में सिद्धों-नाथों के साहित्य के बारे में जो कहा है वह भी देखना प्रासंगिक होगा—''दो प्रकार के साहित्यिक प्रयत्न इस काल में प्रमुख हैं, एक तो बौद्ध और नाथ-सिद्धों की तथा जैन मुनियों की रुक्ष तथा उपदेशमूलक और हठयोग या कायायोग की महिमा का प्रचार करनेवाली रहस्यमूलक रचनाएँ। इनका उद्देश्य रस-सृष्टि नहीं था। साहित्य के इतिहास में दो कारणों से इनका महत्त्व है। एक तो परवर्ती धार्मिक काव्य-रूपों के विकास में ये सहायक हैं और उस धार्मिक पृष्ठभूमि को समझने में सहायता पहुँचाती हैं, जिनके बिना हम काव्य-प्रयत्नों को समझ ही नहीं पाएँगे, और दूसरे इनके अध्ययन से उस युग की भाषा-शैली, छंदोविधान आदि का अध्ययन सुकर होता है। इन दो दृष्टियों से इन रचनाओं का महत्त्व है।''[13] उपर्युक्त कथन का सार यह है कि ये रचनाएँ उपदेशमूलक हठयोग या कायायोग की महिमा का प्रचार करनेवाली रहस्यमूलक रचनाएँ थीं और इनका उद्देश्य रस-सृष्टि नहीं था फिर सहज ही प्रश्न उठता है कि ये किस कसौटी पर साहित्य की कोटि में रखी जा सकती हैं? स्वयं आचार्य द्विवेदी इनका

महत्त्व इतना ही मानते हैं कि ये परवर्ती धार्मिक काव्य-रूपों के विकास में सहायक हैं तथा इनके माध्यम से उस पृष्ठभूमि को समझ सकते हैं जिस पर परवर्ती साहित्य का विकास हुआ। वे आगे कहते हैं "...इन रचनाओं में सहज सत्य को कभी-कभी बड़ी प्रभावशाली भाषा में प्रकट किया गया है जो तत्कालीन रूढ़ि प्रवणधर्म विचारों में जकड़े मनुष्य को विद्युत की चमक के समान सत्य को उद्भासित कर देता है।"[14] अर्थात रहस्यमूलक, उपदेशमूलक वाणियों के बीच से कभी-कभी सत्य कौंध जाता है। इसके आगे की पंक्तियों में द्विवेदी जी की धारणा पूरी तरह स्पष्ट हो जाती हैं—"इन्होंने जितनी दूर तक मनुष्य चित्त को रूढ़ि के विचार से मुक्त करके सहज सत्य तक पहुँचने में सहायता की है उतनी दूर तक वे सच्चे साहित्य के अन्तर्गत गिनी जाने योग्य हैं। इन रचनाओं से इससे अधिक की आशा साहित्य के विद्यार्थी को नहीं करनी चाहिए।"[15] शुक्ल जी और द्विवेदी जी के कथनों को समानान्तर रखकर देखें तो मालूम पड़ेगा कि दोनों में इतना ही अन्तर है कि द्विवेदी जी 'लोकधर्म' की झलक पा लेते हैं, शुक्ल जी ने पूरी तरह नकार दिया है। शुक्ल जी के पूरी तरह नकारने का कारण इनकी साधना में व्यभिचार को अनिवार्य बना देना तथा भाषा की वायवीय रहस्यमयता थी। आचार्य द्विवेदी की नजर में इनका क्षीण सा महत्त्व यह है कि कबीर जैसे संतों पर इनका कुछ प्रभाव है। आचार्य शुक्ल भी इससे इन्कार नहीं करते। उधर आचार्य द्विवेदी इस पुस्तक की प्रस्तावना में इस प्रसंग में इनका बचाव करते हुए कहते हैं कि 'तन्त्रों के साहित्य में ऐसे श्लोक मिलते हैं जिनका ऊपरी अर्थ चिढ़ाने वाला और लोकमर्यादा विरोधी है परन्तु पारिभाषिक अर्थों को समझने के बाद जो अर्थ स्पष्ट होता है वह उतना चिढ़ानेवाला और धक्कामार नहीं होता।'[16] यहाँ 'उतना' और 'धक्कामार' शब्दों पर ध्यान देने से कथन का मर्म स्पष्ट हो जाता है। तात्पर्य यह कि इससे इंकार नहीं किया जा सकता कि आचार्य शुक्ल ने अगर सिद्धों-नाथों के साहित्य के प्रति नकार का भाव दिखलाया तो उसके कारण इन सम्प्रदायों में फैली रूढ़ियाँ, विकृत यौनाचार तथा मोक्ष की लोकविरोधी रहस्यमय बातें थीं और आचार्य द्विवेदी भी थोड़े संशोधन के साथ ऐसा ही मानते हैं। इस थोड़े संशोधन का क्या महत्त्व है इस पर भी विचार करना चाहिए। शुक्ल जी ने इन सम्प्रदायों और इनके साहित्य की विकृतियाँ तो देखीं पर उन परिस्थितियों की अनदेखी कर दी जिनके प्रतिक्रिया स्वरूप इन अशिक्षित, आचरण विहीन सम्प्रदायों का उदय हुआ। यह शुक्ल जी की अभिजात्य दृष्टि की सीमा थी। किन्तु मात्र इस आधार पर इन सम्प्रदायों के साहित्य को साहित्य की कोटि में नहीं रखा जा सकता। यह भी ध्यान देने की आवश्यकता है कि स्वयं आचार्य द्विवेदी कहते हैं कि इस साहित्य में रस-सृष्टि

की शक्ति नहीं, वे इस साहित्य को इतना ही महत्त्व देते हैं कि परवर्ती साहित्य के विकास में इनका महत्त्व है। शुक्ल जी भी कम शब्दों में ही सही, यह स्वीकार करते हैं। आचार्य द्विवेदी ने उन ऐतिहासिक परिस्थितियों की ओर ध्यान दिलाया जो इन सम्प्रदायों के बनने की पृष्ठभूमि में हैं और शुक्ल जी ने जिनकी चर्चा नहीं की। इस प्रकार द्विवेदी जी शुक्ल जी के कार्य को ही आगे बढ़ाते हैं, शुक्ल जी द्वारा प्रवर्तित आलोचना की परम्परा को अधिक मजबूत बनाते हैं, उनके अन्तर्विरोधों से परम्परा को मुक्त करते हैं। इसलिए दूसरी परम्परा की बात बेमानी प्रतीत होती है। आगे चलकर भक्ति आन्दोलन और कबीर के बारे में इन्होंने जो कुछ कहा है वह भी शुक्ल जी के मत के अभावों की क्षतिपूर्ति ही है। नामवर जी का यह कहना कि आचार्य द्विवेदी ने कबीर को लेकर एक अलग परम्परा शुरू की, संगत नहीं है भले ही आगे चलकर शुक्ल जी और द्विवेदी जी की अलग-अलग परम्पराएँ बनाकर लोग चलने लगे।

नामवर जी शुक्ल जी को मनुवादी-ब्राह्मणवादी सिद्ध करने के लिए शब्दों का दुरुपयोग भी करते हैं। उदाहरण के लिए 'दूसरी परम्परा की खोज' से जो उद्धरण पूर्व में दिया गया है उसमें नामवर जी शुक्ल जी को नीच जातियों के निर्गुण पंथी भक्तों की भर्त्सना करनेवाले कहते हैं जबकि शुक्ल जी ने अपने इतिहास में 'नीच' शब्द का नहीं, नीची श्रेणी का प्रयोग किया है—"...84 सिद्धों में बहुत से मछुए, चमार, धोबी, डोम, कहार, लकड़हारे, दर्जी तथा बहुत से शूद्र कहे जानेवाले लोग थे। अत: जाति-पाति के खंडन तो वे आप ही थे। नाथ सम्प्रदाय भी जब फैला, तब उसमें भी जनता की नीची और अशिक्षित श्रेणियों के बहुत से लोग आये जो शास्त्र-ज्ञान सम्पन्न न थे, जिनकी बुद्धि का विकास बहुत सामान्य कोटि का था।"[17] शुक्ल जी नीची और अशिक्षित श्रेणियों की बात करते हैं जो सामाजिक पदक्रम का द्योतक था और यह पदक्रम उस युग की वास्तविकता थी, मगर नामवर सिंह 'नीची' को 'नीच' में बदल देते हैं। 'नीच' शब्द से यह प्रतीत होता है कि शुक्ल जी घृणा के भाव से इसका प्रयोग कर रहे हैं। एक सूचनात्मक कथन को विकृत्त मानसिकता के लक्षण में बदलकर वे शुक्ल जी को मनुवादी घोषित करते हैं।

नामवर जी का विचार है कि शुक्ल जी ने कबीर को कवि के रूप में मान्यता नहीं दी, उनके समाज-सुधारक रूप की ही चर्चा की, आचार्य द्विवेदी ने पहली बार कबीर को कवि के रूप में महत्त्व दिया। "दूसरी परम्परा की खोज" का यह उद्धरण द्रष्टव्य है—"कबीर के प्रकाशन काल (1942) तक हिन्दी में न तो कबीर की साहित्यिक प्रतिष्ठा थी और न कोई स्वतन्त्र आलोचना पुस्तक ही।"[18]

हरिऔध और बाबू श्यामसुन्दरदास ने कबीर की रचनाओं को संकलित किया पर वे भी कवि के रूप में उन्हें प्रतिष्ठा नहीं दिला सके। आचार्य रामचन्द्र शुक्ल के बारे में नामवर जी कहते हैं—"किसी कवि को साहित्य में प्रतिष्ठा दिलानेवाले थे आचार्य शुक्ल, लेकिन उन्होंने जहाँ तुलसीदास, सूरदास और जायसी पर स्वतन्त्र रूप से विस्तृत समीक्षाएँ लिखीं, कबीर को इस योग्य नहीं समझा। उनके लिए कबीर का महत्त्व इतिहास तक ही सीमित रहा और उसमें भी कबीर के प्रति सम्मान या सहानुभूति का भाव नहीं दीखता।"[19]

रामविलास शर्मा इससे सहमत नहीं हैं कि आचार्य शुक्ल कबीर के प्रति उपेक्षा या तिरस्कार का भाव रखते हैं। किन्तु उन्होंने इस बात की चर्चा कम की है कि कबीर के सम्बन्ध में शुक्ल जी का दृष्टिकोण कितना सकारात्मक है। उन्होंने यह प्रमाणित करने पर ज़्यादा ध्यान दिया है कि आचार्य द्विवेदी भी न्यूनाधिक वही धारणा कबीर के बारे में रखते हैं जो आचार्य शुक्ल की थी। इसके लिए उन्होंने द्विवेदी जी के कथनों की परीक्षा करने पर ज़्यादा जोर दिया है मगर इस बात को गौण बना दिया कि कवि के रूप में कबीर का मूल्यांकन द्विवेदी जी ने ही किया। इसमें कोई सन्देह नहीं कि शुक्ल जी ने कहीं-कहीं कबीर के पक्ष में भी कुछ बातें कहीं हैं, पर उन्होंने स्वतन्त्र रूप से इनके मूल्यांकन की आवश्यकता नहीं समझी और इसीलिए रामविलास जी के पास इसके सिवाय कोई अन्य रास्ता नहीं है कि शुक्ल जी के समान द्विवेदी जी को भी कबीर के सम्बन्ध में यथासम्भव नकारात्मक दृष्टिकोण से सम्पन्न बतलाया जाय। 'लोकजागरण और हिन्दी साहित्य' में वे कहते हैं—"हिन्दी साहित्य की भूमिका में शुक्ल जी का अनुसरण करते हुए द्विवेदी जी ने निर्गुण पंथ के तीन घटक स्वीकार किये...उत्तर पूर्व के नाथ पंथ और सहजयान का मिश्रित रूप, पश्चिम का सूफी मतवाद और दक्षिण का वेदान्त भवित वैष्णव धर्म। कबीर में दूसरे घटक का महत्त्व क्षीण हो गया। सूर साहित्य के बहुत से वाक्य कबीर में समेट लिये गये हैं। सूफियों से सम्बन्धित एक वाक्य में द्विवेदी जी ने दिलचस्प परिवर्तन किया है।"[20]

अन्तिम पंक्ति में पूरी तरह स्पष्ट हो जाता है कि द्विवेदी जी के कबीर सम्बन्धी अध्ययन-विवेचन की न्यूनता दिखलाना और उनपर आक्षेप करना ही लेखक का उद्देश्य है ठीक उसी प्रकार, जिस प्रकार नामवर सिंह का उद्देश्य शुक्ल जी को रूढ़िवादी-ब्राह्मणवादी सिद्ध करना। "दूसरी परम्परा की खोज" की ये पंक्तियाँ द्रष्टव्य हैं—

"...आवाज यह उठायी गयी कि द्विवेदी जी तो आचार्य शुक्ल के विरोधी हैं और हिन्दी विभाग से शुक्ल जी के विचारों की परम्परा को उखाड़ फेंकना

चाहते हैं। निश्चय ही यह आरोप विश्वसनीयता का आभास देनेवाला था। 'हिन्दी साहित्य की भूमिका' और 'कबीर' नाम की कृतियों में सचमुच ही द्विवेदी जी आचार्य शुक्ल की कुछ मान्यताओं का खंडन कर चुके थे।''[21] कुछ मान्यताओं के खंडन से एक परम्परा से भिन्न दूसरी परम्परा के निर्माण की कल्पना आचार्य द्विवेदी ने नहीं की है। यह अवश्य है कि कबीर के सम्बन्ध में उन्होंने कई ऐसी बातें कहीं जिनकी ओर आचार्य शुक्ल ने ध्यान नहीं दिया था और निस्सन्देह उन्होंने कबीर के महत्त्व को नहीं समझा। आचार्य द्विवेदी का यह कथन कबीर के बारे में सचमुच एक नई दृष्टि से सोचने की शुरुआत है—

''...अक्खड़ता कबीरदास का सर्व प्रधान गुण नहीं है। जब वे अवधू या योगी को संबोधित करते हैं तभी उनकी अक्खड़ता पूरे चढ़ाव पर होती है।''[22] शुक्ल जी की कबीर सम्बन्धी धारणा का खंडन करते हुए वे कहते हैं—''उनके भाव सीधे हृदय से निकलते और श्रोता पर सीधे चोट करते हैं जो लोग इस रहस्य को नहीं जानते हैं वे व्यर्थ ही पांडित्य-प्रदर्शन से पाठकों का समय नष्ट करते हैं।''[23] उनकी भाषा के सम्बन्ध में आचार्य द्विवेदी कहते हैं—''कबीर ने जिन तत्त्वों को अपनी रचना से ध्वनित करना चाहा है उसके लिए कबीर की भाषा से ज़्यादा साफ और जोरदार भाषा की सम्भावना भी नहीं है और जरूरत भी नहीं है। परन्तु कालक्रम से वह भाषा आज के शिक्षित व्यक्ति को दुरूह जान पड़ती है। कबीर ने शास्त्रीय भाषा का अध्ययन नहीं किया था, पर फिर भी उनकी भाषा में परम्परा से चली आई विशेषताएँ वर्तमान हैं।''[24]

निष्कर्षत: यह कहा जा सकता है कि आचार्य द्विवेदी ने शुक्ल जी की कबीर सम्बन्धी कुछ मान्यताओं का खंडन तो किया ही, कबीर पर स्वतन्त्र रूप से विचार करके उनको भक्ति साहित्य में महत्त्वपूर्ण स्थान दिलाया। किन्तु इसका यह अर्थ निकालना अतिवाद कहा जाएगा कि वे शुक्ल जी से भिन्न आलोचना की दूसरी परम्परा का सृजन कर रहे थे। परम्परा विवाद-संवाद से आगे बढ़ती है और यही कार्य आचार्य हजारीप्रसाद द्विवेदी ने किया, पर विवाद संवाद की जगह किस प्रकार सम्प्रदाय निर्माण में बदल जाता है यह रामविलास शर्मा और नामवर सिंह के उपर्युक्त विवेचन में देखा जा सकता है। स्वयं शुक्ल जी ने कबीर की प्रशंसा में जो कुछ कहा नामवर जी उसकी चर्चा नहीं करते। शुक्ल जी का कथन द्रष्टव्य है—''इसमें कोई सन्देह नहीं कि कबीर ने ठीक मौके पर जनता के उस बड़े भाग को सँभाला जो नामपंथियों के प्रभाव से प्रेम भाव और भक्ति रस से शून्य और शुष्क पड़ता जा रहा था। उनके द्वारा यह बहुत ही आवश्यक कार्य हुआ।''[25] नामवर जी का कहना है कि शुक्ल जी का यह कथन कि ''मनुष्यत्व की सामान्य

भावना को आगे करके निम्न श्रेणी की जनता में उन्होंने आत्मगौरव का भाव जगाया'' इतिहास के संशोधित संस्करण में है, लेकिन इस स्वीकार से तुलसीदास में लिखी गयी इस बात का परिहार नहीं होता कि कबीर आदि निर्गुणियाँ सन्त लोक विरोधी थे।''[26]

मेरे विचार से यह बात महत्त्वपूर्ण नहीं है कि शुक्ल जी ने अपनी राय बदली। महत्त्वपूर्ण यही है कि उन्होंने कबीर का महत्त्व स्वीकार किया और यह भी महत्त्वपूर्ण है कि जो काम उन्होंने अनमने भाव से बेहद चलताऊ टिप्पणी में किया उसे आचार्य द्विवेदी ने एक सुसंगत रूप दिया। जहाँ तक राय बदलने की बात है, तो यह विदित है कि स्वयं नामवर जी ने शुक्ल जी के बारे में राय बदली है। आगे इसकी चर्चा होगी। जहाँ तक कबीर की क्रान्तिकारिता की बात है वह अकेले कबीर पर लागू नहीं होती पूरे भक्ति साहित्य की विशेषता है—शास्त्रीयता को नकारकर लोक-दृष्टि का महत्त्व। स्वयं तुलसीदास ने काशी की पांडित्य परम्परा से संघर्ष किया, देववाणी को छोड़कर लोकभाषा में रचना की, फिर भी उनकी क्रान्तिकारिता आज के आधुनिक युग की क्रान्तिकारिता नहीं कही जा सकती। यह निर्विवाद है कि कबीर में अस्वीकार का साहस सबसे ज़्यादा है।

## प्रेमाभक्ति और आचार्य शुक्ल का दृष्टिकोण

सूरदास और जायसी के सम्बन्ध में भी शुक्ल जी के दृष्टिकोण को लेकर जो विवाद हुए उन पर भी एक नजर डालना श्रेयष्कर होगा। नामवर सिंह कहते हैं—"विचित्र विडम्बना है कि हिन्दी भक्ति काव्य के अनेक लोकवादी मूल्यों के प्रशंसक आचार्य शुक्ल जी ने भी भक्तिकाव्य के प्राण प्रेम को अभारतीय कहा। भक्ति सम्प्रदाय में प्रेम का ही दूसरा नाम माधुर्य भाव है, यह माधुर्य भाव कबीर और जायसी में भी है तथा सूर और मीरा में भी।''[27] जायसी के बारे में शुक्ल जी की धारणा की आलोचना करते हुए रामविलास शर्मा ने ठीक ही कहा है—"यदि माधुर्य भाव का प्रसार चैतन्य महाप्रभु, कबीर, मीरा आदि सगुण-निर्गुण ब्रह्म के उपासकों तक है, तब यह कहना कहाँ तक ठीक हो सकता है कि माधुर्य भाव का अधिक प्रचार नहीं हुआ? शुक्ल जी जिसे माधुर्य भाव कहते हैं उसका व्यापक प्रभाव उत्तर भारत के कवियों पर—दक्षिण के कवियों को छोड़ भी दें तो दिखाई देता है। जैसा कि स्वयं शुक्ल जी ने दिखलाया है इसकी जड़ें प्राचीन भारतीय चिन्तन में मिलती हैं। अपने इतिहास में उन्होंने श्रीमद्भागवत का जिक्र भी किया है। उसके प्रभाव से माधुर्य भाव फैलता हुआ बतलाया है। इसलिए यह मानना होगा कि शुक्ल जी ने माधुर्य भाव और प्रेमतत्त्व के लिए जगह-जगह

जो सूफीमत को उत्तरदायी ठहराया है वह सही नहीं है। उनकी इस धारणा का खंडन उन्हीं की अनेक स्थापनाओं से हो जाता है।''[28] 'सूरदास' में शुक्ल जी ने इस प्रसंग में कहा है—''भारतवर्ष में भक्तिमार्ग का विकास किस प्रकार हुआ यह हम दिखा आए हैं। उसका तात्त्विक आधार कहीं बाहर से नहीं लिया गया। पूजा की भूमि के उपरान्त जब तत्त्व-चिन्तन द्वारा ब्रह्म के स्वरूप की प्रतिष्ठा हुई तब साथ ही उसके उभयात्मक स्वरूप को लेकर उपासना की भूमि तैयार हुई। इसी उपासना से आगे चलकर प्रेम प्रधान भक्ति का प्रवर्त्तन हुआ। अत: इस भक्ति के तात्त्विक आधार का जहाँ तक सम्बन्ध है वहाँ तक रहस्यवाद का कहीं नाम तक नहीं है।''[29]

जहाँ तक सूफियों के अभारतीय होने का प्रश्न है, नामवर जी के इस कथन में कोई सन्देह नहीं है कि ''भक्तिकाल के प्रेम और माधुर्य भाव को फारसी की सूफी काव्य-परम्परा का प्रभाव कहकर आचार्य शुक्ल ने अपनी भारतीय परम्परा से उन्हें बाहर कर दिया...।''[30]

रामविलास शर्मा भी मानते हैं कि सूफियों का प्रभाव भक्तिकाल के कवियों पर पड़ा—''कबीर, जायसी, सूर और तुलसी का युग लोक-जागरण का युग है। यह जागरण पश्चिमी एशिया के कई देशों के लोक-जागरण से जुड़ा हुआ है। धर्म सम्बन्धी बाह्याचार के विरोध में सूफी मत का प्रसार हुआ। इस मत ने भारतीय कवियों को प्रभावित किया था। इनमें सबसे लोकप्रिय जायसी थे।''[31] रामविलास शर्मा यह कहना चाहते हैं कि शुक्ल जी ने सूफी मत के प्रभाव को सकारात्मक रूप में देखा है। डॉ. शर्मा के अनुसार उत्तर भारत, विशेषत: अवध में प्रचलित कहानी को 'पद्मावत' में चित्रित किया गया है—''जायसी में सूफी मत के तत्त्व ढूँढ़ने से पहले अवध की जन-संस्कृति के तत्त्व ढूँढना आवश्यक है।''[32]

नामवर सिंह का विचार है कि शुक्ल जी ने प्रेम को अभारतीय कहकर अग्राह्य बना दिया है।[33] पर रामविलास शर्मा इसे उत्तर भारत की जनसंस्कृति से सम्बद्ध बतलाते हैं। अग्राह्य बनाने की बात बिल्कुल नहीं जँचती क्योंकि स्वयं आचार्य शुक्ल का कहना है—''इन्होंने मुसलमान होकर हिन्दुओं की कहानियाँ हिन्दुओं की ही बोली में पूरी सहृदयता से कहकर उनके जीवन की मर्मस्पर्शिनी अवस्थाओं के साथ अपने उदार हृदय का पूर्ण सामंजस्य दिखा दिया। कबीर ने केवल भिन्न प्रतीत होती हुई परोक्ष सत्ता की एकता का आभास दिखा दिया था। प्रत्यक्ष जीवन की एकता का हृदय सामने रखने की आवश्यकता बनी थी। वह जायसी के द्वारा पूरी हुई।''[34]

शुक्ल जी सूफियों के प्रेम के प्रति कैसा रुख रखते थे, यहाँ पूरी तरह स्पष्ट

हो जाता है। शुक्ल जी की आलोचना करते हुए नामवर जी कहते हैं कि जायसी, सूर आदि कवियों के प्रेम को ऐकान्तिक कहकर शुक्ल जी ने उपेक्षा की किन्तु 'पद्मावत' की अनेक घटनाओं का जिक्र करके शुक्ल जी ने इसमें वर्णित प्रेम के लोकपक्ष की प्रशंसा की है। शुक्ल जी 'पद्मावत' की कथा को अन्योक्ति कहते हैं, द्विवेदी जी समासोक्ति कहते हैं—"इसमें कवि आदि से अन्त तक दो अर्थों के निर्वाह के लिए प्रतिज्ञाबद्ध नहीं होता। जहाँ और जब उसे मौका मिल जाता है वहाँ और तब वह कुछ विशेषणों का ऐसा प्रयोग करता है जिससे पाठक के हृदय में उसका अभिप्रेत अप्रस्तुत अर्थ भी आ उपस्थित होता है। जायसी ने अपने प्रबन्ध काव्य में इसी समासोक्ति पद्धति का प्रयोग किया है। इसीलिए जो लोग पद-पद पर पद्मावत में रूपक-निर्वाह की बात सोचते हैं वे गलती करते हैं। पद्मावत का कवि रूपक-निर्वाह के लिए प्रतिज्ञाबद्ध नहीं है।"[35]

यह गौर करने की बात है कि इस प्रसंग में स्वयं नामवर जी दुविधा में मालूम पड़ते हैं। शुक्ल जी और द्विवेदी जी के बीच पर्याप्त भिन्नता दिखाने तथा शुक्ल जी को 'निष्प्राण नियमों और रीति-रिवाजों में बँधे हुए' कहने के तुरन्त बाद वे कहते हैं—"उल्लेखनीय है कि अपने इस पूर्वाग्रह के बावजूद आचार्य शुक्ल सूरदास की गोपियों के प्रेम की स्वच्छन्दतावादी प्रकृति को लक्षित करने में समर्थ हुए हैं।"[36] सूरदास के प्रसंग में शुक्ल जी के उपर्युक्त दृष्टिकोण का उल्लेख करने के बाद फिर नामवर जी उनकी सीमा बतला देते हैं—"वस्तुत: जैसा कि कुछ आलोचकों ने लक्षित किया है, शुक्ल जी अनेक दृष्टियों से विचारों में प्रगतिशील होते हुए भी भावबोध की उसी दुनिया में रहते थे जिसके सम्राट आचार्य महावीरप्रसाद द्विवेदी थे और इसीलिए वे प्रेम के मामले में द्विवेदी युगीन सामाजिक रूढिवादी और सशक्त नैतिकता के समर्थक थे। यही कारण है कि भक्तों के प्रेम की लोकवादी भूमिका को पूरी तरह पचा न सके।"[37] इसमें सन्देह नहीं कि शुक्ल जी शील और मर्यादा को महत्त्व देते थे पर भाव-निरूपण और वैशिष्ट्य निरूपण के सम्बन्ध में उनके विचारों को देखते हुए यह कहना अनुचित है कि वे सामाजिक रूढ़िवाद और सशक्त नैतिकता के समर्थक थे। नन्दकिशोर नवल ने इस सम्बन्ध में ठीक ही लक्षित किया है—"अपनी आलोचना में कवियों का भाव-निरूपण और वैशिष्ट्य-निरूपण ही शुक्ल जी का उद्देश्य रहा है जिसकी सिद्धि उन्होंने विद्वता और सहृदयता अथवा शास्त्रीयता और स्वच्छन्दता इन दोनों के योग से की है।"[38] स्वयं आचार्य शुक्ल ने 'सूरदास' में पुष्टिमार्ग की भक्ति पर विचार करते हुए कहा है—"यह बात ठीक है कि भक्ति केवल हृदय की पद्धति है। अत: भक्त के मन-वचन और कर्म जो कुछ शुभवृत्ति हो वह हृदय

के द्वारा स्वतः प्रेरित होनी चाहिए, धर्म-शासन के प्रतिबिम्ब के रूप में जबर्दस्ती लाई हुई नहीं। पर भक्त का जीवन इसी लोक के भीतर व्यतीत होता है अतः उसके जीवन में पवित्रता का आभास अवश्य होना चाहिए। जिस भक्ति की उच्च दशा में उच्चतम शील या सदाचार का अन्तर्भाव न हो वह लोक की रक्षा, पालन और पोषण करनेवाले भगवान की भक्ति कैसे कही जा सकती है?...मर्यादा के अतिक्रमण का अर्थ इतना ही है कि भक्त का आचरण हृदय-प्रेरित होने के कारण स्वच्छन्द होता है। जो कुछ वह करता है शास्त्र की आज्ञा के दबाव से नहीं अपनी इच्छा से करता है। पर भक्ति के प्रभाव से उसकी इच्छा मंगलेच्छा हो जाती है।''[39]

निस्सन्देह आचार्य शुक्ल ने सूर से अधिक महत्त्व तुलसीदास को दिया है, पर इसके पीछे उनकी शास्त्रीय या संकीर्णतावादी दृष्टि देखना उचित नहीं है। इससे सूर के प्रेम का महत्त्व कम नहीं होता। तुलसी को अधिक महत्त्व देने के जो कारण हैं, विवेचन के क्रम में शुक्ल जी की दृष्टि में देखे जा सकते हैं। करूणा, क्रोध, उत्साह जैसे स्थायी भावों के विवेचन में उन्होंने जो कहा है उसी की झलक तुलसी और सूर की आलोचना में दिखलाई पड़ती है। इसीलिए शुक्ल जी कहते हैं—''जिस ओज और उत्साह से तुलसीदास जी ने मारीच, ताड़का, खर-दूषण आदि के निपात का वर्णन किया है, उस ओज और उत्साह से सूरदास जी ने बकासुर, अघासुर, कंस आदि के वध और इन्द्र के गर्वमोचन का वर्णन नहीं किया है।...शक्ति, शील और सौन्दर्य भगवान की इन तीन विभूतियों में से सूर ने केवल सौन्दर्य तक ही अपने को रखा है जो प्रेम को आकर्षित करता है। शेष दो विभूतियों को भी लेकर भगवान के लोकरंजनकारी स्वरूप की पूर्ण प्रतिष्ठा हमारे हिन्दी साहित्य में गोस्वामी तुलसीदास ने की।''[40]

निश्चय ही यह शुक्ल जी का अन्तर्विरोध हो सकता है पर इस कारण उनकी लोक-दृष्टि की उपेक्षा नहीं की जा सकती। भक्ति आन्दोलन के प्रति सीमित समझ रखने के बावजूद शुक्ल जी यह समझ रहे थे कि भक्ति का काव्य-प्रवाह जनता के बीच से फूटा है, सामन्तों के बीच से नहीं।[41] जहाँ तक आचार्य हजारीप्रसाद द्विवेदी का प्रश्न है निश्चय ही उन्होंने सूरदास के प्रेम को लोक-दृष्टि से महत्त्व दिया, लेकिन झिझक उनके मन में भी थी, स्वयं नामवर सिंह स्वीकार करते हैं।[42] 'सूर साहित्य' में द्विवेदी जी कहते हैं—''जनसाधारण में उस समय व्रत, पूजा, उपवास, तीर्थ आदि की महिमा खूब प्रतिष्ठित थी। सूरदास इन सब बातों को व्यर्थ समझते थे...पर इस बात का मतलब यह नहीं कि सूरदास स्मार्त पंथ के विरोधी हैं। वे भक्ति को सर्वोपरि समझते हैं। अगर भक्ति है तो तीर्थ, व्रत की जरूरत नहीं। अगर भक्ति नहीं है तो तीर्थ, व्रत से कुछ बड़ी चीज की प्राप्ति नहीं होगी।''[43]

आचार्य शुक्ल ने तुलसी की लोक-दृष्टि को अधिक महत्त्व दिया इसका सीधा कारण है कि तुलसी के आराध्य का लोकरंजनकारी एवं अत्याचारों का विरोध करनेवाला रूप अधिक उभरकर आया है, जबकि सूर ने स्वच्छंद प्रेम-दृष्टि को अधिक महत्त्व दिया है। यह भी शास्त्र और सामंती अभिरुचियों के विरुद्ध लोक को महत्त्व देना ही है। आचार्य हजारीप्रसाद द्विवेदी भी यह स्वीकार करते हैं कि सूरदास ने प्रेम को ही प्रत्यक्षतः महत्त्व दिया है—"सूरसागर और कुछ नहीं शुरू से अन्त तक भगवद्लीला का वर्णन है। इसी लीला के अन्तराल से सूरदास का युग देखना पड़ता है जो सम्पूर्ण न होते हुए भी अस्पष्ट नहीं है। यत्र-तत्र उससे उस युग के रहन-सहन, पहनावा, बोल-चाल, धर्म-विश्वास आदि पर प्रकाश पड़ता है। पर सूरदास ने भूलकर भी इन विषयों पर प्रत्यक्ष रूप से कुछ नहीं लिखा।"[44]

उपर्युक्त विवेचन का तात्पर्य यही दिखलाना है कि आचार्य शुक्ल और आचार्य द्विवेदी के आलोचना-कर्म को दो भिन्न दिशाओं में नहीं देखना चाहिए। इससे हिन्दी आलोचना की खंडित तस्वीर ही नजर आएगी। मत-वैविध्य और किंचित वैचारिक संघर्षों के बावजूद द्विवेदी जी शुक्ल जी द्वारा प्रवर्तित आलोचना को आगे ही बढ़ाते हैं। संघर्ष तो दोनों आचार्यों के स्वयं के भी हैं। दूसरी परम्परा की तलाश की बात उठाते हुए भी नामवर सिंह भी अन्ततः इसी निष्कर्ष पर पहुँचते हैं।[45]

## भक्ति आन्दोलन के सन्दर्भ में विवाद

शुक्ल जी ने भक्ति आन्दोलन को मुसलमानी आक्रमण के प्रतिक्रिया स्वरूप प्रस्फुटित बतलाया। हजारीप्रसाद द्विवेदी का मत है कि इसके उदय के कारण भारतीय समाज व्यवस्था में ही निहित थे। इसी क्रम में उन्होंने आचार्य शुक्ल की मान्यता का विरोध किया है—"यह बात अत्यन्त उपहासास्पद है कि जब मुसलमान लोग उत्तर भारत में मंदिर तोड़ रहे थे तो उसी समय अपेक्षाकृत निरापद दक्षिण में भक्त लोगों ने भगवान की शरणागति की प्रार्थना की।"[46] डॉ. रामविलास शर्मा इस प्रसंग में कहते हैं कि आचार्य शुक्ल का उपहास करना ही आचार्य द्विवेदी जी का उद्देश्य है—"उपहास के आलम्बन हैं पंडित रामचन्द्र शुक्ल। द्विवेदी जी जो कुछ लिख रहे हैं वह नवीन और ग्राह्य है, यह विश्वास (विश्वास नहीं तो आग्रह) उनके मन में सदा रहा।"[47]

इसमें कोई सन्देह नहीं कि भक्ति आन्दोलन के उदय के बारे में शुक्ल जी अन्तर्विरोध से ग्रस्त हैं, लेकिन उनकी बात को पूरी तरह खारिज कर देना भी सरलीकरण है। स्वयं आचार्य द्विवेदी ने भक्ति आन्दोलन के उदय के कारणों

की चर्चा करते हुए जो बारह आने वाली बात कही है उसी से इस सरलीकरण की ओर संकेत हो जाता है। नामवर सिंह का विचार है कि रामविलास शर्मा द्विवेदी जी को प्रगति-विरोधी सिद्ध करना चाहते हैं।[48] पर द्विवेदी जी इस्लामी आक्रमण के चार आने का जो महत्त्व स्वीकारते हैं, वह भी इतना जरूरी है कि उसके बिना भक्ति आन्दोलन का कोई ढाँचा नहीं बनता। इस प्रसंग में काफी विचार-विमर्श हो चुका है और उनकी पुनरावृत्ति का कोई औचित्य नहीं मालूम पड़ता। आचार्य शुक्ल की मान्यता निराधार नहीं, पर वे यथार्थ को समग्रता में नहीं देख पाये हैं। यह उनकी सीमा है। आचार्य द्विवेदी ने इसके अन्य कारणों की चर्चा करके इस अपूर्णता का निवारण किया है। वे स्वयं जो बारह आने वाली बात कहते हैं, उसका अर्थ है कि भारतीय समाज में भक्ति आन्दोलन के रूप में जो लोक-जागरण हो रहा था उसमें मुसलमानों की भूमिका भी वे अंशत: ही सही स्वीकार करते हैं। सूर-साहित्य की निम्नांकित पंक्तियाँ द्रष्टव्य हैं—"मुसलमानों के आगमन के पहले भी सैकड़ों जातियाँ इस देश में आकर हिन्दू धर्म का कवच पहन चुकी थीं। नयी-नयी जातियों के आने से नयी-नयी समस्याएँ खड़ी होती गयीं और हिन्दू शास्त्रकारों ने नयी-नयी स्मृतियाँ और नये-नये पुराण रचकर इन समस्याओं को हल करने की चेष्टा की थी। उस समय तक हिन्दू जाति के अन्दर एक क्षीण जीवनी शक्ति वर्तमान थी। इस जीवनी शक्ति के कारण ही वह नयी व्यवस्थाएँ बना सकी थी, परन्तु मुसलमानों के आने से वह शक्ति स्तम्भित-सी हो गयी। अब तक जो जातियाँ आयी थीं उनकी अपनी कोई जबरदस्त संस्कृति न थी पर मुसलमानों की संस्कृति केवल सशक्त और संयत ही नहीं थी, उसमें भारतीय संस्कृति के विरोधी उपादान भी थे। बड़ी विकट समस्या थी।"[49]

ध्यातव्य है कि द्विवेदी जी के अनुसार वह क्षीण जीवनी शक्ति भी मुसलमानी संस्कृति के आक्रमण से स्तम्भित थी। यानी हिन्दू जाति घोर निराशा का शिकार थी, भले ही स्तम्भित होने का कारण इस्लाम में समानता की विशेषता हो। आश्चर्य है कि फिर भी द्विवेदी जी चार आना प्रभाव ही देखते हैं। दरअसल कबीर के महत्त्व को प्रस्तुत करने के अति उत्साह के कारण उनके लिए यह जरूरी था कि वे भक्ति आन्दोलन को जाति-भेद की प्रतिक्रिया के ही रूप में विवेचित करें, क्योंकि जाति-भेद के अलावा कबीर ने प्राय: लोक जीवन के प्रति नकार का रुख ही दिखलाया है। उनका यह अन्तर्विरोध भक्ति आन्दोलन के अध्ययन में सबाल्टर्न पद्धति का रास्ता खोलता है जो और अधिक उलझन पैदा करता है। शुक्ल जी ने एक कारक तत्त्व का सूत्र दिया था, उसे पकड़कर इसके विविध कारणों का विवेचन करने की बजाय द्विवेदी जी के अन्तर्विरोधग्रस्त मत को लेकर एक भ्रामक

परम्परा की खोज कैसे सार्थक हो सकती है?

शुक्ल जी के अन्तर्विरोध और सीमाओं का मलयज ने भी अपनी पुस्तक 'रामचन्द्र शुक्ल' में खुलासा किया है। पर इस आधार पर यह निष्कर्ष निकालना कि शुक्ल जी मनुवादी, ब्राह्मणवादी या प्रगति-विरोधी थे, अनुचित है। हाँ यह भी अतिवादिता है कि उनका महत्त्व मार्क्सवादी परिप्रेक्ष्य में दिखलाया जाय। इस प्रसंग में राजेश्वर सक्सेना का कथन संगत मालूम पड़ता है—"रामविलास जी के लिए द्विवेदी जी पुनरुत्थानवादी हैं और नामवर जी उनमें दूसरी परम्परा को खोज लेते हैं। यह दूसरी परम्परा अर्थात उसी के अन्य या दूसरे की खोज, किन्तु खोज का यह मामला उतना आसान नहीं है। इस दूसरे की तलाश फुटकर होकर नहीं की जा सकती। द्विवेदी जी में इस दूसरी परम्परा को देखने के लिए उनके दो मूल पद 'भारत' और 'ललित' अर्थात भारत नाम के भू-भाग का सम्पूर्ण सांस्कृतिक, भौतिक और उसकी ऐतिहासिक चरितार्थता का गहन मन्थन करना जरूरी हो जाता है।"[50]

शुक्ल जी की दृष्टि लोकवादी ही थी पर अभिरूचि में अभिजात्य बोध था, इससे इन्कार नहीं किया जा सकता। रघुवंश का कथन इस प्रसंग में उल्लेखनीय है—"शुक्ल जी की दृष्टि मूलतः क्लासिकी है, इसी कारण उसमें उदात्त चरित्र, उदात्त शैली और प्रबन्ध-सौष्ठव को महत्त्व मिला है।"[51] यह गौरतलब है कि आगे चलकर स्वयं नामवर जी के दृष्टिकोण में परिवर्तन आया है। मलयज की पुस्तक पर लिखते हुए वे शुक्ल जी की लोकदृष्टि का उल्लेख करते हैं—"मलयज के हीरो रामचन्द्र शुक्ल हैं और रामचन्द्र शुक्ल का हीरो सामान्य मनुष्य।"[52] शुक्ल जी के द्वारा कलावाद और व्यक्तिवाद के विरोध की चर्चा करते हुए वे कहते हैं—"सर्व विदित है कि आचार्य शुक्ल जी ने कलावाद के विरोध के साथ व्यक्तिवाद का भी विरोध किया था क्योंकि उनकी दृष्टि में व्यक्तिवाद ही कलावाद का मूल स्रोत है। इसीलिए आचार्य ने व्यक्ति के विकल्प में लोक को, व्यक्तिधर्म के विरुद्ध लोक-धर्म को और व्यक्ति-हित के ऊपर लोकमंगल को प्रतिष्ठित करने का प्रयास किया था।"[53]

शुक्ल जी ने कबीर सहित सन्तों के काव्य को लोक-विरोधी समझा, प्रेम के महत्त्व को अपने अभिजात्य मर्यादावाद के कारण गौण कर दिया और भक्ति काव्य के उदय पर विचार करते हुए वर्णाश्रम व्यवस्था के दोषों को महत्त्व नहीं दिया ये उनके अन्तर्विरोध हैं। मैनेजर पांडेय ने कहा कि "शुक्ल जी ने सन्त काव्य को लोकविरोधी मान लिया तो उससे प्रभावित होने वाली जनता को भी मूर्ख समझ लिया। सन्त कवि उस समय की सामन्ती समाज व्यवस्था, उसके

सांस्कृतिक मूल्यों और मर्यादाओं के विरुद्ध आवाज उठा रहे थे। यही नहीं,वे उस व्यवस्था में पीड़ित जनता में आत्मगौरव का भाव जगाकर उसे ऊपर उठा रहे थे, इसलिए उनको लोक विरोधी और जनता को मूर्ख तथा अन्धी भेड़ समझना गलत है।''[54] मैनेजर पांडेय का कथन आंशिक रूप से सत्य है, क्योंकि एक सत्य यह भी है कि सन्त कवियों के विरोध की परिणति लोक-जीवन की व्यर्थता बतलाने में होती है। शुक्ल जी के इन अन्तर्विरोधों पर पर्दा डालने या इनके आधार पर उन्हें संकीर्णतावादी सामन्तवादी कहना अनुचित है। यह देखना महत्त्वपूर्ण है कि उनके द्वारा प्रवर्तित आलोचना की परम्परा असहमतियों के बावजूद आज भी मान्य है। यह दीगर है कि आज आलोचना के कई आयाम, कई पद्धतियाँ सामने आ गयी हैं, पर रचना और जीवन के बीच सम्बन्ध को महत्त्व देनेवाली आलोचना ही आज भी मुख्य धारा में सक्रिय है।

## सन्दर्भ


1. रामचन्द्र शुक्ल—नीलकान्त, पृ. 8
2. आलोचना—सं. नामवर सिंह, जुलाई-दिसम्बर 2002, पृ. 229
3. दूसरी परम्परा की खोज—नामवर सिंह, पृ. 9
4. वही, पृ. 9
5. पहल—64-65, अप्रैल-जून 2000, पृ. 85
6. आचार्य रामचन्द्र शुक्ल और हिन्दी आलोचना—रामविलास शर्मा, पृ. 49
7. हिन्दी साहित्य का इतिहास—आचार्य रामचन्द्र शुक्ल, पृ. 10
8. वही, पृ. 15
9. इतिहास और आलोचना—नामवर सिंह, पृ. 137
10. आचार्य रामचन्द्र शुक्ल और हिन्दी आलोचना—रामविलास शर्मा, पृ. 53
11. दूसरी परम्परा की खोज—नामवर सिंह, पृ. 79
12. वही, पृ. 79
13. हिन्दी साहित्य : उद्‌भव और विकास—आचार्य हजारीप्रसाद द्विवेदी, पृ. 59, 60
14. वही, पृ. 60
15. वही, पृ. 60
16. वही. पृ. 30
17. हिन्दी साहित्य का इतिहास—आचार्य रामचन्द्र शुक्ल, पृ. 12
18. दूसरी परम्परा की खोज—नामवर सिंह, पृ. 42
19. वही, पृ. 43

20. लोक जागरण और हिन्दी साहित्य —आचार्य रामचन्द्र शुक्ल, सं. रामविलास शर्मा, पृ. 33, (भूमिका)
21. दूसरी परम्परा की खोज—नामवर सिंह, पृ. 30
22. कबीर—आचार्य हजारीप्रसाद द्विवेदी, पृ. 136
23. वही, पृ. 141
24. वही, पृ. 189
25. हिन्दी साहित्य का इतिहास—आचार्य रामचन्द्र शुक्ल, पृ. 46
26. दूसरी परम्परा की खोज—नामवर सिंह, पृ. 43
27. वही, पृ. 60
28. आचार्य रामचन्द्र शुक्ल और हिन्दी आलोचना—रामविलास शर्मा, पृ. 70–71
29. सूरदास—आचार्य रामचन्द्र शुक्ल, सं. विश्वनाथ प्रसाद मिश्र, पृ. 41
30. दूसरी परम्परा की खोज—नामवर सिंह, पृ. 65
31. लोक जागरण और हिन्दी साहित्य—आचार्य रामचन्द्र शुक्ल, सं. रामविलास शर्मा, पृ. 11 (भूमिका)
32. आचार्य रामचन्द्र शुक्ल और हिन्दी आलोचना—रामविलास शर्मा पृ. 71
33. दूसरी परम्परा की खोज—नामवर सिंह, पृ. 64
34. जायसी ग्रन्थावली—आचार्य रामचन्द्र शुक्ल, भूमिका, पृ. 2
35. हिन्दी साहित्य : उद्‌भव और विकास—आचार्य हजारी प्रसाद द्विवेदी, पृ. 163
36. दूसरी परम्परा की खोज—नामवर सिंह, पृ. 66
37. वही, पृ. 66
38. हिन्दी आलोचना का विकास—नन्द किशोर नवल, पृ. 124
39. सूरदास—आचार्य रामचन्द्र शुक्ल, सं. विश्वनाथ प्रसाद मिश्र, पृ. 74–75
40. वही, पृ. 120
41. हिन्दी आलोचना का विकास—नन्दकिशोर नवल, पृ. 125
42. दूसरी परम्परा की खोज—नामवर सिंह, पृ. 66–67
43. सूर-साहित्य—आचार्य हजारीप्रसाद द्विवेदी, पृ. 50–51
44. वही, पृ. 108
45. दूसरी परम्परा की खोज—नामवर सिंह, पृ. 66
46. हिन्दी साहित्य : उद्‌भव और विकास—आचार्य हजारीप्रसाद द्विवेदी, पृ. 62
47. लोक जागरण और हिन्दी साहित्य—आचार्य रामचन्द्र शुक्ल, सं. रामविलास शर्मा, पृ. 18 (भूमिका)
48. दूसरी परम्परा की खोज—नामवर सिंह, पृ. 31

49. सूर-साहित्य—आचार्य हजारीप्रसाद द्विवेदी, पृ. 44-45
50. पहल, 64-65, अप्रैल, मई, जून 2000, पृ. 122
51. आलोचना—सं. नामवर सिंह, जुलाई-सितम्बर 1967, पृ. 57
52. वाद विवाद संवाद—नामवर सिंह, पृ. 49
53. वही, पृ. 52
54. साहित्य और इतिहास दृष्टि—मैनेजर पांडेय, पृ. 105

# 4

# हिन्दी आलोचना : विकास के विविध आयाम

## साहित्य का समाजशास्त्र और मार्क्सवादी सौन्दर्यशास्त्र

छायावादोत्तर काव्य की आलोचना में रस का स्थान सौन्दर्यशास्त्र ने ले लिया। पूर्व के विवेचन में पश्चिम के सौन्दर्यशास्त्रियों की चर्चा की गयी है जो मानते थे कि कला कला के लिए होती है, उसका जीवन या समाज से कोई सम्बन्ध नहीं होता। इसी सन्दर्भ में आचार्य शुक्ल ने क्रोचे के अभिव्यंजनावाद का विरोध किया था और कर्म-सौन्दर्य की बात उठाई थी। छायावादोत्तर हिन्दी आलोचना में रस को काव्य-विवेचन के लिए अपर्याप्त समझा जाने लगा मगर साधारणीकरण की महत्ता बनी रही। छायावादोत्तर काल में मार्क्सवादी आलोचना का उदय हुआ और इसके पीछे अवधारणा के तौर पर साहित्य और समाज के बीच सम्बन्ध देखने वाली दृष्टि है। साहित्य-विवेचन की इस समाजशास्त्रीय दृष्टि का उदय पश्चिम में काफी पहले हो चुका था। मादाम द स्ताल, विको, हर्डर आदि की चर्चा इस सन्दर्भ में होती है। हीगेल और स्पेंसर ने भी इस पर विचार किया। पर इस प्रसंग में 'तेन' का नाम अधिक उल्लेखनीय है। इन्होंने इस पर व्यवस्थित रूप से विचार किया। उनके अनुसार साहित्यकार अपने युग, अपने समाज और उन परिस्थितियों का एक प्राणी है जिनमें उसका जन्म हुआ है। इस दृष्टि से वे जाति, युग आदि को साहित्य की प्रधान प्रेरणा-शक्ति मानते हैं। इस प्रकार उन्होंने उन भौगोलिक, राजनीतिक, सामाजिक, आर्थिक आदि परिस्थतियों को भी बहुत महत्त्व दिया जिनमें किसी साहित्यकार और उसके माध्यम से किसी साहित्यिक कृति का निर्माण हुआ। पर तेन के विचार अन्तर्विरोधों से रहित नहीं हैं। डॉ. बच्चन सिंह इस ओर ध्यान आकृष्ट कराते हुए कहते हैं—"यह सिद्धान्त प्रजाति काल और पर्यावरण के त्रिक

पर आधारित है। प्रजाति को वह वंशानुक्रम, शारीरिक संरचना, काल को युग-चेतना और पर्यावरण को जलवायु तथा सामाजिक परिवेश के रूप में लेता है। ये तीनों तत्त्व परस्पर सम्बद्ध हैं, अलग-अलग नहीं हैं। तेन में एक खास अन्तर्विरोध यह था कि एक ओर वह साहित्य को अनेक प्रभावों से गठित मानता है तो दूसरी ओर वैयक्तिक प्रतिभा से परिचालित।''[2]

समाजशास्त्रीय आलोचना का विकास मार्क्सवादी विचारकों ने किया। मार्क्स बाल्जाक के प्रशंसक थे। मार्क्स और एंगेल्स ने विश्व की क्लासिक रचनाओं का अध्ययन किया था तथा कला और साहित्य पर विचार किया। इनके इन विचारों को संकलित करके प्रगति प्रकाशन मास्को ने 'साहित्य तथा कला' शीर्षक से पुस्तक प्रकाशित की। इसमें संकलित टिप्पणियों और संकलन कर्ता के सम्पादकीय में मार्क्सवादी सौन्दर्यशास्त्र का आधार मौजूद है। इसी के आधार पर परवर्ती मार्क्सवादी विचारकों ने मार्क्सवादी सौन्दर्यशास्त्र का निर्माण किया।

समाजशास्त्रीय आलोचना का विकास मार्क्सवादी विचारकों ने किया, इसलिए प्राय: साहित्य के समाजशास्त्र और मार्क्सवादी आलोचना को समान समझ लिया जाता है। खासतौर से आज के दौर में 'साहित्य का समाजशास्त्र' को लेकर यह भ्रम अक्सर देखा जाता है। पर यहाँ यह ध्यान में रखना जरूरी है कि साहित्य के समाजशास्त्रीय अध्ययन की एक मार्क्सवाद विरोधी धारा भी है जिसके केन्द्र में मार्क्सवादी विचारधारा नहीं, मैक्सवेबर के समाजशास्त्रीय सिद्धान्त हैं। मैक्सवेबर के समाजशास्त्रीय सिद्धान्त को लेकर 20वीं शताब्दी में मार्क्सवाद की अप्रासंगिकता सिद्ध करने की जोरदार कोशिश की गयी। एजाज अहमद कहते हैं—''इस सदी के शुरू से ही कहा जा रहा है कि मैक्सवेबर के बाद समाज विज्ञान में मार्क्सवाद का महत्त्व खत्म हो गया...।''[3] साहित्य के समाजशास्त्र का विकास इन्हीं मार्क्सवाद विरोधियों द्वारा किया गया। डंकन, एस्कॉरपिट, एलेन स्विंगवुड इनमें मुख्य हैं। साहित्य के सम्बन्ध में इनके विचारों को बच्चन सिंह इस प्रकार प्रस्तुत करते हैं ''साहित्य के समाजशास्त्र के विश्लेषण के लिए प्राय: तीन प्रकार की विधियाँ अपनाई गयी हैं—कुछ घटकों की परिकल्पना, साहित्य और समाज की संरचनाओं में समानान्तरता और संस्था के रूप में साहित्य का अध्ययन।''[4] यह पद्धति साहित्यिक रचना के विश्लेषण और मूल्यांकन के लिए नाकाफी है। क्योंकि लेखक की वर्गीय स्थिति, आर्थिक-सामाजिक प्रश्नों के सन्दर्भ में उसके दृष्टिकोण को पूरी तरह रचना से जोड़कर देखना व्यावहारिक नहीं हो सकता। मैनेजर पांडेय इसके नकारात्मक परिणाम की ओर ध्यान आकृष्ट कराते हुए कहते हैं—

''रचना को एक वस्तु मानकर उसका वस्तुनिष्ठ और मूल्य निरपेक्ष विश्लेषण का प्रयास करते हुए साहित्य का समाजशास्त्र अन्तत: रूपवादी समीक्षा के करीब

पहुँच जाता है। साहित्य-सृजन में रचनाकार की सृजनात्मक चेतना और कल्पना की, उसके निजी प्रयास की महत्त्वपूर्ण भूमिका होती है। इसलिए साहित्यिक कृति को पूर्णतः आत्मबद्ध, रचनाकार निरपेक्ष वस्तु मानकर उसका विश्लेषण नहीं किया जा सकता।''[5] इस प्रसंग में वे आगे कहते हैं कि—

''साहित्य का समाजशास्त्र साहित्य को समाज का दर्पण मानता है जिसमें समाज प्रतिबिम्बित होता है, या फिर साहित्य को समाज के रूप में निर्धारित करता है।''[6] चूँकि साहित्य समाज का प्रतिबिम्ब मात्र नहीं होता इसलिए साहित्य और समाज के बीच में जो द्वन्द्वात्मक सम्बन्ध होता है उसकी व्याख्या इसमें नहीं हो पाती। एजाज अहमद कहते हैं—''साहित्य अगर वाकई सामाजिक दर्पण होता है तो हर जमाने का बड़ा अदब प्रगतिशील हो ही नहीं सकता।''[7] वे रेमंड विलियम्स का मन्तव्य प्रस्तुत करते हुए इसकी पुष्टि करते हैं ''...रेमंड विलियम्स की बात ज्यादा दुरुस्त है कि कल्चर कभी फकत अपने जमाने की ही अक्कासी नहीं करता, बल्कि हर कल्चर का बड़ा हिस्सा होता है जो गुजरे हुए जमाने की अक्कासी करता है और बड़ा दिलचस्प हिस्सा वो होता है जो आज की नहीं बल्कि आनेवाले वक्त की निशानदेही करता है।''[8]

यह फर्क है 'साहित्य के समाजशास्त्र' और मार्क्सवादी आलोचना के बीच का। मार्क्सवादी आलोचना के बारे में मैनेजर पांडेय कहते हैं, ''मार्क्सवादी साहित्य-चिन्तन साहित्य और समाज, यथार्थ और कल्पना के जटिल द्वन्द्वात्मक सम्बद्ध की व्याख्या करते हुए साहित्य की सामाजिकता और साहित्यिकता को सामने लाता है। साहित्य समाज से प्रभावित होता है तो वह समाज को प्रभावित भी करता है। उसमें मानव चेतना की सृजनशीलता भी प्रकट होती है। साहित्य मानव-चेतना की उपज ही नहीं है, वह मानव-चेतना का निर्माण व विकास भी करता है, इसलिए उसकी उत्पत्ति और प्रयोजन की इस द्वन्द्वात्मकता को भुलाकर उसकी महत्ता का मूल्यांकन नहीं हो सकता।''[9]

मार्क्सवादी आलोचना के परिप्रेक्ष्य में जब हम समाजशास्त्रीय दृष्टि की बात करते हैं तो निश्चय ही यह अध्ययन उपर्युक्त 'साहित्य के समाजशास्त्र' के विरुद्ध होगा। दुहराने की जरूरत नहीं कि मार्क्सवादी सौन्दर्यशास्त्र का आधार स्वयं मार्क्स-एंगेल्स के लेखन में मिलता है जो 'साहित्य के समाजशास्त्र' की प्रत्यक्षवादी अवधारणा से भिन्न है और इससे यह मान्यता गलत साबित हो जाती है कि मार्क्स ने सभी समस्याओं का विश्लेषण 'अर्थशास्त्र' को ही केन्द्र में रखकर किया। 'राजनीतिक अर्थशास्त्र की समीक्षा का एक प्रयास' का यह उद्धरण प्रायः यह दिखलाने के लिए प्रस्तुत किया जाता है कि मार्क्स कला-साहित्य को भी आर्थिक

संरचना के आधार पर ही देखते थे, "अपने जीवन के सामाजिक उत्पादन में मनुष्य ऐसे निश्चित सम्बन्धों में बँधते हैं जो अपरिहार्य एवं उनकी इच्छा से स्वतन्त्र होते हैं। उत्पादन के ये सम्बन्ध उत्पादन की भौतिक शक्तियों के विकास की एक निश्चित मंजिल के अनुरूप होते हैं। इन उत्पादन- सम्बन्धों का पूर्ण समाहार ही समाज का आर्थिक ढाँचा है, असली बुनियाद है जिस पर कानून और राजनीति का ऊपरी ढाँचा खड़ा हो जाता है और जिसके अनुकूल ही सामाजिक चेतना के निश्चित रूप होते हैं।"[10]

यह मार्क्स के आधार और अधिरचना के सम्बन्ध के बारे में मत है। इससे जाहिर होता है कि आधार (बेस स्ट्रक्चर) के अनुरूप ही अधिरचना (सुपर स्ट्रक्चर) होगी। आगे वे कहते हैं– "अपने विकास की एक खास मंजिल पर पहुँचकर समाज की भौतिक उत्पादन शक्तियाँ तत्कालीन उत्पादन सम्बन्धों से या उसी चीज को कानूनी शब्दावली में यों कहा जा सकता है उन सम्पत्ति सम्बन्धों से टकराती हैं, जिनके अन्तर्गत वे काम करती होती हैं। ये सम्बन्ध उत्पादन शक्तियों के विकास के अनुरूप न रहकर उनके लिए बेड़ियाँ बन जाते हैं। तब सामाजिक क्रान्ति का युग शुरू होता है। आर्थिक बुनियाद बदलने के साथ समस्त वृहदाकार ऊपरी ढाँचा भी कमोबेश बदल जाता है। ऐसे रूपान्तरणों पर विचार करते हुए एक भेद हमेशा ध्यान में रखना चाहिए। एक ओर तो उत्पादन की आर्थिक स्थितियों का भौतिक रूपान्तरण है जो प्रकृति विज्ञान की अचूकता के साथ निर्धारित किया जा सकता है, दूसरी ओर वे कानूनी, राजनीतिक, धार्मिक, सौन्दर्यबोधी या दार्शनिक, संक्षेप में विचारधारात्मक रूप हैं, जिनके दायरे में मनुष्य टक्कर के प्रति सजग होते हैं और उससे निपटते हैं।"[11]

यहाँ मार्क्स ने 'भेद' का जो प्रयोग किया है उससे संकेत मिलता है कि वे कला-साहित्य को आधार और अधिरचना के सम्बन्ध के अनुरूप ही नहीं देखते। पर इस पर ध्यान दिये बिना यह कहा जाने लगा कि मार्क्स कला-साहित्य को भी आर्थिक व्यवस्था की यान्त्रिक परिणति ही मानते हैं। इसका खंडन एंगेल्स ने किया। सितम्बर 1890 में ब्लॉख के नाम लिखे गये अपने पत्र में उन्होंने कहा, "इतिहास की भौतिकवादी धारणा के अनुसार, इतिहास का अन्तिम रूप से चरम निर्णायक तत्त्व वास्तविक जीवन का उत्पादन और पुनरुत्पादन है। इससे अधिक न मार्क्स ने और न मैंने ही कभी कहा है। अत: यदि कोई इसे तोड़-मरोड़ कर यों कहे कि आर्थिक तत्त्व ही एकमात्र निर्णायक तत्त्व है, तो वह हमारी प्रस्थापना को निरर्थक, अमूर्त और खोखली शब्दावली मात्र बना देता है। आर्थिक परिस्थिति बुनियाद है पर ऊपरी ढाँचे के विविध तत्त्व, वर्ग संघर्ष के राजनीतिक रूप और

परिणाम, विजयी वर्ग संघर्ष में सफलता प्राप्त करने के बाद संस्थापित संविधान आदि, विधिशास्त्रीय रूप और इनके साथ इन वास्तविक संघर्षों का उनमें भाग लेनेवालों के मस्तिष्कों पर अक्स, राजनीतिक, न्यायिक, दार्शनिक सिद्धान्त, धार्मिक मत और जड़सूत्री पद्धतियों के रूप में उनका विकास ऐतिहासिक संघर्ष के प्रक्रम पर अपना प्रभाव डालते हैं और बहुत जगह तो उनके रूप के निर्धारण में इनका ही पलड़ा भारी पड़ता है।''[12]

मार्गरेट हार्कनेस को लिखे अपने पत्र में एंगेल्स ने साहित्य की अन्तर्वस्तु, विचारधारा तथा यथार्थ के सम्बन्ध पर विचार करते हुए स्पष्ट रूप से कहा कि ''लेखक के विचार जितने छुपे रहें, कला की कृति उतनी ही अच्छी होती है। मैं जिस यथार्थवाद की बात कर रहा हूँ, वह लेखक के दृष्टिकोण के बावजूद उभर सकता है।''[13]

मार्क्सवादी आलोचना के विकास के क्रम में यथार्थवाद बनाम विचारधारा, रचना की अन्तर्वस्तु तथा रूप के सम्बन्ध पर मार्क्सवादी आलोचकों ने गम्भीरतापूर्वक विचार किया। मार्क्स-एंगेल्स विचारधारा को केवल विचारों की धारा नहीं मानते थे बल्कि उसमें आस्था और मूल्यचेतना भी मानते थे। मैनेजर पांडेय कहते हैं—

''सौन्दर्यबोधी विचारधारा में यथार्थ से चेतना का एक विशिष्ट सम्बन्ध-सौन्दर्यपरक सम्बन्ध व्यक्त होता है। मार्क्स के अनुसार सौन्दर्यबोधी विचारधारा आर्थिक आधार से और राजनीतिक-दार्शनिक विचारधाराओं से भी सापेक्षत: स्वतन्त्र होती है। साहित्य के विचारधारात्मक रूप का खंडन करने वाले प्राय: विचारधारा को राजनीतिक विचारधारा का पर्याय समझते हैं, जबकि मार्क्स दोनों को एक नहीं मानते।''[14] मार्क्सवादी सौन्दर्यशास्त्र का विकास लुकाच, कॉडवेल, अडोर्नो, बेंजामिन, हर्बर्ट मारक्यूज, गोल्डमान, अल्थूजर, ईगल्टन आदि पाश्चात्य मार्क्सवादियों ने किया। अल्थूजर, गोल्डमान आदि पर संरचनावादी प्रभाव है।

इन पाश्चात्य मार्क्सवादी आलोचकों में अल्थूजर की मान्यता है कि कला विचारधारा नहीं है लेकिन दोनों के बीच विशिष्ट सम्बन्ध वे मानते हैं। एजाज अहमद का मत है कि उत्तर-संरचनावाद में जो Discourse की अवधारणा है, वह अल्थूजर से मिलती-जुलती है "...It is also significant that Althusser's conception of ideology simultaneously as an unconscious as a system of representations as the lived relation between men and the world and as something which saturates virtually all conceivable Apparatuses in political society, makes it remarkably homologous with the concept of 'discourse' as it was to be developed in post structuralist thought."[15] अल्थूजर पर आगे के अध्याय में और चर्चा की जाएगी। मार्क्सवादी सौन्दर्यशास्त्र के इस प्रसंग में जॉर्ज लुकाच महत्त्वपूर्ण व्याख्याता माने जाते हैं। उनकी मान्यता है कि यथार्थवाद और लेखक के सामाजिक-राजनीतिक दृष्टिकोण में विरोध होता है। सच्चे यथार्थवाद की कसौटी के रूप में इन्होंने ईमानदारी की बात उठाई है। विचारधारा और यथार्थ पर विचार करते हुए लुकाच कहते हैं कि "लेखक की विश्वदृष्टि और यथार्थ-चित्रण के बीच विरोध वास्तव में लेखक की चेतना के दो स्तरों में बसनेवाली विश्व दृष्टियों के बीच का विरोध है।"[16] कॉडवेल साहित्य को मानव की स्वतन्त्रता का साधन कहते थे। उनके अनुसार कला का काम मानव की वृत्तियों की अनिवार्यता का परिष्कार करना है।

ग्राम्शी की चर्चा भी इस प्रसंग में प्रासंगिक है। वह साहित्यगत कला और संस्कृति में पार्थक्य स्थापित करते हुए कला को रूप और संस्कृति को वस्तु कहता है। क्रोचे के तटस्थ और भाववादी सौन्दर्यशास्त्र का उसने विरोध किया था। वह प्रश्न करता है—"क्या सौन्दर्य विज्ञान कला-सिद्धान्त, सौन्दर्य और अभिव्यंजना के अतिरिक्त कुछ और भी है? किन्हीं और चीजों से भी उसका सरोकार है?"[17]

संस्कृति और साहित्य के सम्बन्ध में ग्राम्शी का कहना है कि "समकालीन सांस्कृतिक चेतना की अभिव्यक्ति लोकप्रिय साहित्य-रूपों के माध्यम से होती है।"[18] हालाँकि साहित्य के सम्बन्ध में ग्राम्शी के लेखन में स्थानीयता का रंग कुछ अधिक है, "ग्राम्शी के साहित्य सम्बन्धी लेखन को समझने में एक कठिनाई यह है जो दरअसल उनका गुण है कि, उनका सन्दर्भ पूरी तरह से तत्कालीन इटली और उसकी सांस्कृतिक चेतना का तत्कालीन स्तर है।"[19]

क्रोचे के कला सम्बन्धी विचारों में एक इतिहास विरोधी चिन्तन के कीटाणु छिपे हुए थे। ग्राम्शी ने इसके विरुद्ध सौन्दर्यशास्त्र को नैतिक-राजनैतिक आस्था से पुष्ट किया। बच्चन सिंह कहते हैं, "इस प्रकार की आलोचना में रीति-रिवाज, अनुभूति, वैश्विक दृष्टि की विवेचना के साथ शुद्ध कला-समीक्षा भी शामिल हो जाती है।"[20]

ग्राम्शी का मत है कि कला भौतिक उत्पादन नहीं होती है। उनके अनुसार कला का यथार्थ से रिश्ता जरूर होता है मगर वह किसी विचारधारा से नियन्त्रित नहीं होती। यह गौर करने योग्य है कि अर्न्स्ट फिशर भी कला, विचारधारा और यथार्थ के सम्बन्ध में खुली दृष्टि रखते हैं। विचारधारा के प्रश्न पर वे स्पष्ट कहते हैं, "विचारों में जीवन की वास्तविक गति व्यक्त होती है, जबकि विचारधारा जड़ साँचे, आत्मिक रूढ़ियाँ हैं जिनका उद्देश्य प्रभुत्व सम्पन्न वर्गों की हित सिद्धि करना है।"[21]

इस प्रकार मार्क्सवादी सौन्दर्यशास्त्र के सन्दर्भ में मार्क्स और परवर्ती विचारकों में मतभेद भी दिखलाई पड़ते हैं। मार्क्सवादी दृष्टिकोण को आगे बढ़ाते हुए परवर्ती मार्क्सवादियों ने कुछ भिन्न ढंग से भी विचार किया है और इस प्रसंग में यह भी देखने की बात है कि विचारधारा और कला के सम्बन्ध में मार्क्स-एंगेल्स भले ही खुली दृष्टि रखते थे, पर फिशर और गारोदी जैसे चिन्तकों में यह खुलापन कुछ अधिक दिखलाई पड़ता है जो अन्तत: साहित्य से विचारधारा को खदेड़ने के लिए प्रस्तुत दिखाई देने लगता है। निम्नांकित उद्धरण से यह स्पष्ट हो जाता है—

''फिशर भलीभाँति जानते थे कि मार्क्स और एंगेल्स ने विचारधारा की अवधारणा को एकार्थी कभी नहीं माना था। अपनी रचनाओं में वह स्वयं बताते हैं कि मार्क्सवाद-लेनिनवाद के प्रणेताओं ने विचारधारा शब्द का विभिन्न अर्थों में प्रयोग किया है। फिर भी वह यह दावा करने से बाज नहीं आते कि सभी विचारधाराएँ सदा चेतना का रहस्यीकृत रूप होती हैं। यह ठीक है कि मार्क्स और एंगेल्स ने भी विचारधारा को मिथ्या और धुँधली चेतना कहा था किन्तु उनका आशय बुर्जुआ चिन्तन और तरुण हेगेल पंथियों के दर्शन जैसे परिकल्पनात्मक निष्कर्षों से था।''[22]

इसी प्रकार रोजे गारोदी भी कला को कलाकार की मौजूदगी तक ही सीमित कर देते हैं। मिखाईल खापचेंको 'समकालीन सौन्दर्यशास्त्र की समस्याएँ' शीर्षक लेख में कहते हैं, ''वास्तव में गारोदी के लिए यथार्थवाद की एकमात्र कसौटी सृजित वस्तु में कलाकार की उपस्थिति है। किन्तु यह विशेषता तो जैसा कि मालूम है, अन्य युगों और अन्य प्रवृत्तियों की कला में भी पायी जाती है। यथार्थवाद की विशेषता यथार्थ को कलात्मक सृजन का आधार तथा स्रोत मानना है। यह संयोग कतई नहीं है कि गारोदी उसकी इस निर्णायक विशेषता का जिक्र तक नहीं करते।''[23]

रैल्फ फॉक्स की चर्चा भी इस प्रसंग में आवश्यक प्रतीत होती है। उन्होंने भी इस मान्यता का खंडन किया कि मार्क्स कलाकृतियों और भौतिक-आर्थिक स्थितियों के बीच सीधा सम्बन्ध मानते थे। फॉक्स साहित्य को जब लोकजीवन की अभिव्यक्ति कहते हैं तो उसका आशय सिर्फ बाह्य जीवन से नहीं होता। उसका सम्बन्ध मनुष्य के जीवन की बाह्य परिस्थितियों से ही नहीं भावजगत से भी होता है।[24]

इसी प्रकार हावर्ड फास्ट ने अपनी पुस्तक 'Literature and Reality' में अपना दृष्टिकोण प्रस्तुत करते हुए यह कहा है कि साहित्य में यथार्थ का नियोजन यान्त्रिक प्रणाली से नहीं किया जाता है। निम्नांकित उद्धरण द्रष्टव्य है—

"...यह मानना गलत होगा कि यथार्थ की साहित्यिक प्रकृति अनायास ही वस्तुगत यथार्थ की प्रकृति से मिलती-जुलती होगी।"[25] रचना प्रक्रिया को वे संश्लेषण कहते हैं—

"साहित्य में रचना-प्रक्रिया हमेशा एक संश्लेषण है, प्रतिलिपि नहीं। लेखक सूची मात्र नहीं बनाता उसे चुनाव करना होता है। प्रकृतवाद शब्द भ्रामक है, क्योंकि प्रकृतवाद की प्रक्रिया पूर्ण या आंशिक रूप से भी प्राकृतिक नहीं है जैसा कि साहित्यिक अभिमत की व्याख्या के लिए उसका इस्तेमाल किया जाता है।"[26]

मार्क्सवाद की भिन्न-भिन्न दृष्टिकोण से व्याख्याएँ करनेवाले चिन्तकों में लूसिए गोल्डमान को याद करना भी आवश्यक है। इन्होंने जेनेटिक स्ट्रक्चरलिज्म की अवधारणा प्रस्तुत की और संरचनावादी दृष्टिकोण से साहित्य-रचना, समाज और यथार्थ के सम्बन्ध पर विचार किया। टेरी ईगल्टन, फ्रेडरिक जेमेसन भी इसी श्रेणी में आते हैं। आगे संरचनावाद की विवेचना में इन पर चर्चा होगी।

मार्क्सवादी सौन्दर्यशास्त्र का निर्माण करनेवाले प्रमुख चिन्तकों की चर्चा ऊपर की गयी है। किन्तु रेमंड विलियम्स की चर्चा के बिना यह प्रसंग अधूरा रह जाएगा। संस्कृति के मार्क्सवादी सिद्धान्त के आधार और अधिरचना पर विचार करते हुए वे कहते हैं—

"...अगर हमें सांस्कृतिक प्रक्रिया की वास्तविकताओं को समझना है तो बुनियाद की धारणा पर अधिक गम्भीरता से विचार करना होगा। बुनियाद और ऊपरी ढाँचे की स्थापना के अन्तर्गत प्रचलित आदत के मुताबिक बुनियाद को प्रायः एक वस्तु या कुछ अपरिष्कृत रूप में तत्त्वतः एकरूप और प्रायः स्थिर स्वरूप वाला मान लिया जाता है। बुनियाद मनुष्य के वास्तविक सामाजिक अस्तित्व का द्योतक है। बुनियाद भौतिक उत्पादक शक्तियों के विकास की अवस्था में सम्बद्ध उत्पादन के वास्तविक सम्बन्धों का बोधक है।...वास्तव में मार्क्स के इतिहास-बोध की स्थापनाओं में यह एक केन्द्रीय स्थापना है कि उत्पादन और उससे उत्पन्न होने वाले सामाजिक सम्बन्धों में गहरे अन्तर्विरोध होते हैं। इसलिए इन शक्तियों में गतिशील बदलाव की निरन्तर सम्भावना बनी रहती है।"[27] प्रतिबद्धता के सम्बन्ध में वे बड़ी महत्त्वपूर्ण बात कहते हैं—

"वास्तव में अगर प्रतिबद्धता का विचार मौजूद हो लेकिन उसका निश्चित स्वरूप न हो जैसा कि आमतौर पर होता है, तो तरह-तरह के लेखक आगे बढ़कर अपने-अपने दृष्टिकोण के अनुसार सामाजिक वास्तविकता को समझने और राजनीतिक संघर्षों में शामिल होने का प्रयत्न करेंगे। दक्षिणपंथी लेखक ऐसा बहुत पहले से करते आ रहे हैं।[28] जाहिर है कि यथार्थवाद और प्रतिबद्धता की समझ सरल नहीं

हो सकती जैसा कि हावर्ड फास्ट ने भी यथार्थ की प्रकृति की सच्ची समझ की बात उठाई थी। विलियम्स इसकी जटिलता की ओर संकेत करते हैं। Harry Blamires विलियम्स के बारे में कहते हैं, "Williams regrets the 20th century polarisation of the realist novel in to the social novel and the personal novel representing accurate observation of the aggregate or the units respectively. He then subdivides the social novel into the social documentary novel and the social formula novel."[29]

उपर्युक्त उद्धरणों से यह निष्कर्ष सामने आता है कि मार्क्सवादी सौन्दर्यशास्त्र साहित्य का सामाजिक परिस्थितियों से सम्बन्ध अवश्य मानता है पर यह सम्बन्ध नितान्त भौतिक या यान्त्रिक ही नहीं है, मनुष्य का भाव जगत भी इसके दायरे से बाहर नहीं है।

## हिन्दी की मार्क्सवादी आलोचना

हिन्दी में मार्क्सवादी आलोचना की शुरुआत प्रगतिवादी काव्यांदोलन के साथ होती है। 1936 में प्रगतिशील लेखक संघ के प्रथम सम्मेलन में घोषित रूप से हिन्दी साहित्य में मार्क्सवादी विचारधारा को स्वीकार किया गया, पर वास्तव में इसका प्रवेश काफी पहले हो चुका था। रूसी क्रान्ति के प्रभाव स्वरूप 1925 में ही साम्यवादी दल की स्थापना हो चुकी थी। यह देखना महत्त्वपूर्ण होगा कि 1929 में कांग्रेस ने लाहौर अधिवेशन में पूर्ण स्वतन्त्रता का प्रस्ताव स्वीकार कर लिया था। पूर्ण स्वतन्त्रता के प्रस्ताव के पीछे कम्युनिस्टों की महत्त्वपूर्ण भूमिका रही है।[30] इस प्रकार राष्ट्रीय स्वाधीनता संग्राम में कम्युनिस्टों की सक्रियता बढ़ने लगी और इस आन्दोलन की गाँधीवादी आन्दोलन से भिन्नता यह थी कि इसमें आम जनता के जीवन से जुड़े प्रश्नों को भी महत्त्व दिया गया था। बिपनचन्द्रा इसकी तुलना में गाँधीवादी आन्दोलन का सीमित महत्त्व मानते हैं और कहते हैं कि "गाँधीवादी आन्दोलन की कमजोरी यही थी कि उसके अन्तर्गत राजनीतिक संघर्ष में जन साधारण की भूमिका बहुत ही सीमित और अधीनस्थ थी।"[31]

भारतीय प्रगतिशील लेखक संघ की स्थापना लंदन में रह रहे कुछ युवा लेखकों ने की थी। ये युवा लेखक थे मुल्कराज आनन्द, सज्जाद जहीर, भवानी भट्टाचार्य, जे.सी. घोष, एम. सिन्हा आदि। इन्होंने भारतीय लेखकों के पास इस संस्था के उद्देश्य एवं योजनाओं पर प्रकाश डालते हुए एक परिपत्र भेजा था जिसमें कहा गया था कि—

"...भारतीय समाज में नित नये परिवर्तन होते जा रहे हैं। प्राचीन रूढ़िवादी

विचारों और विश्वासों की जड़ें हिलती जा रही हैं और इस प्रकार एक नये समाज का जन्म होने जा रहा है। अत: यह नितान्त आवश्यक है कि भारतीय साहित्यकार वहाँ के जन-जीवन में होने वाले इस क्रान्तिकारी परिवर्तन को शब्द और रूप दें और इस प्रकार राष्ट्र की प्रगति में सहायक हों। हमें भारतीय सभ्यता की परम्परा की रक्षा करते हुए अपने देश की पतनोन्मुख प्रवृत्तियों की कड़ी आलोचना करनी है तथा अपनी आलोचनात्मक एवं रचनात्मक कृतियों के द्वारा वे साधन जुटाने हैं, जो हमें अपने लक्ष्य की पूर्ति में सहायक हो सकते हैं। भारत के नये साहित्य का वर्तमान जीवन के मूल तथ्यों से समन्वित होना आवश्यक है और वे तथ्य हैं हमारी दरिद्रता, हमारा सामाजिक पतन और हमारी राजनीतिक पराधीनता।''[32] संस्था का उद्देश्य बतलाते हुए परम्परा और रूढ़ियों के प्रति आलोचनात्मक रुख को प्रगतिशीलता कहा गया—''हम उसी को प्रगतिशील समझते हैं जो हममें आलोचना की प्रवृत्ति लाता है, युगानुयुग से चली आ रही रूढ़ियों को बुद्धि की कसौटी पर कसने को प्रोत्साहित करता है, हमें कर्मशील बनाता है और हमें संगठनात्मक सर्जना की प्रेरणा देता है।''[33]

संस्था का उद्देश्य स्पष्ट करते हुए परिपत्र में कहा गया—इस संस्था का उद्देश्य भारत के विभिन्न भाषा-भाषी लेखकों का संगठन बनाकर ऐसे प्रगतिशील साहित्य की रचना करनी है जो कलात्मक दृष्टि से निर्दोष हो और जिसके माध्यम से देश के सांस्कृतिक अवसाद को दूर कर हम भारतीय स्वतन्त्रता एवं सामाजिक उत्थान की दिशा में प्रवृत हो सकें।''[34]

यह परिपत्र 'हंस' में प्रकाशित हुआ। 1936 में लखनऊ में प्रेमचन्द की अध्यक्षता में इसका पहला अधिवेशन हुआ जिसमें प्रस्तुत उनके पर्चे में कहा गया कि—

''मेरे विचार में प्रगतिशील लेखक संघ यह नाम ही गलत है। साहित्यकार या कलाकार स्वभावत: प्रगतिशील होता है।''[35] ऐसा लगता है कि यह वाक्य प्रेमचन्द ने किसी विशिष्ट दृष्टिकोण के अन्तर्गत कहा था, महज औपचारिकतावश नहीं। प्रगतिशील लेखक संघ का जो घोषणापत्र तैयार किया गया था, उसमें उद्देश्य के प्रति ईमानदारी का अभाव नहीं था, किन्तु उसमें कुछ उत्तेजनापूर्ण भावुकता थी, ऐसा प्रतीत होता है। घोषणा पत्र में पिछली दो सदियों की साहित्यिक परम्परा के प्रति नकार का भाव दिखलाई पड़ता है। डॉ. विश्वनाथ त्रिपाठी कहते हैं— ''हिन्दी कविता भारतेन्दु युग, द्विवेदी युग से होती हुई छायावाद तक विकसित हो चुकी थी, उर्दू में हाली का मुसद्दस तो बहुत पहले लिखा जा चुका था। स्पष्ट ही घोषणा पत्र हमारे साहित्य के क्रान्तिकारी पक्षों की उपेक्षा करता है। इसीलिए

कहा गया कि विदेश में प्रगतिशील लेखक संघ की बुनियाद डालनेवालों को भारतीय साहित्य की सच्ची जानकारी थी, इसमें सन्देह है।''[36]

दरअसल प्रगतिशील लेखक संघ की स्थापना करनेवाले तरुणों की दृष्टि में प्रगतिशील होने का मतलब मार्क्सवादी होना था और इसी भ्रम की ओर प्रेमचन्द के भाषण में संकेत किया गया है। इसी भ्रम के कारण शिवदान सिंह चौहान ने भक्तिकाल के सूर, तुलसी और रीतिकालीन कवियों की कविताओं को पतनोन्मुख विचारधारा का कारण बतला दिया। इसी क्रम में उन्होंने शुक्ल जी की आलोचना की। विदित है कि शिवदान सिंह चौहान शुक्ल जी पर ही नहीं उनके अनुगामियों पर भी शास्त्रीय आलोचना, पांडित्य का घटाटोप और वर्गीकरण की प्रवृत्ति के लिए हमला करते हैं।[37]

शिवदान सिंह चौहान का इस प्रसंग में उल्लेखनीय लेख है 'भारत में प्रगतिशील साहित्य की आवश्यकता' जो 1937 के 'विशाल भारत' में प्रकाशित हुआ था। 'साहित्य की परख', 'प्रगतिवाद', 'आलोचना में सौन्दर्य और मूल्य' आदि इनके अन्य महत्त्वपूर्ण निबन्ध हैं। इनके व्यवस्थित लेखन के रूप में इनकी पुस्तक 'हिन्दी साहित्य के अस्सी वर्ष' का उल्लेख किया जाता है। इन्होंने प्रगतिशील दृष्टिकोण से विचार करते हुए प्रेमचन्द को 'पूँजीवादी यथार्थ' का लेखक घोषित किया। छायावादी कवियों के बारे में उनका रुख और भी चिन्ताजनक मालूम पड़ता है। प्रसाद, निराला, पन्त, महादेवी का मूल्यांकन करते हुए उन्होंने उन्हें प्रतिक्रियावादी कह दिया।

चौहान प्रगतिवाद को मार्क्सवादी दृष्टिकोण ही मानते हैं। जुलाई 1952 की आलोचना में वे कहते हैं कि—

''कला-साहित्य सम्बन्धी अनेक स्थापनाएँ अभी तक विवादग्रस्त हैं परन्तु फिर भी भौतिकवादी दृष्टिकोण से कला-साहित्य विषयक व्यापक समस्याओं और उनके इतिहास का अध्ययन किस वैज्ञानिक रीति से करना चाहिए इसकी मर्यादाएँ बहुत कुछ निश्चित हो चुकी हैं।''[38] रांगेय राघव, प्रकाशचन्द्र गुप्त आदि इसी दौर के आलोचक हैं जिन्होंने मार्क्सवादी दृष्टि से साहित्य के बारे में विचार किया। प्रकाश चन्द्र गुप्त मानते थे कि कला जीवन के साथ संघर्ष में मनुष्य के लिए हथियार का काम करती है। 'आधुनिक हिन्दी साहित्य : एक दृष्टि' में उन्होंने मार्क्सवादी दृष्टिकोण से साहित्य-सिद्धान्तों पर विचार किया है। 'हिन्दी- साहित्य की जनवादी परम्परा' में उन्होंने हिन्दी में प्रगतिशील तत्त्वों की परम्परा पर विचार किया है। इन्होंने शुक्ल जी पर विचार करते हुए उनके महत्त्व को भलीभाँति प्रतिपादित किया है। रांगेय राघव भाव को काव्य और कला का केन्द्रीय तत्त्व स्वीकार करते हैं।

तुलसीदास पर लिखते हुए इनकी भी भाषा शिवदान सिंह चौहान की तरह कटु हो जाती है। निष्कर्ष रूप में यह कहा जा सकता है कि इन प्रगतिवादी आलोचकों में हिन्दी साहित्य की परम्परा के प्रति भारी उपेक्षा का भाव दिखलायी देता है। निश्चय ही मार्क्सवादी आलोचना के बारे में यह सही समझ नहीं थी। यह सर्व निषेधवादी आलोचना-दृष्टि थी। यह सर्व निषेधवादी- दृष्टि हिन्दी आलोचना की द्वन्द्ववादी पद्धति के विकास में सहायक नहीं हो सकती थी। अन्तर्विरोधों को ध्यान में रखते हुए भी परम्परा के सार्थक तत्त्वों को नजरअन्दाज करके मार्क्सवादी आलोचना का विकास सम्भव नहीं था। इस अनिवार्यता को डॉ. रामविलास शर्मा ने ठीक से समझा। 'परम्परा का मूल्यांकन' में वे कहते हैं—

"साहित्य की परम्परा के मूल्यांकन की समस्या आलोचना की महत्त्वपूर्ण समस्या है, मार्क्सवादी आलोचना के लिए वह विशेष रूप से महत्त्वपूर्ण है।"[39]

रामविलास शर्मा ने मार्क्सवादी सौन्दर्यशास्त्र पर विचार किया। यह कहा जा चुका है कि छायावादोत्तर काल में रस-विवेचन का स्थान सौन्दर्यशास्त्रीय विवेचन ने ले लिया। डॉ. शर्मा सौन्दर्यशास्त्र को आलोचना का आधार कहते हुए उसके दो प्रकारों की चर्चा करते हैं—भाववादी सौन्दर्यशास्त्र और भौतिकवादी सौन्दर्यशास्त्र। भाववादी सौन्दर्यशास्त्र का सम्बन्ध आत्मा से है, भौतिकवादी सौन्दर्यशास्त्र सौन्दर्य का वस्तुनिष्ठ आधार मानता है। डॉ. शर्मा सौन्दर्य की वस्तुनिष्ठता का पक्ष लेते हैं और इस प्रकार मार्क्सवादी सौन्दर्यशास्त्र की सैद्धान्तिकी प्रस्तुत करते हैं। वे सौन्दर्य को नैतिकता से सम्बद्ध मानते हैं और इस प्रकार सौन्दर्य की उपयोगिता स्वीकार करते हैं। किन्तु इस सम्बन्ध में यह ध्यान रखने की बात है कि वे कला को भौतिक जीवन का प्रतिबिम्ब मात्र नहीं मानते—

"कला की विषयवस्तु न वेदांतियों का ब्रह्म है, न हेगल का निरपेक्ष विचार। मनुष्य का इन्द्रिय-बोध उसके भाव, उसके विचार, उसका सौन्दर्य-बोध कला की विषयवस्तु है। सामाजिक विकास की परिस्थितियों से कला की विषयवस्तु प्रभावित होती है, एक सीमा तक नियमित होती है किन्तु वह आर्थिक जीवन का प्रतिबिम्ब मात्र नहीं है इसलिए विभिन्न युगों, विभिन्न जातियों और विभिन्न वर्गों के सौन्दर्यबोध में भिन्नता के साथ समानता भी होती है, इसलिए अनुकूल सामाजिक परिस्थितियों के होते हुए भी यह आवश्यक नहीं है कि उच्च कोटि की कला का निर्माण भी हो जाय।"[40]

मार्क्सवादी सौन्दर्यशास्त्र की दृष्टि से डॉ. शर्मा ने हिन्दी साहित्य की जो आलोचना प्रस्तुत की है, उसमें प्रेमचन्द, निराला, केदार जैसे साहित्यकारों का मूल्यांकन विशेष रूप से उल्लेखनीय है। इनका दूसरा महत्त्वपूर्ण कार्य है नवजागरण

के बारे में। इन्होंने 'हिन्दी नवजागरण' की सैद्धान्तिकी प्रस्तुत की और इस प्रसंग में भारतेन्दु के महत्त्व की ओर ध्यान दिलाया। विश्वनाथ त्रिपाठी कहते हैं—

"भारतेन्दु युग में लेखक ने यह दिखाया है कि हिन्दी में नवीन चेतना किन व्यक्तियों और संस्थाओं के माध्यम से विकसित हो रही थीं। कौन सी परिस्थितियाँ उस चेतना के विकास का कारण थी और विकास के दौरान परिस्थितियाँ भी किस प्रकार प्रभावित होकर बदल रही थीं।"[41] रामविलास शर्मा भारतेन्दु के बारे में कहते हैं, "भारतेन्दु हरिश्चन्द्र का यह युगान्तकारी महत्त्व है कि उन्होंने अपने प्रदेश की सांस्कृतिक आवश्यकताओं को पहचाना। उन्होंने हिन्दी के लिए संघर्ष किया, सामाजिक-सांस्कृतिक जीवन में उसका व्यवहार सुदृढ़ किया....शिष्ट हिन्दी को उसी मार्ग पर बढ़ने की प्रेरणा दी जिस पर बांग्ला, मराठी आदि भाषाएँ पहले से बढ़ रही थीं।"[42] रामविलास शर्मा भारतेन्दु को नवीन राष्ट्र-चेतना का युग प्रवर्तक कहते हैं।

प्रेमचन्द पर रामविलास शर्मा की पुस्तक है 'प्रेमचन्द और उनका युग'। प्रेमचन्द को वे भारतेन्दु युग की नवचेतना को आगे बढ़ानेवाला कहते हैं। वे उनका मूल्यांकन करते हुए उस सामाजिक, आर्थिक और राजनीतिक वातावरण को ध्यान में रखते हैं जिसमें प्रेमचन्द के व्यक्तित्व का निर्माण हुआ था। उनके कथा साहित्य में सामाजिक यथार्थ की पहचान रामविलास शर्मा ने ही सबसे पहले की। विश्वनाथ त्रिपाठी का कथन द्रष्टव्य है—"प्रेमचन्द के इस महत्त्व पर जहाँ तक मेरी जानकारी है सबसे पहले डॉ. शर्मा का ही काम है : चन्द्रकान्ता और तिलिस्मी होशरूबा के पढ़नेवाले लाखों थे। प्रेमचन्द ने इन लाखों पाठकों को 'सेवासदन' का पाठक बनाया। यह उनका युगान्तरकारी काम था। प्रेमचन्द की लोकप्रियता पर लोगों ने बहुत लिखा है, तरह-तरह की उक्तियाँ दी हैं।"[43] डॉ. शर्मा ने इस भ्रम का निवारण भी किया कि प्रेमचन्द मनोवैज्ञानिक चित्रण करने में सक्षम नहीं थे। यह दीगर है कि उन्होंने फ्रायडीय सिद्धान्तों के आधार पर मनोविश्लेषण नहीं किया है मगर मनोभावों के सूक्ष्म चित्रण में उनकी कितनी गहरी पैठ है, उनकी रचनाओं के आधार पर डॉ. शर्मा ने यह दिखलाया है। उनके पात्रों के जटिल विकास को उन्होंने दिखलाया है। 'गोदान' पर मार्क्सवादी दृष्टि से विचार करते हुए डॉ. शर्मा ने होरी में वर्गीय चेतना का अभाव देखा है। प्रेमचन्द को उन्होंने कबीर, तुलसी और भारतेन्दु की परम्परा से जोड़ा है, ऐसा विश्वनाथ त्रिपाठी का मत है।[44]

कवियों में निराला पर रामविलास जी ने बड़े सुसंगत ढंग से विचार किया। इस सन्दर्भ में वे शुक्ल जी से अपनी दृष्टिकोण-भिन्नता ही नहीं प्रकट करते बल्कि निराला के महत्त्व के हर पक्ष पर विचार करते हैं। उन्होंने 'निराला' शीर्षक

से जो पुस्तक लिखी है उसकी पद्धति वही है जो भारतेन्दु युग और प्रेमचन्द पर विचार करने के दौरान अपनायी गयी है। उन्होंने निराला की रचना के वस्तु तत्त्व और रूप-सौन्दर्य के बीच सम्बन्ध स्थापित किया। निराला के आन्तरिक संघर्ष और उनके सांस्कृतिक संघर्ष के बीच के सम्बन्ध-सूत्रों पर विचार किया। इसी प्रसंग में उन्होंने यह रेखांकित किया कि 'राम की शक्ति पूजा', 'सरोज स्मृति', 'तुलसीदास', एक-दूसरे से जुड़ी हुई कविताएँ हैं यानी एक ही रचनात्मक और सांस्कृतिक संघर्ष की अभिव्यक्ति हैं ये कविताएँ।

डॉ. शर्मा ने निराला के कथा-साहित्य पर भी विचार किया है। निराला में सामाजिक यथार्थ की चेतना को उन्होंने भलीभाँति विवेचित किया है। आलोचकों के परिप्रेक्ष्य में शुक्ल जी पर लिखी गई उनकी पुस्तक 'रामचन्द्र शुक्ल और हिन्दी आलोचना' उल्लेखनीय है। पूर्व में शुक्ल जी के बारे में डॉ. शर्मा के दृष्टिकोण की चर्चा हो चुकी है।

डॉ. शर्मा की आलोचना का एक विवादास्पद बिन्दु है मुक्तिबोध के बारे में उनका विचार जो उन्होंने विशेष रूप से उनकी प्रसिद्ध कविता 'अँधेरे में' के प्रसंग में प्रकट की है। उन्होंने मुक्तिबोध को अस्तित्ववाद के करीब कहा है। अपनी पुस्तक 'नयी कविता और अस्तित्ववाद' में उन्होंने मुक्तिबोध पर बर्गसां के रहस्यवाद की छाया तो देखी ही, अस्तित्ववादियों का प्रभाव भी देखा, "मुक्तिबोध नहीं कहते कि दुनिया लिजलिजी है, उसे देखकर उबकाई आती है, मैं सड़ रहा हूँ, शरीर पर कनखजूरे रेंग रहे हैं, इत्यादि। वह सार्त्र की भावभूमि से अलग हटकर कीर्केगार्द और काफ्का के प्रदेश में विचरण करते हैं।"[45] 'अँधेरे में' शीर्षक कविता में जो संघर्ष है, क्षोभ, विषाद और आतंक है, डॉ. शर्मा के अनुसार उसका सम्बन्ध स्वयं कवि से है—"परम्परा और देश के प्रति अपने दायित्व का गहरा बोध है, उतना ही विकट मुक्तिबोध का हठ है। मन में कोई भयानक जिद जाग उठती है। यह जिद अपने दायित्व से हटने, एकान्त में, समाज से अलग रहकर रहस्यवादी अथवा अस्तित्ववादी चिन्तन करने की जिद है। जैसे कोई बालक अपने पिता की बात सच मानते हुए भी केवल अपनी स्वतन्त्र सत्ता का मान रखने के लिए अपने किसी गलत बात पर अड़ा हो।"[46] डॉ. शर्मा के अनुसार मुक्तिबोध की आत्मग्रस्तता उनके भीतर प्रखर आत्मभर्त्सना भरती है और इसे वे पूरी तरह प्रकट करते हैं।

मार्क्सवादी आलोचना के विकास में डॉ. शर्मा के बाद मुक्तिबोध की चर्चा भी बहुत आवश्यक है। इस प्रसंग में उनकी पुस्तक 'कामायनी एक पुनर्विचार', 'नयी कविता का आत्मसंघर्ष' उल्लेखनीय है। समीक्षा के बारे में वे कहते हैं, "...सिद्धान्त जीवन के आन्तरिक और बाह्य तथ्यों का स्थान नहीं ले सकता, वस्तुतः

वह स्थिति के लिए उन्हीं पर अवलम्बित है। जो सिद्धान्त इन तथ्यों और सत्यों की अवहेलना कर आगे बढ़ेंगे वे चाहे किसी वाद की दुहाई दें, असफल ही रहेंगे, क्योंकि उन सिद्धान्तों का प्रयोग वास्तविक जीवन-सत्यों को हृदयंगम करके नहीं किया जा रहा है। केवल वही समीक्षा महत्त्वपूर्ण होती है जो संवेदनात्मक जीवन का सत्य उद्घाटित करते हुए लेखक को अपने वस्तु-सत्यों से अधिक परिचित, सचेत करती है।''[47] इस प्रकार मुक्तिबोध अनुभूति, सौन्दर्यबोध और विचारधारा का प्रश्न उठाते हैं। सौन्दर्यशास्त्र पर विचार करते हुए मार्क्सवादी आलोचकों के बीच रूप और विचारधारा को लेकर गम्भीर बहस चलती आ रही है। इस प्रसंग में मुक्तिबोध के विचारों की विवेचना करते हुए शम्भु गुप्त 'आलोचना' के 'विचारधारा और सौन्दर्यशास्त्र' विशेषांक में प्रकाशित अपने लेख में कहते हैं, ''सौन्दर्यबोध और इन्द्रिय-बोध में अन्तर है। यह अन्तर बहुत ही क्षीण और सूक्ष्म है और गहराई में उतरने पर ही नजर आता है। यदि संक्षेप में कहा जाय तो हमारा अन्तर्दृष्टि सम्पन्न इन्द्रियबोध ही हमारा सौन्दर्यबोध है। मुक्तिबोध ने इस प्रक्रिया की बड़ी सटीक और सिद्धान्तनिष्ठ व्याख्या की है। उनके अनुसार लेखक के अन्दर एक मूल्यांकनकारी शक्ति या प्रतिभा होती है जो उसके संवेदनों, अनुभवों, बोधों में निरन्तर काट-छाँट करती चलती है।''[48] मुक्तिबोध ने जीवनानुभव के सौन्दर्यानुभव में रूपायित होने की प्रक्रिया पर जो विचार किया है उसे शम्भु गुप्त इन शब्दों में स्पष्ट करते हैं—''...कलाकार का काम अपने अवबोधों और छापों के दायरे के बाहर आना और वास्तविकता का अनुभव करना है। यह वस्तुत: वही बात है जिसे मुक्तिबोध जीवनानुभव से मुक्ति की अवस्था मानते हैं। एक लेखक अपने इन जीवनानुभवों से कलात्मक मुक्ति की प्रक्रिया से गुजरने पर ही अपनी रचना में सौन्दर्य की सृष्टि कर सकता है, एक ऐसी सौन्दर्य-सृष्टि जिसमें पाठक रम सके।''[49]

हिन्दी की मार्क्सवादी आलोचना में डॉ. नामवर सिंह आज भी सक्रिय हैं। इन्होंने मार्क्सवादी सौन्दर्यशास्त्र को आलोचना का आधार बनाया, पर आलोचना में परम्परा और नवीनता का समावेश भी किया। इन्होंने हिन्दी साहित्य के इतिहास-लेखन में ऐतिहासिक-भौतिकवादी दृष्टिकोण की आवश्यकता पर बल दिया। उन्होंने साहित्य के सन्दर्भ में द्वन्द्वात्मक पद्धति की विशेषताओं की व्याख्या की। नामवर सिंह की आलोचना-पद्धति की सबसे बड़ी विशेषता है कि मार्क्सवादी विचारधारा को स्वीकार करने के बावजूद वे साहित्य की रचनात्मकता को गौण प्रश्न नहीं मानते और इस प्रकार वे रूढ़ मार्क्सवादी आलोचना-पद्धति से एक दूरी बनाकर रखते हैं। इस प्रकार वे रूप और विचारधारा के बीच एक संगति की आवश्यकता पर बल देते हैं। उन्होंने मार्क्सवादी आलोचना की खामियों पर भी

विचार किया। निम्नांकित उद्धरण द्रष्टव्य है—

"स्पष्ट और सचित्र रूप-विधान के लिए आवश्यक है कि यथार्थ की परख बहुत ठोस और स्पष्ट हो, सामान्य सिद्धान्तों के रूप में नहीं बल्कि विशेष मानव-मूर्तियों और स्थितियों के रूप में हो। सामयिक यथार्थ का ज्ञान होना ही काफी नहीं है बल्कि भावी स्वप्न का स्वरूप भी स्पष्ट रहना चाहिए जिस पर लेखक की आस्था हो।"[50] समाज और साहित्य के बीच में लेखक के व्यक्तित्व के महत्त्व पर विचार करते हुए उन्होंने प्रतिभा के सम्बन्ध में भी विचार किया है। उन्होंने इस भ्रम का खंडन किया कि मार्क्सवादी आलोचना में लेखक के व्यक्तित्व को महत्त्व नहीं दिया जाता है। उनका कथन है—"साहित्य के रूप में समाज की जो छाया प्रकट होती है वह लेखक के व्यक्तित्व के ही माध्यम से आती है। साहित्य के निर्माण में इस बीच की कड़ी लेखक के व्यक्तित्व का बहुत महत्त्व है और यह महत्त्व इस बात में है कि एक ओर इसका सम्बन्ध समाज से है तो दूसरी ओर साहित्य से। साहित्य-रचना की प्रक्रिया में समाज, लेखक और साहित्य परस्पर एक-दूसरे को इस तरह प्रभावित करते हैं कि इनमें से प्रत्येक क्रमशः परिवर्तित और विकसित होता रहता है, समाज से लेखक, लेखक से साहित्य, और साहित्य से पुनः समाज।"[51] इस क्रम में उन्होंने मार्क्सवाद विरोधियों के 'व्यक्तित्व के महत्त्व' की सीमा पर भी टिप्पणी की है। वे कहते हैं, "...कुछ लेखकों का ख्याल है कि मार्क्सवादी समीक्षा में लेखक के व्यक्तित्व का महत्त्व स्वीकार नहीं किया जाता क्योंकि लेखक के व्यक्तित्व से उनका अपना जो मतलब है उसे मार्क्सवाद स्वीकार नहीं करता। स्वयं वे लेखक के व्यक्तित्व को कितना महत्त्व देते हैं इसका सबूत यह है कि साहित्य की श्रेष्ठता का सारा श्रेय या तो लेखक की प्रतिभा को देते हैं या फिर साहित्य के अपने नियम को। प्रतिभा या तो जन्मजात वस्तु है या फिर ईश्वरीय देन और साहित्य का नियम भी कुछ ऐसा ही शाश्वत, सनातन, सार्वभौम पदार्थ है। इस तरह लेखक की रचना की श्रेष्ठता का सारा श्रेय किसी ईश्वरीय सत्ता को है फिर उसमें लेखक के अपने व्यक्तित्व का क्या महत्त्व?"[52] नामवर जी लेखक के व्यक्तित्व का महत्त्व सामाजिक सम्बन्धों के सन्दर्भ में ही स्वीकार करते हैं।

मार्क्सवाद विरोधी आलोचकों ने अनुभूति का प्रश्न उठाया था। नामवर जी भी अनुभूति को महत्त्व देते हैं, किन्तु वे अज्ञेय जैसे प्रयोगवादियों की तरह उसकी वैयक्तिकता को स्वीकार नहीं करते हैं। अज्ञेय की अनुभूति सम्बन्धी मान्यता की आलोचना करते हुए वे कहते हैं, "उन्हें वह स्तर (अनुभूति का) सबसे प्रिय है जहाँ केवल भाव के स्तर पर रहना चाहते हैं, जहाँ क्षण के तीव्र स्पन्दन की गूँज

के अतिरिक्त और कोई ध्वनि न सुनी जा सके। गरज कि वे शुद्ध भाव जगत में रहना चाहते हैं। इसी का दूसरा नाम है अनुभूति की अनुभूति।''[53] नामवर जी अनुभूति को रचनात्मक क्रिया कहते हैं। उन्होंने आस्था और विवेक के सम्बन्ध में भी चर्चा की है और गैर-मार्क्सवादियों से इस प्रसंग में भिन्नता दिखलाई है। यहाँ यह उल्लेखनीय है कि साहित्य की स्वायत्तता का उन्होंने विरोध किया है। नन्दकिशोर नवल कहते हैं, ''जब कभी खुले या छिपे तौर पर साहित्य की स्वायत्तता की वकालत की गई है उन्होंने इसका भी विरोध किया है। उनका कहना है कि हमारे साहित्य में साहित्य की स्वायत्तता का आग्रह इसलिए किया जाता है कि उसमें परजीवी वर्ग के मूल्यों का प्रवेश गहराई तक हो चुका है।''[54]

साहित्य की स्वायत्तता के सम्बन्ध में चर्चा करते हुए यह ध्यान में रखना आवश्यक है कि वे सापेक्ष स्वतन्त्रता पर बल देते हैं, ''उन्होंने कविता के वस्तुगत रूप को जो महत्त्व दिया है और शब्दार्थ-मीमांसा को ही जो आलोचना का बुनियादी कार्य बतलाया है वह कविता की सापेक्ष स्वतन्त्रता की स्थापना है।''[55] वे मार्क्सवादी लेखकों को सचेत करते हैं कि मार्क्सवाद सिर्फ राजनीतिक सिद्धान्त नहीं एक विश्वदृष्टि है और भले ही राजनीति इसका एक महत्त्वपूर्ण पक्ष है पर लेखक को राजनीतिक लाइन पर इस विश्वदृष्टि के बारे में बातें नहीं करनी चाहिए। इसी क्रम में मैनेजर पांडेय का भी जिक्र आता है। उन्होंने मार्क्सवादी दृष्टि से साहित्य का समाजशास्त्रीय अध्ययन प्रस्तुत किया। इस सन्दर्भ में उनकी कृति 'साहित्य के समाजशास्त्र की भूमिका' उल्लेखनीय है।

## आलोचना के नए मानदंड और सापेक्ष स्वतन्त्रता

नयी कविता आन्दोलन के दौरान परिमल समुदाय के लोगों ने आलोचना के नये मानदंडों पर बहस शुरू की। विजयदेवनारायण साही, जगदीश गुप्त, लक्ष्मीकान्त वर्मा इस प्रसंग में उल्लेखनीय हैं। लक्ष्मीकान्त वर्मा ने 'नयी कविता के प्रतिमान' नामक पुस्तक लिखी जिसमें मुख्य रूप से 'लघु मानव' की प्रतिष्ठा की चिन्ता है। कहने की जरूरत नहीं कि यह चिन्ता व्यक्ति के 'अहं' से सम्बद्ध है। कहने की जरूरत नहीं कि यह व्यक्तिवाद को प्रतिष्ठित करने की चिन्ता है।

विजयदेवनारायण साही और जगदीश गुप्त ने इस पर बहस की। साही ने अपने लम्बे लेख 'लघु मानव के बहाने हिन्दी कविता पर बहस' में प्रश्न किया कि क्या लघु मानव की मृत्यु हो गयी? जगदीश गुप्त ने लघुता को मानव-मूल्य मानने से इनकार कर दिया और इसे मनुष्य के स्वाभिमान का विरोधी कहा। साही ने जगदीश गुप्त से भी असहमति व्यक्त करते हुए 'मानव और सहज मानव'

के भेद को अस्वीकार कर दिया और निष्कर्ष रूप में कहा कि 'लघुता' मनुष्य के भीतर के 'महत्' की विरोधी नहीं है।

जगदीश गुप्त ने नयी कविता में सहानुभूति और लोकमंगल का प्रश्न उठाया—यह शुक्ल जी की रसानुभूति एवं लोकमंगल की धारणा ही है। इसके बावजूद वे अज्ञेय के व्यक्तिवाद की ओर झुके हैं जबकि साही का झुकाव शमशेर की ओर है। मुक्तिबोध ने नयी कविता के भीतर युगीन संघर्षों को लक्षित किया और नये सौन्दर्यशास्त्र की चर्चा की। 'एक साहित्यिक की डायरी' में इस सन्दर्भ में उन्होंने सृजन के तीन क्षणों की बात कही। इस प्रकार आलोचना में विचारधारा, रूप और अनुभूति पर बहस शुरू हुई।

नामवर जी ने सापेक्ष स्वतन्त्रता पर बल दिया। नन्दकिशोर नवल कहते हैं, "नामवर जी ने हिन्दी यथार्थवादी कविता के विकास को गौर से देखा है और एक उत्तरदायी मार्क्सवादी आलोचक की तरह उसमें उभरनेवाले नये प्रतिमानों को चिह्नित किया है।"[56] नयी कविता के प्रसंग में नामवर जी रस के स्थान पर अर्थमीमांसा को प्रस्तुत करते हैं।

यह उल्लेखनीय है कि मार्क्सवादी होने के बावजूद नामवर जी की आलोचना-पद्धति पर अँग्रेजी-समीक्षा का प्रभाव दिखलाई पड़ता है। एफ.आर. लीविस का उन पर प्रभाव था और आवश्यकतानुसार वे उनका उल्लेख भी करते हैं। लीविस की पत्रिका 'Scrutiny' मार्क्सवाद विरोध का प्रतिनिधित्व कर रही थी लेकिन नामवर जी का विचार है कि केवल मार्क्सवाद विरोधी होने से आलोचना में लीविस के महत्त्व को नजरअन्दाज नहीं किया जा सकता। स्वयं अँग्रेजी के मार्क्सवादी आलोचक आर्नल्ड केटल लीविस का महत्त्व स्वीकार करते हैं जबकि वे उनकी प्रतिक्रियावादी सामाजिक दृष्टि से परिचित थे।[57] यह भी गौर करने योग्य है कि मार्क्सवाद विरोधी होने के बावजूद लीविस शुद्ध साहित्य के समर्थक नहीं थे। Literature and Society शीर्षक निबन्ध में लीविस कहते हैं—

For if the marxist approach to literature seems to me unprofitable, that is not because I think of Literature as a matter of isolated works of art, belonging to a realm of pure literary values...[58]

तात्पर्य यह है कि लीविस के बारे में यह समझना भ्रामक है कि वे सिर्फ प्रतिक्रियावादी-रूपवादी समीक्षक हैं। वे मार्क्सवादी आलोचना का विरोध इसलिए कर रहे थे कि वह साहित्यिक कृति को सामाजिक उत्स के साथ एकाकार करने पर विशेष बल दे रही थी। नामवर सिंह कहते हैं—

"यदि उस समय मार्क्सवादी आलोचना ने साहित्य की सापेक्ष स्वतन्त्रता को कुछ भी सम्मान दिया होता तो 'स्क्रूटिनी सम्प्रदाय' को वह सफलता न मिलती।"[59] यह ध्यातव्य है कि नामवर जी आलोचना के लिए परम्परा-बोध या इतिहास-बोध को जरूरी मानते हैं।

नामवर सिंह आलोचना की सापेक्ष स्वतन्त्रता पर जो बल देते हैं, उसकी जरूरत उपर्युक्त परिप्रेक्ष्य में समझी जा सकती है। मार्क्सवादी आलोचना ने कविता के रूप पक्ष को गौण बना दिया, इसलिए मार्क्सवाद विरोधी आलोचकों (खासतौर से 'पूर्वग्रह') की ओर से आरोप लगाया गया कि आलोचना विचारधारा का उपनिवेश बन गयी है। इसी सन्दर्भ में नामवर सिंह सापेक्ष स्वतन्त्रता की जरूरत बतलाते हैं। 'वाद विवाद संवाद' में एक लेख का शीर्षक ही उन्होंने दिया है—आलोचना की स्वायत्तता, इसमें मार्क्सवादी जड़ता और शुद्ध कलावादी दृष्टिकोण, दोनों का उन्होंने विश्लेषण किया है। आलोचना की स्वायत्तता का प्रश्न यह कहकर उठाया गया था कि "...साहित्य की आलोचना वैचारिकी अथवा विचारधारा का उपनिवेश बन गयी है और विचारधारा के इस उपनिवेशवाद से उसे मुक्त करना ही है। स्वायत्तता इसी मुक्ति का दूसरा नाम है। आकर्षक, भावोत्तेजक और पारिभाषिक भी है। किन्तु विडम्बना यह है कि यह 'स्वायत्तता' शब्द स्वयं ही एक विचारधारा का उपनिवेश है—नितान्त साहित्यिक तो निश्चय ही नहीं है पारिभाषिक शब्द के रूप में भी मूलतः आलोचना का अपना नहीं है। स्वायत्तता का कहीं अधिक प्रचलन राजनीति में होता है।"[60]

स्वायत्तता का प्रश्न उठाते हुए अशोक वाजपेयी जो कहते हैं, वह ध्यान देने योग्य है—"हमारी शताब्दी जिसका किंचित लोहित अवसान निकट है, वैचारिक उहापोह भर की नहीं। विचार के नाम पर संसार व्यापी तन्त्रों के विकास में उनकी तानाशाही और उनके अन्ततः ध्वंस की शताब्दी रही है। हाल ही में हमने साहित्येतर विचारों और उनकी तकनालाजियों की भयानक और अमानवीय परिणतियाँ देखी हैं। उनके इस हश्र के बाद अब यह मुकाम आ गया लगता है कि हम साहित्य की अपनी वैचारिक स्वायत्तता, उसके वैचारिक स्वराज्य पर ध्यान दें।...हमारे समय में प्रायः हरेक तथाकथित स्वतन्त्र विचार ने अपनी तानाशाही स्थापित की है। क्या हम यह पहचान सकते हैं कि साहित्यिक सच की कोई तानाशाही सम्भव नहीं है, न ऐसी तानाशाही रही है।"[61]

अशोक वाजपेयी मार्क्सवादी आलोचना की रूढ़िग्रस्तता के विरुद्ध जिस 'मुक्ति' की माँग उठाते हैं, कलावाद के प्रति रुझान को बढ़ाने की मंशा से प्रेरित मालूम पड़ती है। निश्चित रूप से मार्क्सवादी आलोचना का यह दोष रहा है और

इसी दोष के कारण पाश्चात्य 'न्यू क्रिटिसिज्म' ने इसे पीछे छोड़ दिया। नामवर सिंह के अनुसार स्क्रूटिनी समुदाय के मुकाबले मार्क्सवादी आलोचना के पिछड़ने के लिए जिम्मेदार तत्त्व मार्क्सवादी आलोचना में ही थे। इसीलिए नामवर सिंह सापेक्ष स्वतन्त्रता की जरूरत पर बल देते हैं और मार्क्सवादी होने के बावजूद वे लीविस को महत्त्व देते हैं तो इसका यही कारण है कि वे कविता में रूप और वस्तु का संतुलन बनाना चाहते हैं। लीविस के महत्त्व को प्रदर्शित करते हुए वे कहते हैं—

"अतीत से जो समग्रता का स्वप्न उन्होंने प्राप्त किया उसके सहारे साहित्यिक आलोचना हाशिए से सरक कर सांस्कृतिक चिन्तन के केन्द्र में आ गयी और जो अपेक्षाएँ समाज शास्त्र, मानव विज्ञान, इतिहास, दर्शन, राजनीतिशास्त्र, सौन्दर्यशास्त्र आदि अनुशासनों से थी उन्हें साहित्यिक आलोचना ने पूरा किया। आगे चलकर सांस्कृतिक आलोचना की इस सुदृढ़ परम्परा को समाजवादी दृष्टि से और सम्पन्न करने में यदि रेमंड विलियम्स समर्थ हुए तो इसका कुछ श्रेय निश्चय ही एफ.आर.लीविस को है।"[62]

अँग्रेजी नई आलोचना को क्लींथ ब्रुक्स, जॉन क्रो रैन्सम, एलन टेट आदि ने आगे बढ़ाया। रैन्सम का कहना है कि "कविता संसार की विशेषता का बोध सम्प्रेषित करती है। विज्ञान जैसे अधिक से अधिक संसार को अपने टाइपों और रूपों में पूरी तरह छोटा कर देता है, कला को इसका जवाब देने के लिए दोबारा शरीर से सम्पन्न करना है। सच्ची कविता पराभौतिक कविता है, संसार के वस्तुपन का नया बोध है जिसे मुख्य रूप से विस्तृत उपमा और व्यापक प्रतीकवाद से प्रेषित किया जाता है।"[63] एलन टेट का विचार है कि अच्छी कला बुद्धि और भावना की अन्विति से नि:सृत होती है या बेहतर तनाव से जो अमूर्तता और संवेदन के बीच है।[64]

नामवर जी पर कमोबेश इन आलोचकों का प्रभाव है। वे आलोचना में विसंगति, विडम्बना, तनाव, अनुभूति की जटिलता आदि पर गहराई से विचार करते हैं और इन्हें कविता के नये प्रतिमान के रूप में प्रस्तुत करते हैं। इसी प्रकार उन्होंने काव्य-भाषा और सपाटबयानी पर भी विचार किया है। इन नये प्रतिमानों के निर्माण में इन पर अँग्रेजी नई समीक्षा का प्रभाव है यह इस विवेचन में दिखलाई पड़ता है। यही कारण है कि 'कविता के नये प्रतिमान' के प्रकाशन के बाद इन पर रूपवादी झुकाव का आरोप लगा था। वास्तव में यह सापेक्ष स्वतन्त्रता की तलाश है।

नामवर जी ने छायावाद का जो विश्लेषण किया है, उसकी पूर्व में चर्चा हो चुकी है। यहाँ उसे दुहराना अनावश्यक है। उन्होंने कविता के क्षेत्र में जिन कवियों पर विचार किया उनमें मुक्तिबोध प्रमुख हैं। उनकी 'अँधेरे में' शीर्षक कविता पर इन्होंने विस्तारपूर्वक विचार किया है। डॉ. रामविलास शर्मा ने मुक्तिबोध

को अस्तित्ववादी माना लेकिन नामवर सिंह ने इस कविता का मार्क्सवादी परिप्रेक्ष्य में मूल्यांकन किया। इसी प्रकार उन्होंने कतिपय आलोचकों के इस भ्रम का भी खंडन किया कि व्यापकता और गहराई अलग-अलग होती है। प्रेमचन्द और जैनेन्द्र के कथा-साहित्य का विश्लेषण करते हुए इन्होंने इसकी पुष्टि की।

कहानी के प्रसंग में नामवर जी नयी कहानी के आलोचक माने जाते हैं। वे कहानी में 'कुतूहल तत्त्व' की रक्षा आवश्यक बतलाते हैं जो उसकी आदिम प्रवृत्ति है। यह भी महत्त्वपूर्ण है कि वे कार्य-कारण शृंखला की यान्त्रिकता को कहानी में पसन्द नहीं करते हैं। कहानी की पाठ-प्रक्रिया में वे साधारण पाठक की पाठ-प्रक्रिया को महत्त्व देते हैं। कहानीपन को वे कहानी का विधागत वैशिष्ट्य कहते हैं। इस प्रकार नामवर जी आलोचना को मार्क्सवादी रूढ़िग्रस्तता और विचारधारा विरोध की कलावादी मुहिम दोनों से बचाये रखते हैं। वे कविता में रूप और विचारधारा के बीच एक संगति की तलाश करते हैं। इस प्रकार वे आलोचना में व्याप्त एक बड़े भ्रम का निवारण करते हैं कि रूप और वस्तु में विरोध होता है।

इस प्रसंग में देवीशंकर अवस्थी का यह कथन उद्धृत करने योग्य मालूम पड़ता है—"साधारणत: विषयवस्तु से हमारा तात्पर्य भावों एवं विचारों से होता है एवं उन समस्त भाषिक विशेषताओं को रूप-विधान के नाम से समझा जाता है जो उन भावों और विचारों को सम्प्रेषित करती है। किन्तु ध्यानपूर्वक देखने पर ज्ञात होगा कि विषयवस्तु में रूप के तत्त्व भी निहित रहते हैं। एक उपन्यास या नाटक की घटनाएँ विषयवस्तु के अन्तर्गत गिनी जाती हैं परन्तु कथानक में उनका क्रम से विच्छिन्न हो जाने पर उनका कलागत प्रभाव भी नष्ट हो जाता है। ऐसे ही रूप-विधान के अन्तर्गत भाषा में शब्द स्वतन्त्र रूप से कलात्मक भाव के प्रति उदासीन रहते हैं, परन्तु एक सन्दर्भ विशेष में संयोजन ऐसा हो जाता है कि उनकी ध्वनि और अर्थ की इकाइयाँ विशेष अर्थों से (भावपक्ष) भास्वर हो उठती हैं।"[65]

मगर इसका यह अर्थ नहीं है कि देवीशंकर अवस्थी रूप और वस्तु को एक ही मानते हैं, इसका अर्थ यह है कि वे दोनों को परस्पर सम्बद्ध मानते हैं, एक के कमजोर होने से दूसरे पर भी इसका असर अनिवार्य रूप से पड़ता है। नामवर सिंह इसी संगति की तलाश में नयी समीक्षा की ओर झुकते हैं और सापेक्ष स्वतन्त्रता की बात उठाते हैं। इस प्रकार वे आलोचना को एक सृजनात्मक विधा के रूप में प्रस्तुत करते हैं।

इस प्रकार परवर्ती आलोचना का परिदृश्य बहुत कुछ स्पष्ट हो जाता है। इस सन्दर्भ में यह उल्लेखनीय है कि रूप और विचारधारा को लेकर विचार-विमर्श के कई आयाम सामने आए हैं और भिन्न-भिन्न सौन्दर्यशास्त्र और काव्य-

दृष्टि की माँग उठने लगी है। ये हैं दलित और स्त्री-विमर्श। जाहिर है कि इन दोनों अस्मितावादी आलोचना-दृष्टियों में मार्क्सवादी सौन्दर्यशास्त्र को अपर्याप्त समझा जा रहा है और नये सौन्दर्यशास्त्र तथा काव्य-दृष्टि की माँग की जा रही है। इस प्रसंग में यहाँ संक्षेप में विचार करना अप्रासंगिक नहीं होगा।

## दलित-सौन्दर्यशास्त्र की माँग

दलित साहित्य पिछले कुछ वर्षों के दौरान व्यापक रूप से विचार-विमर्श का केन्द्र बन गया है और निश्चित रूप से साहित्य-लेखन की यह प्रवृत्ति मुख्यधारा के साहित्य के समानान्तर एक मुकम्मल रूप लेने के लिए जद्दोजहद कर रही है। इससे इन्कार नहीं किया जा सकता है कि आज का दलित साहित्य सामाजिक और राजनीतिक क्षेत्र में शुरू हुए दलित-विमर्श का विस्तार है। दलित-विमर्श की अवधारणा के केन्द्र में मूलतः डॉ. अम्बेडकर के सामाजिक-राजनीतिक सिद्धान्त हैं और यही सिद्धान्त आज के दलित साहित्य की अवधारणा के केन्द्र में हैं। यह गौर करने योग्य है कि दलित साहित्यकारों ने अपने लिए भिन्न सौन्दर्यशास्त्र के निर्माण की बात उठाई है क्योंकि इनका विचार है कि जो मुख्य धारा का साहित्य है वह ब्राह्मणवादी-मनुवादी विचारधारा से निर्मित हुआ है और सवर्ण दलितों के साथ सदियों से घृणास्पद व्यवहार करते आ रहे हैं इसलिए उनके द्वारा रचे गये साहित्य में दलितों के साथ भले ही कुछ सहानुभूति दिखलाई दे उनकी मुक्ति के प्रश्नों से ब्राह्मणवादी साहित्यकारों को कोई सरोकार नहीं है। दलित साहित्यकारों की मुख्यतः दो स्थापनाएँ हैं—एक तो यह कि दलित की पीड़ा का वास्तविक अंकन वही कर सकता है जो खुद दलित हो, दूसरी यह कि अब तक का पूरा साहित्य दलित विरोधी रहा है, इसलिए उस साहित्य के मानदंड दलितों के लिए स्वीकार के योग्य नहीं हो सकते। पिछली सदी के अखिरी दशक में 'हंस' और 'युद्धरत आम आदमी' जैसी पत्रिकाओं ने दलित साहित्य को स्थापित करने की मुहिम चलाई और निस्सन्देह आज लगभग हर पत्रिका दलित साहित्य को महत्त्व दे रही है। पुस्तकों के रूप में भी दलित साहित्य आज उपलब्ध है। ओमप्रकाश वाल्मीकि, मोहनदास नैमिशराय, एन. सिंह, रजतरानी मीनू, सी.बी. भारती, श्योराज सिंह बेचैन, कंवल भारती, डॉ. धर्मवीर आदि प्रमुख दलित साहित्यकार हैं।

दलित सौन्दर्यशास्त्र की अवधारणा मराठी से हिन्दी में आई है। मराठी का दलित साहित्य उन्नत है। मराठी लेखक शरण कुमार लिंबाले ने दलित सौन्दर्यशास्त्र पर पुस्तक लिखी, हिन्दी में ओमप्रकाश वाल्मीकि ने सौन्दर्यशास्त्र की माँग उठाई। दलित सौन्दर्यशास्त्र की आवश्यकता पर विचार करते हुए वे कहते हैं, "सौन्दर्यशास्त्र

की विवेचना में सौन्दर्य, कल्पना, बिम्ब और प्रतीक को प्रमुख माना है विद्वानों ने जबकि सौन्दर्य के लिए सामाजिक यथार्थ एक विशिष्ट घटक है। कल्पना और आदर्श की नींव पर खड़ा साहित्य किसी भी समाज के लिए प्रासंगिक नहीं हो सकता है।''[66] सौन्दर्य, कल्पना, बिम्ब और प्रतीक को त्याज्य मानकर जो सामाजिक यथार्थ का चित्रण किया गया, वह अधिकांशत: आत्मकथा के रूप में सामने आया है। साथ-साथ वैचारिक लेखन भी हो रहे हैं। ओमप्रकाश वाल्मीकि अपनी पुस्तक 'दलित साहित्य का सौन्दर्यशास्त्र' में दलित लेखन की प्रासंगिकता बतलाते हुए कहते हैं—''दलित रचनाकार की अपनी परिस्थितियाँ, अनुभव-वैशिष्ट्य भले ही निजी हों फिर भी उनका सामाजिक-ऐतिहासिक अर्थ होता है। उनको शब्दबद्ध करना आनेवाली पीढ़ियों के लिए महत्त्वपूर्ण होता है...साहित्य, जिस पर सामन्ती और ब्राह्मणवादी सोच का प्रभुत्व था, वह हमें सिर्फ उनकी जो धारणाएँ हमारे प्रति थी, सिर्फ उतना ही बताता है। हीनता-बोध उत्पन्न करनेवाला यह साहित्य हमारे लिए सिर्फ दासता ही ला सकता है।''[67] स्पष्ट है कि दलित लेखक उसी साहित्य को दलित लेखन के अन्तर्गत मानते हैं जो उन्हीं के द्वारा लिखा गया हो। वाल्मीकि कहते हैं—''दलित जीवन पर गैर दलितों द्वारा जो लिखा गया उनमें अमृतलाल नागर के उपन्यास 'नाच्यौ बहुत गुपाल' की चर्चा अक्सर गैर-दलित आलोचक बहुत बढ़ा-चढ़ाकर करते हैं। इस उपन्यास में एक ब्राह्मण परिवार की स्त्री अपने घर में काम करनेवाले भंगी के साथ चली जाती है और उसी जमात में शामिल हो जाती है। लेखक उपन्यास में दिखाता है कि लेखक की पत्नी उस स्त्री को अपने पूजा घर में सिर्फ इसलिए आने देती है क्योंकि उसने एक ब्राह्मण के घर जन्म लिया है।''[68]

यह ध्यान देने योग्य है कि दलित साहित्य के सौन्दर्यशास्त्र की अवधारणा में भारी विडम्बना है। इस विडम्बना को डॉ. शिवकुमार मिश्र इन शब्दों में सामने लाते हैं—''शास्त्र की अवधारणा को जब दलित लेखकों ने स्वयं ही स्वीकार कर लिया है उसका सम्बन्ध साहित्य से हो, सौन्दर्य से हो, जीवन के किसी अन्य पहलू से, तो शास्त्र के अनुशासन में ही दलित साहित्य के सौन्दर्यशास्त्र को भी होना चाहिए। जहाँ तक साहित्य या उसके सौन्दर्य के शास्त्र की बात है, शास्त्र के पहले रचना या सर्जना होनी चाहिए...जहाँ तक दलित साहित्य का सवाल है उसका रचनाकाल बहुत व्यापक और विस्तृत नहीं है।''[69] फिलहाल दलित साहित्य के भीतर ही अनेक किस्म के अन्तर्विरोध उत्पन्न हो गये हैं। खासतौर से डॉ. धर्मवीर के लेखन ने दलित-लेखन को लेकर कई सवाल खड़े कर दिये हैं। प्रेमचन्द को लेकर जो विकृत्त टिप्पणियाँ उनकी हाल की पुस्तकों

में आई हैं, उनसे कई दलित लेखक भी आहत हैं।

## स्त्री-दृष्टि का उदय

दलित विमर्श की भाँति ही आलोचना में स्त्री-दृष्टि अस्मितावादी विमर्श की देन है। इसके पीछे स्त्री की सामाजिक, आर्थिक, नैतिक और राजनीतिक वर्जना, यौनिकता, भेदभाव से मुक्ति की दृष्टि है। यानी भारतीय स्त्री मुक्ति आन्दोलन इसकी वैचारिक पृष्ठभूमि है और जाहिर है कि भारतीय स्त्री मुक्ति आन्दोलन के मूल में पश्चिमी स्त्री-मुक्ति के सम्बन्ध में किये गये विचार निहित हैं। जानी-मानी स्त्रीत्ववादी विचारक सीमोन द बुवा ने 'स्त्री उपेक्षिता' (द सेकेण्ड सेक्स) में कहा—

"...मानवता का स्वरूप पुरुष है और पुरुष औरत को औरत के लिए पारिभाषित नहीं करता, बल्कि पुरुष से सम्बन्धित ही पारिभाषित करता है। वह औरत को स्वायत्त व्यक्ति नहीं मानता। यहाँ तक कहा जाता है कि औरत अपने बारे में नहीं सोच सकती और वही बन सकती है, जैसा पुरुष उसको आदेश देगा। इसका अर्थ यह है कि वह अनिवार्यतः पुरुष के लिए भोग की वस्तु है और इसके अलावा कुछ भी नहीं। वह पुरुष के सन्दर्भ में ही पारिभाषित और विभेदित की जाती है। वह आनुषंगिक है, अनिवार्य के बदले नैमेत्तिक है, गौण है। पुरुष आत्म है, विषयी है। वह पूर्ण है, जबकि औरत बस अन्या है।"[70]

यह 'अन्यत्व' ही साहित्य की आलोचना के लिए स्त्री-दृष्टि की सैद्धान्तिकी का मूल है। स्त्रीवादी विमर्शकारों का भी लगभग वही दृष्टिकोण है जो दलित विमर्शकारों का यानी स्त्रियों के द्वारा रचे गये साहित्य को भिन्न दृष्टिकोण से देखने की जरूरत है, क्योंकि वह भी हाशिए पर रही है। यह भी सही है कि पुरुष वर्चस्ववादी समाज व्यवस्था में उसकी स्थिति दोयम दर्जे की ही रही है। इसीलिए स्त्रीत्ववादी लेखिकाओं को ऐसा प्रतीत होता है कि पुरुषों के लेखन में उनके साथ न्याय नहीं किया गया। क्षमा शर्मा प्रेमचन्द के 'गोदान' पर प्रश्न उठाती हैं—"गोदान में प्रेमचन्द जिस तरह से धनिया और मालती का चरित्र-चित्रण करते हैं वे भी पश्चिम और भारतीयता की बहस में उलझकर रह जाते हैं। बल्कि स्त्रीत्ववादी दृष्टि से देखें तो जयशंकर प्रसाद प्रेमचन्द से कहीं अधिक प्रगतिशील दिखाई देते हैं।"[71]

प्रश्न यह नहीं है कि कौन कम प्रगतिशील और कौन अधिक प्रगतिशील है, प्रश्न उस आशंका का है जो स्त्रीत्ववादी विमर्शकारों और रचनाकारों में साहित्य की परम्परा को लेकर है। स्त्रीत्ववादी साहित्य-दृष्टि में भी मार्क्सवादी दृष्टि को लेकर नकारात्मक भाव दिखलाई पड़ता है। इन्हें ऐसा प्रतीत होता है कि मार्क्सवाद

चूँकि वर्गीय दृष्टि से समाज को देखता है, इसलिए उनकी विशिष्टता के लिए वहाँ कोई जगह नहीं है।

स्त्री-दृष्टि को लेकर अलग सौन्दर्यशास्त्र पर आलोचना में सुसंगत रूप से कोई विचार तो नहीं किया गया है फिर भी छिटपुट ढंग से इस ओर संकेत किया जाता है।

'हंस' के स्त्री विशेषांक (नवं.-दिसं. 1994) में प्रकाशित लेख में सुधीश पचौरी कहते हैं, "...सौन्दर्यशास्त्र 'मर्दानगी का ऐश' है। साहित्यशास्त्र में मर्द साहित्य ही सम्भव है...।"[72]

स्त्री विमर्शवादियों का विचार है कि स्त्रियों के द्वारा या स्त्रियों के बारे में रचे गये साहित्य को साहित्यिक मानदंडों के अलावे स्त्री की यौनिकता की दृष्टि से देखा जाय क्योंकि वह लैंगिक दृष्टि से भिन्न है। उसकी अपनी समस्याएँ हैं, संघर्ष के विशिष्ट बिन्दु हैं। यह 'विभेद' का विमर्श है जो स्त्रीत्ववादी विमर्श को उत्तर आधुनिकता में पहुँचा देता है। प्रभा खेतान इस विमर्श की विवेचना करते हुए कहती हैं—"नारीवादी ज्ञान-मीमांसा ज्ञान-मीमांसात्मक परम्परा के भीतर ज्ञान की स्थितिग्रस्तता के बारे में अपनी पकड़ को तीन मुख्य रूपों में विकसित करती है, एक है दृष्टि का सिद्धान्त, दूसरा उत्तर आधुनिकतावाद और तीसरा है अनुभववाद। दृष्टि के प्रसंग में नारीवाद एक विशेष सामाजिक परिस्थिति को ज्ञान-मीमांसात्मक परिप्रेक्ष्य के रूप में ज्यादा सम्भावनापूर्ण मानता है। ज्ञान-मीमांसा के सन्दर्भ में उत्तर आधुनिकतावाद किसी प्रकार की सार्विकता खारिज करता है और इसके बदले ज्ञाता की सामाजिक पहचान को अस्थिर और गैर जरूरी मानता है। परिणामस्वरूप ज्ञान का प्रतिनिधान भी अस्थिर ही होगा। अनुभववाद उन प्रतिमानों की खोज करता है जिसके द्वारा ज्ञान को संवृद्ध करने वाली परिस्थितियों को निर्मित किया जा सके। यानी विभिन्न स्तर पर स्थितिगत अन्वेषणकर्त्ता की आपसी साझेदारी और आलोचनात्मक दृष्टिकोण से वस्तुपरकता को हासिल करना सम्भव हो सके।"[73] स्त्रीत्ववादियों को शिकायत है कि हिन्दी आलोचना पुरुष केन्द्रित है। वे इस केन्द्रवाद को तोड़ने की जरूरत बतलाते हैं।

उपर्युक्त विवेचन में छायावादोत्तर आलोचना का विवेचन किया गया है। इनके बीच द्वन्द्व चल ही रहा है और इधर पिछले कुछ दिनों में 'विखंडन' की पद्धति पर आधारित उत्तर संरचनावादी आलोचना की चर्चा भी होने लगी है। यह आलोचना-पद्धति पाठ की केन्द्रीयता को तोड़ने का दावा करती है। आगे के अध्याय में इसका परिचय प्रस्तुत किया जाएगा।

## सन्दर्भ


1. प्रगतिवादी काव्य साहित्य—कृष्णलाल, हंस, पृ. 26
2. साहित्य का समाजशास्त्र—बच्चन सिंह, पृ. 1-2
3. आज के जमाने में मार्क्सवाद का महत्त्व—एजाज अहमद, पृ. 5
4. साहित्य का समाजशास्त्र—बच्चन सिंह पृ. 3
5. शब्द और कर्म—मैनेजर पांडेय, पृ. 60
6. वही, पृ. 61
7. आज के जमाने में मार्क्सवाद का महत्त्व—एजाज अहमद, पृ. 32
8. वही, पृ. 32
9. शब्द और कर्म—मैनेजर पांडेय, पृ. 61
10. संकलित रचनाएँ—कार्ल मार्क्स, फ्रे० एंगेल्स, खंड-1, भाग : 2, पृ. 267, अनु. सुरेन्द्र कुमार
11. वही, पृ. 267
12. संकलित रचनाएँ—कार्ल मार्क्स, फ्रे० एंगेल्स, खंड 3 भाग-2, पृ. 402-3
13. साहित्य तथा कला—मार्क्स-एंगेल्स, पृ. 107
14. शब्द और कर्म—मैनेजर पांडेय, पृ. 13
15. In Theory, Classes, Nations, Literatures—Aijaz Ahmad, pg. 38-39
16. वही, पृ. 20
17. साहित्य का समाजशास्त्र—बच्चन सिंह, पृ. 20
18. संवेद—सं. किशन कालजयी, पृ. 136 (अमित शर्मा के लेख से उद्धृत) फरवरी 2002
19. हंस—सं. राजेन्द्र यादव, पृ. 66 दिसम्बर 1993
20. साहित्य का समाजशास्त्र—बच्चन सिंह, 20
21. कला के वैचारिक और सौन्दर्यात्मक पहलू-आग्नेर जीस, 96, अनु० बुद्धिप्रसाद भट्ट
22. वही, पृ. 97
23. बीसवीं शताब्दी का साहित्य और सौन्दर्यशास्त्र—सं. ये. सीदोरोब, पृ. 223
24. प्रगतिवादी काव्य साहित्य—कृष्णलाल हंस, पृ. 41
25. साहित्य और यथार्थ—हावर्ड फास्ट, पृ. 15, अनु. विजय सुषमा
26. वही, पृ. 17

27. संकट के बावजूद—सं. मैनेजर पांडेय, पृ. 125-26 (रिमंड विलियम्स-संस्कृति के मार्क्सीय सिद्धान्त में आधार और ऊपरी ढाँचे की सार्थकता)
28. वही, पृ. 147
29. A History of Literary Criticism—Harry Blamires, p.370-71
30. हिन्दुस्तान का स्वाधीनता आंदोलन और कम्युनिस्ट-अयोध्या सिंह, पृ. 127
31. भारत में उपनिवेशवाद और राष्ट्रवाद—बिपनचन्द्रा, पृ. 114
32. प्रगतिवादी काव्य साहित्य—कृष्णलाल हंस, पृ. 17-18
33. वही, पृ. 18
34. वही, पृ. 18
35. वही, पृ. 19
36. हिन्दी आलोचना—विश्वनाथ त्रिपाठी, पृ. 178
37. पहल, 64-65, अप्रैल, मई, जून, 2000, पृ. 168
38. आलोचना—सं. शिवदान सिंह चौहान, जुलाई 1952, पृ. 4 (सम्पादकीय)
39. परम्परा का मूल्यांकन—रामविलास शर्मा, (भूमिका)
40. आस्था और सौन्दर्य—रामविलास शर्मा, पृ. 31-32, (नन्दकिशोर नवल की पुस्तक 'हिन्दी आलोचना का विकास', पृ. 222 से उद्धृत)
41. हिन्दी आलोचना—विश्वनाथ त्रिपाठी, पृ. 183
42. भारतेन्दु हरिश्चन्द्र और हिन्दी नवजागरण की समस्याएँ—रामविलास शर्मा, पृ. 156
43. हिन्दी आलोचना—विश्वनाथ त्रिपाठी, पृ. 185
44. वही, पृ. 189
45. नयी कविता और अस्तित्ववाद—रामविलास शर्मा, पृ. 127
46. वही, पृ. 130
47. नयी कविता का आत्मसंघर्ष—मुक्तिबोध, पृ. 19
48. आलोचना—सं. नामवर सिंह, पृ. 28, अक्टूबर-दिसं. 2003
49. वही, पृ. 31
50. इतिहास और आलोचना—नामवर सिंह, पृ. 30
51. वही, पृ. 38
52. वही, पृ. 38
53. वही, पृ. 48
54. हिन्दी आलोचना का विकास—नन्दकिशोर नवल, पृ. 333
55. वही, पृ. 347-48

56. वही, पृ. 336
57. कविता के नए प्रतिमान—नामवर सिंह, पृ. 11 (भूमिका)
58. Scrutiny—Vol. xii, No. 1, Winter, 1943, Pub. by Cambridge Univ. Press, London.
59. कविता के नए प्रतिमान—नामवर सिंह, पृ. 11
60. वाद विवाद संवाद—नामवर सिंह, पृ. 36
61. अशोक वाजपेयी—चुनी हुई रचनाएँ—सं. मदन सोनी, पृ. 42
62. वाद विवाद संवाद—नामवर सिंह, पृ. 39-40
63. आलोचना की धारणाएँ—रेने वेलेक, पृ. 209-10
64. वही, पृ. 210
65. आलोचना और आलोचना—देवीशंकर अवस्थी, पृ. 24
66. दलित साहित्य का सौन्दर्यशास्त्र—ओमप्रकाश वाल्मीकि, भूमिका
67. वही, पृ. 24
68. वही, पृ. 34
69. नया ज्ञानोदय—सं. रविन्द्र कालिया, पृ. 22, दिसं. 2006
70. स्त्री उपेक्षिता (The Second Sex)—सीमोन द बुवा, पृ. 25, (हिन्दी संस्करण प्रभा खेतान द्वारा प्रस्तुत)
71. स्त्रीत्ववादी विमर्श, समाज और साहित्य—क्षमा शर्मा, पृ. 100
72. हंस—सं. राजेन्द्र यादव, पृ. 35, नवं.—दिसं. 1994 (औरत उत्तर कथा-1)
73. वसुधा—सं. कमला प्रसाद, पृ. 92, जन.-मार्च 2006, भोपाल

# 5

# संरचनावाद, उत्तर संरचनावाद और हिन्दी आलोचना

## संरचनावाद : भाषिक संरचना का अन्वेषण और काव्य-चिन्तन

संरचनावाद भाषिक प्रक्रिया का अन्वेषण करता है। इसकी शुरुआत सॉस्यूर के भाषिक चिन्तन से हुई और इसके विकास में ज्ञान के अन्य चिन्तन-पद्धतियों यथा मानव विज्ञान, समाज विज्ञान, मनोविज्ञान का योगदान है। मार्क्सवाद से इसका बड़ा जटिल रिश्ता रहा है। पिछली सदी के प्रारम्भिक दौर से ही मार्क्सवाद का टकराव मैक्सवेबर के समाजशास्त्र, फिर अस्तित्ववाद और उसके बाद संरचनावाद से चल रहा है। इसकी जटिलता यह है कि इसमें कुछ ऐसे तत्त्व हैं जो मार्क्सवादियों को भी आकर्षित करते रहे हैं—'इधर इतिहास का समर्थन करते हुए मार्क्सवादी संरचनावाद भी जन्मा है। इसकी जन्मभूमि फ्रांस है और इसके जनक अल्थूजर हैं। इन संरचनावादियों में साहित्यिक दृष्टि से सबसे महत्त्वपूर्ण नाम है—लूसिए गोल्डमान का। इस सन्दर्भ में उसका 'उत्पत्ति मूलक' संरचनावाद उल्लेखनीय है। इसका केन्द्रवर्ती विवेच्य है सन्तुलन—स्रष्टा और परिवेश के बीच का सन्तुलन।'[1]

संरचनावादी चिन्तन ने फ्रांस के मार्क्सवादी चिन्तन पर बहुत प्रभाव डाला है। मैनेजर पांडेय कहते हैं, "विचारधारा की संरचनाओं का विश्लेषण करते हुए स्वयं संरचनावाद की विचारधारा के शिकार मार्क्सवादी मार्क्सवाद और संरचनावाद की परस्पर विरोधी विचार पद्धतियों के समन्वय का प्रयत्न करते दिखाई देते हैं। मार्क्सवाद और संरचनावाद के अन्तर्विरोधी सम्बन्ध को अविरोधी समझने के परिणामस्वरूप संशोधित मार्क्सवादी चिन्तन काफी समय से फ्रांस में फैल रहा है।"[2] मार्क्सवादी चिन्तनधारा के कई स्रोत मिलते हैं पर यहाँ संरचनावाद के सन्दर्भ में यह कहने में कोई हर्ज नहीं है कि यह इतिहास और यथार्थ को खारिज करता है।

संरचनावाद का उदय फर्डीनेंड द सॉस्यूर के भाषिक चिन्तन से होता है।

वह भाषा के शब्द केन्द्रित चिन्तन को स्वीकार नहीं करता है। उसके अनुसार भाषा विभेदों का तन्त्र है और इसके अवयवों का चिन्तन नहीं किया जाना चाहिए बल्कि उनके बीच के सम्बन्धों का अध्ययन होना चाहिए। गोपीचन्द नारंग का कथन द्रष्टव्य है—

"सॉस्यूर ने युक्तियुक्त यह सिद्ध किया कि भाषा का अध्ययन केवल उसके अवयवों को लेकर या मात्र ऐतिहासिक दृष्टि से नहीं करना चाहिए, बल्कि उन सम्बन्धों के आलोक में करना चाहिए, जिनके कारण भाषा के अवयव सम्बन्ध रखते हैं और क्रियान्वित होते हैं यानी भाषा का अध्ययन एक विन्यस्त ऐकिक तन्त्र के रूप में करना चाहिए। उसी प्रकार चूँकि भाषा का ऐकिक तन्त्र समय के किसी एक सार पर आत्मनिर्भर होता है (जिसको हम प्रतिदिन बरतते और अनुभव करते हैं) अत: भाषा का अध्ययन उपस्थित समय के स्तर पर सम्भव है। उपस्थित समय के अध्ययन को सॉस्यूर समकालिक अध्ययन कहता है और सिद्ध करता है कि उपस्थित समय का अध्ययन ही वैज्ञानिक अध्ययन हो सकता है।"[3]

इस उद्धरण से यह ध्वनित होता है कि सॉस्यूर के मुताबिक वाक्य शब्दों की संरचना है और यह संरचना व्याकरणिक पद्धति से बद्ध होती है। संरचना के अनेक रूपान्तर हो सकते हैं किन्तु कोई भी रूपान्तर सम्बन्धित भाषा की व्याकरणिक पद्धति के अनुरूप ही होने पर सार्थक हो सकता है। यह भी ध्यातव्य है कि वाक्य का जब तक अन्तिम शब्द अपनी जगह नहीं ले लेता, वाक्य पूरा नहीं होता। यानि शब्द स्वतन्त्र अस्तित्व नहीं रखते, उनका अर्थ वाक्य-संरचना में प्रयुक्त (नियमबद्ध) अन्य शब्दों के साथ सम्बन्ध से खुलता है। वाक्य में प्रयुक्त शब्दों के क्रम को उलट-पुलट देने से वाक्य अर्थहीन हो जाएगा। दूसरी बात यह है कि सॉस्यूर भाषा के ऐतिहासिक या विकासवादी अध्ययन को नाकाफी कहता है और समकालिक अध्ययन, यानि उसके स्थिर पक्ष पर बल देता है।

सॉस्यूर के अनुसार भाषा के दो तत्त्व हैं—भाषा (Langue) और बोली यानी वाक् (Parole) "लांग भाषा का सम्पूर्ण अमूर्त तन्त्र है और पैरोल उसका यह सीमित व्यक्तिगत रूप जो किसी एक भाषा को बोलनेवाले व्यक्ति के भाषा व्यवहार में व्यक्त होता है।"[4]

सॉस्यूर के अनुसार भाषा संकेत तन्त्र (System of Signs) के आलोक में कार्य करती है। यह संकेत सूत्र अमूर्त है और इसमें संकेतक (Signifier) तथा संकेतित (Signified) निहित होते हैं। संकेतक ध्वन्यात्मक बिम्ब या लिखित रूप को कहते हैं तथा संकेतक अवधारणा को। सॉस्यूर दोनों के बीच अविभाज्य सम्बन्ध

मानते हैं। इस प्रकार भाषा को वे संकेतों का तन्त्र कहते हैं जो अवधारणाओं को व्यक्त करता है। यानी शब्द और वस्तु के बीच सम्बन्ध यादृच्छिक होता है। भाषा में संकेत भेद पर आधारित सम्बन्धों के आधार पर स्थापित होते हैं—

'In language there are only differnces without positive terms'

सॉस्यूर के इस संकेत तन्त्र के अध्ययन का महत्त्वपूर्ण पक्ष है कि किसी वस्तु के लिए जो किसी शब्द का प्रयोग होता है वहाँ वस्तु और शब्द का सम्बन्ध स्वतन्त्र रूपेण होता है। इसीलिए एक ही वस्तु या संज्ञा के लिए अलग-अलग शब्दों का प्रयोग होता है। जैसे 'घोड़े' का रूप और गुण यूरोप में वही होता है जो भारत में होता है। लेकिन अँग्रेजी में इसके लिए 'हॉर्स' शब्द का प्रयोग होता है। तथापि यहाँ यह गौर करने योग्य है कि संस्कृति के सन्दर्भ में यह भेद भी पूरी तरह लागू नहीं होता। गोपीचन्द नारंग कहते हैं—

"संकेतक और संकेतित का सम्बन्ध प्रकृति के प्रति तो स्वतन्त्र रूप से है लेकिन संस्कृति के प्रति स्वतन्त्र रूप से नहीं। अर्थात जिस संस्कृति में हिन्दी का चलन है उसमें वृक्ष को पेड़ या दरख्त तो कह सकते हैं, 'ट्री' नहीं कह सकते।"[6]

इस प्रकार सॉस्यूर ने संकेत तन्त्रों के जिस विज्ञान (संकेत विज्ञान) को जन्म दिया था, वही आगे चलकर देरिदा के विखंडन का आधार बना, हालाँकि देरिदा का विखंडनवाद सॉस्यूर के भाषा-चिन्तन को भी विखंडित कर देता है, तात्पर्य यह कि सॉस्यूर ने भाषा के बाह्य केन्द्र को तोड़ा, मगर देरिदा उसके बचे हुए आन्तरिक केन्द्र को भी ध्वस्त कर देते हैं। इसकी चर्चा आगे होगी।

## संरचनावाद और रूसी रूपवाद

सॉस्यूर के भाषा-चिन्तन से जन्मे संरचनावाद को भाषिकी से निकाल कर चिन्तन के अन्य क्षेत्रों में लाने का श्रेय रूसी रूपवादियों को है। इनमें मिखाइल बख्तिन, प्रॉप और रोमन याकोब्सन मुख्य हैं। यह रूपवाद वस्तुतः अँग्रेजी 'न्यू क्रिटिसिज्म' के दृष्टिकोणों के ज्यादा करीब था। रूसी रूपवादियों ने काव्य की काव्यात्मकता को आलोचना का आधार माना और बिम्ब, प्रतीक के साथ-साथ मिथकों को काव्य-चिन्तन तथा कला-चिन्तन का आधार बनाया। मिथक को आधार बनाकर संरचनावादी पद्धति का विकास करने के प्रसंग में ब्लादीमीर प्रॉप का नाम उल्लेखनीय है। इन रूपवादियों ने सॉस्यूर के भाषिक चिन्तन से संरचनावाद को निकालकर साहित्यानुशीलन में स्थापित किया। इस कार्य में रोमन याकोब्सन की महत्त्वपूर्ण भूमिका है। मैनेजर पांडेय कहते हैं—"संरचनावाद को भाषिक विज्ञान से साहित्य-चिन्तन के क्षेत्र में लाने और उसे अन्तर्राष्ट्रीय महत्त्व प्रदान करने में सबसे अधिक

महत्त्व रोमन याकोब्सन का है।''[7] याकोब्सन बाद में प्राग (तत्कालीन चेकोस्लोवाकिया) चला गया। Harry Blamires कहते हैं—

'An influential scholar in this conection was Roman Jakobson who worked in Preague in the 1920s before imigrating to the USA, to become eventually a key figure in what came to be called 'Linguistic Criticism'. The lable is appropriate for a movement which saw 'the poetic' as something distinguishable in purely linguistic terms. Jakobson derived impetus from the work of Swiss scholar Ferdinand de saussure...''[8]

काव्य-चिन्तन के सन्दर्भ में याकोब्सन ने भाषिक पद्धति का प्रयोग करते हुए साहित्य की संरचनावादी प्रणाली को प्रस्तुत किया। सॉस्यूर के काम को याकोब्सन किस प्रकार आगे बढ़ाते हैं यह गोपीचन्द नारंग के इस कथन से स्पष्ट होता है—

''...जो बात सॉस्यूर ने अपनी अन्तर्दृष्टि के आधार पर अन्तः प्रज्ञ रूप से कही थी रोमन याकोब्सन ने अपने शोध के माध्यम से भौतिक-वैज्ञानिक रूप से उसे सिद्ध कर दिया। यों अपराजेय रूप से इस बात की पुष्टि हो गयी कि मानवीय मस्तिष्क वस्तुतः दो मूलगामी सम्बन्धों की सहायता से कार्य करता है। याकोब्सन ने बताया कि वाचाघात का शिकार होने के पश्चात शब्दों के प्रयोग के इन दोनों पक्षों में एक अक्षम हो जाता है।''[9]

उसका आशय है कि जो व्यक्ति संसक्ति व्यतिक्रम (Contiguity disorder) का शिकार हो गया वह समानता व्यतिक्रम (Similarity disorder) का शिकार नहीं होगा। क्षैतिज और उर्ध्वाधर पक्ष में से एक की क्षमता समाप्त होने पर दूसरे की क्षमता का बचा रहना और दूसरे की समाप्त होने पर पहले की क्षमता का बचा रहना भाषिक अध्ययन की भौतिकशास्त्रीय खोज है।

ब्लादीमीर प्रॉप ने रूसी लोक कथाओं का विश्लेषण करते हुए आख्यान का संरचनात्मक अध्ययन प्रस्तुत किया। उसने संकेत दिया कि परीकथाओं के स्रोत मिथक हैं।

मिखाइल बख्तिन अपने समय के रूपवादियों से थोड़े भिन्न थे क्योंकि वे कुछ मार्क्सवाद से प्रभावित थे। वे भाषा और विचारधारा का सम्बन्ध स्वीकार करते हैं। इस प्रकार वे साहित्य को सामाजिक दायरे में लाते हैं और यह मत प्रकट करते हैं कि भाषा विभिन्न कालों एवं विभिन्न मतों-विचारोंवाले सामाजिक समूहों के बीच सह-अस्तित्व कायम करती है जो अन्तर्विरोधों पर आधारित होता है।''[10]

कार्निवाल का सिद्धान्त बख्तिन का दिलचस्प सिद्धान्त है। वह कहता है कि कार्निवाल (मेला) में सत्ता और समृद्धि की सारी स्थापनाएँ टूट जाती हैं। यह सिद्धान्त साहित्य की विवेचना में किस प्रकार काम करता है इस सम्बन्ध में बख्तिन के मत को स्पष्ट करते हुए गोपीचन्द नारंग कहते हैं—

"उसके अनुसार सुकरात के संवाद और मेनिपीयन सटायर सबसे प्राचीन कार्निवलाइज्ड साहित्यिक विधाएँ हैं। सुकरात के संवाद अपने मूल की दृष्टि से स्वतन्त्र वार्तालाप पर आधारित हैं जिनमें सचाई की खोज विचार-विनिमय के माध्यम से होती है न कि निरंकुश आत्म संलाप के माध्यम से। अलबत्ता सुकरात के संवाद हम तक जिस संसक्त रूप में पहुँचे हैं वह विन्यास अफलातून का पैदा किया हुआ है। यद्यपि कार्निवाल स्पिरिट की कुछ न कुछ प्रमोदशील सापेक्षता (Jolly relativity) उनमें अब भी देखी जा सकती है। किन्तु बख्तिन का कहना है कि वह सामूहिक मुक्त विचारशीलता अवश्य किसी सीमा तक दब गयी है जिसमें विभिन्न विचार परस्पर टकराते हैं अथवा जिसमें वक्ता या कृतिकार किसी एक आवाज के वर्चस्व पर आग्रह नहीं करता।"[11]

इस उद्धरण में गोपीचन्द नारंग ने मेनिपीयन सटायर का उल्लेख किया है—इसका सम्बन्ध बख्तिन द्वारा प्रयोग किये गये तीन विश्व, खगोलीय, पाताल और पृथ्वी से है—"इन तीनों का उल्लेख कार्निवाल के वातावरण के अनुरूप किया गया है।"[12]

## संरचनावाद का विस्तार

इस प्रकार रूसी रूपवादियों ने संरचनावाद को भाषिकी से बाहर लाकर साहित्य से जोड़ा। इसके विविध रूप फ्रांस में विकसित हुए। प्रमुख प्रचारक के रूप में वहाँ लेवी स्ट्रॉस का नाम आता है। वे नृतत्वशास्त्री थे मगर उन्होंने विशेष रूप से सामाजिक जीवन के विन्यास की खोज की। उन्होंने प्राचीन सभ्यता एवं संस्कृति के अनेक तत्त्व त्योहार, प्रथाएँ, आचार-व्यवहार, टोटेम, अन्धविश्वास, नातेदारियाँ, वैवाहिक कर्मकांड आदि का अध्ययन किया। मिथक के बारे में लेवी स्ट्रॉस के विश्लेषण को गोपीचन्द नारंग इन शब्दों में स्पष्ट करते हैं—"लेवीस्त्रॉस का कहना है कि मिथक एक प्रकार का सन्देश है जो उस संस्कृति के सदस्यों के लिए है, जिस संस्कृति में वह मिथक प्रचलित है और फिर यह कि जबतक कोई संस्कृति ऐकिक रहती है मिथक में परिवर्तन नहीं होता है। किन्तु जब-जब उसमें दूसरे प्रभावों के प्रविष्ट होने से विभिन्न परतें पैदा होती हैं तो मिथक में भी परिवर्तन प्रादुर्भूत हो जाते हैं। तथापि मिथक का मूल सन्देश नहीं बदलता अपितु यह वही

रहता है।''[13] लेवी स्ट्रॉस ने मिथकों-परम्पराओं का अध्ययन बड़े सुसंगत रूप में किया लेकिन उसकी सीमा है कि वह इन्हीं में उलझ कर रह जाता है।

नार्थोप फ्राई का महत्त्व न सिर्फ इसलिए है कि उसने अमरीकी 'नई समीक्षा' पर प्रश्न उठाया बल्कि संरचनावाद को भी आगे बढ़ाया। उसकी पुस्तक The Anatomy of Criticism' जो 1957 ई में Princeton University Press से प्रकाशित हुई थी, ने बड़ी प्रसिद्धि पाई। उसने साहित्य के स्वरूप और प्रकृति पर विचार किया तथा पुराकथाओं, महाकाव्य और उपन्यास के बीच अन्तर स्थापित किया। वह साहित्यिक आलोचना को लिखित शब्दों से आगे भी मानता है और विभिन्न विधाओं के 'पाठ' की भिन्नता की बात करता है। फ्राई के अनुसार आलोचना का दायित्व सिर्फ रचना की परख करना नहीं है बल्कि काव्यशास्त्र के सिद्धान्तों, नियमों का निर्धारण करना भी है। साहित्य में कोई यथार्थ उसे मान्य नहीं था लेकिन साहित्यिक मानदंडों का प्रश्न उठाकर उसने यह दृष्टिकोण भी प्रकट किया कि साहित्य का काम सिर्फ आनन्द देना नहीं है। कथा के सन्दर्भ में उसने उसके विभिन्न प्रकारों को नियमबद्ध करने का काम किया और दो तन्त्रों में बाँटा—रीति तन्त्र विद्या तन्त्र (System of Modes) और (System of Forms)। संरचनावादी अध्ययन की दृष्टि से फ्राई का यह काम बहुत महत्त्वपूर्ण समझा जाता है।

जोनाथन कुलर संरचनावाद को आगे बढ़ाते हुए उसे सॉस्यूर के भाषा-चिन्तन से आगे ले जाते हैं। हालाँकि मानविकी और सामाजिक अध्ययन में भाषिकी का महत्त्व स्वीकार करते हैं पर इसके लिए वे सॉस्यूर के भाषा-चिन्तन के बजाय नोम चोम्स्की के भाषिक चिन्तन यानी भाषा बोलनेवाले के मानस और बोध के अन्तवर्ती सिद्धान्तों को महत्त्व देते हैं। चोम्स्की ने भाषा बोलने वाले व्यक्ति और उसके द्वारा प्रयुक्त किये जानेवाले भाषिक तन्त्र के मानसिक व्यापार का विश्लेषण करते हुए क्षमता (Competence) और निष्पादन (Performance) के सिद्धान्त को भाषिक तन्त्र की गुत्थी खोलने के प्रस्थान-बिन्दु के रूप में प्रस्तुत किया। Mitsou Ronat द्वारा लिये गये साक्षात्कार में नोम चोम्स्की इसको इन शब्दों में स्पष्ट करते हैं—

'If all you know of language is that it consists of words or if you have a theory of saussurean type that tells you here is a sequence of signs, each having a sound and a meaning, that limits very greatly the type of process model you can investigate. You must work with performance models, which produce word by word sequences, with no higher structure. You can only work with acquisition models, which acquire a system of concepts and sounds and with the relations between these systems. That would be a primitive psychology, limited by the conception of language that was the point of departure.'[14]

इसी परिप्रेक्ष्य में जोनाथन कुलर अपनी साहित्यिक सैद्धान्तिकी को प्रस्तुत करता है। वह काव्यशास्त्र का केन्द्र पाठ को नहीं उसकी पठनीयता को मानता है। गोपीचन्द नारंग कहते हैं—

"उसका कहना है कि हमें ज्ञात होना चाहिए कि कलाकृति किस प्रकार समझ में आती है। उस प्रच्छन्न ज्ञान और उन निहित परम्पराओं जिनकी सहायता से पाठक इस योग्य हो पाते हैं कि कलाकृति से अर्थ ग्रहण कर सकें सूत्रबद्ध करना आवश्यक है। जोनाथन कुलर के प्रयासों का चरम यही है कि पाठ के स्थान पर पाठक की विवृत्ति प्रक्रिया पर ध्यान दिया जाए। उसका आग्रह है उन सिद्धान्तों को खोज निकालना, जिनके आलोक में पाठ सृजित होता है, सम्भवत: शक्य नहीं जबकि उन सिद्धान्तों को ज्ञात करना जो पाठ को समझने में सहायक हों, सम्भव हैं।"[15]

जोनाथर कुलर के सिद्धान्त की आलोचना इसके लिए की जाती है कि उसके द्वारा व्यक्ति के भाषिक अन्त: प्रज्ञ मॉडल को वैयक्तिक कर्ता का स्थान दे दिया गया।

फ्रांसीसी संरचनावादियों में सबसे महत्त्वपूर्ण नाम रोलाँ बार्थ (Roland Barth) का है। वह पाठ के अर्थ की बहुलता में विश्वास करता है। वह साहित्य को अर्थ की उत्पत्ति का सन्देश कहता है। उसने यह मत प्रस्तुत किया कि भाषा को पारदर्शी माध्यम मानना सर्वथा भ्रामक धारणा है। बार्थ का महत्त्व यह है कि उसने संरचनावाद से उत्तर संरचनावाद की ओर अग्रसर होने का मार्ग खोल दिया और यही वह समय था जब देरिदा के विखंडन के लिए वैचारिक पृष्ठभूमि बनने लगी थी। 'इन्द्रप्रस्थ भारती' में प्रकाशित लेख में रोलाँ बार्थ के भाषा-चिन्तन पर विचार करते हुए के.जी. वर्मा कहते हैं—

"जब मई 1968 के छात्र आन्दोलन की भयावह परिणति ने फ्रांसीसी मानस को तीव्र वैकल्य बोध से भर दिया था, इनके योगदान ने न केवल उस कठिन समय के वैचारिक कलह को समझने में निर्णायक भूमिका निभाई बल्कि सोच के अनेक आयाम खोले जो दर्शन, साहित्य, इतिहास तथा राजनीति तक ही सीमित नहीं है। आधुनिक सांस्कृतिक बोध से सम्बद्ध संचार माध्यमों, संकेत विज्ञान,

छायाचित्रण एवं भवन-निर्माण आदि अनेक कर्म क्षेत्रों की परिवेशगत पेचीदगियों से बनने वाली संरचनाओं को खोलने में यहाँ से भरपूर मदद मिलती है। इन्हीं वर्षों में संरचनावादी मुख्यधारा से अलगाव की शुरुआत होती है। केन्द्र में भाषा के आ जाने से सत्यान्वेषण, बोध, शोध और विचार की दुनिया में एक नया मोड़ आता है जब अर्थ-मीमांसा स्थिर, ग्राह्य, सन्तोषजनक रूपाकारों में अस्थिरता और अनुपस्थिति का सामना करती है। यही विखंडन की प्रणाली है जो देरिदा से यह कहलवाती है कि पाठ के बाहर कुछ नहीं है।''[16]

बार्थ भाषा को प्रतिनिधिकता और सांस्थानिकता से मुक्त करता है एवं लेखन को निरन्तरता में प्राप्त करने की ओर अग्रसर होता है। वह पाठ को बहुल मानता है—

''इसका अर्थ केवल यह नहीं है कि इसके अनेक अर्थ हैं किन्तु यह कि यहाँ इसी अर्थ बहुलता की पूर्ति होती है। असरलीकरणीय (और न कि मात्र स्वीकार्य) बहुलता। अर्थ से सहअस्तित्व पाठ नहीं है बल्कि पथगमन पारगम्यता है, यह किसी व्याख्या पर, कितनी भी उदार हो निर्भर नहीं करता परन्तु विस्फोट पर विकीर्णन करता है।''[17] उत्तर संरचनावाद में बाहर से कटी और अन्दर से खुली भाषा बिना आधार के गतिशील है। रोलाँ बार्थ ने उसी को 'Structuration' कहा है।

प्रारम्भ में रोलाँ बार्थ सार्त्र से प्रभावित था। सार्त्र की भाँति वह भी अनिवार्यतावाद 'Essentialism' को बुर्जुआ मानसिकता की देन मानता था और किसी प्रकार के एकत्व एवं अखंडता को नहीं मानता था। उसका कहना था कि—

''...मानव का एकत्व एक प्रकार की भ्रान्ति है। यदि ध्यान से देखा जाय तो हम में से प्रत्येक वस्तुतः अनेक है।''[18] अपने विचारों और जीवन में वह इसी दृष्टिकोण से परिचालित होता रहा। Writing Degree Zero, Mythologies, The Pleasure of the Text आदि बार्थ की प्रसिद्ध कृतियाँ है। Writing Degree Zero में उसने फ्रांसीसी साहित्य के इतिहास-लेखन में मार्क्सवादी दृष्टि के प्रयोग के बारे में दर्शाने का प्रयास किया। उसने सांस्थानिक एवं रूढ़िग्रस्त आलोचना-पद्धति का कड़ा विरोध किया। इस समय तक बार्थ रैडिकल बौद्धिक चेतना से क्रान्तिकारी होने की हद तक लैस था। मगर आगे चलकर पाठ के सम्बन्ध में उसने आनन्द और आस्वादन शब्द बन्ध का प्रयोग किया जिससे पता चलता है कि पाठ के प्रति उसकी साहित्यिक दृष्टि सघन होने लगी थी। 1970 के आसपास उसमें वह परिवर्तन हुआ जहाँ से उत्तर संरचनावाद का रास्ता खुलता है। 1970 में उसकी कृति S/Z प्रकाशित हुई। यहीं से उसके उत्तर संरचनावादी

चिन्तन के संकेत मिलते हैं क्योंकि वह बन्द पाठ (Close Text) की तीखी आलोचना करता है।

"बन्द पाठ पर प्रहार करते हुए बार्थ कहता है कि इसके समर्थक पाठक को पाठ का उपभोक्ता समझते हैं जबकि पाठ एवं पाठक का सम्बन्ध मात्र उपभोक्ता का नहीं वरन अर्थोत्पन्न करनेवाले उत्पादक का है। पहले प्रकार के पाठ को बार्थ पढ़ा जानेवाला और दूसरे प्रकार के पाठ को लिखा जानेवाला यानी सृजन किया जानेवाला कहता है। पहले प्रकार का पाठ केवल पढ़ने के लिए है जबकि दूसरे प्रकार का पाठ मानो लिखने का औचित्य प्रस्तुत करता है। वह सृजन-धर्म निभाता है और प्रहर्षता एवं आनन्द को जाग्रत करता है गोया दूसरे प्रकार का पाठ एक आदर्श पाठ है। इस आदर्श पाठ में संकेतक आकाश गंगा की तरह आविर्भूत होते हैं और अर्थ का नूतन संसार उभरता है। उसका कोई निश्चित द्वार नहीं, उसमें एकाधिक दरवाजों से प्रविष्ट हो सकते हैं।"[19]

सॉस्यूर के समय से ही यह धारणा चली आ रही थी कि मनुष्य जो कुछ बोलता है वह भाषिक तन्त्र की उपलब्धि है, मनुष्य की नहीं। इसी को हाइडेगर ने दर्शन में स्थापित किया और बार्थ ने आगे बढ़कर प्रसिद्ध लेख लिखा The Death of the Author यानी एक बार पाठ तैयार हो जाने के बाद उसमें लेखक की उपस्थिति समाप्त हो जाती है, पाठ लेखक से मुक्त हो जाता है। इसी क्रम में उसने अमरीकी नई समीक्षा को भी खारिज किया। बार्थ ने पढ़त (Reading) की प्रक्रिया को वस्तुपरक और पूर्व निश्चित अर्थ की संरचना से मुक्त कर दिया।

## संरचनावाद और मार्क्सवाद

पिछले अध्याय में यह कहा गया है कि मार्क्स के परवर्ती काल में मार्क्सवाद के अध्ययन के विभिन्न दृष्टिकोण सामने आये। इस प्रसंग में पिछले अध्याय में लुकाच, ग्राम्शी, रेमंड विलियम्स आदि की चर्चा हो चुकी है। यहाँ उन मार्क्सवादी चिन्तकों पर चर्चा करना अपेक्षित है जो संरचनावादी पद्धति से प्रभावित रहे हैं और इसी के आलोक में जिन्होंने मार्क्सवाद का नवीन पाठ प्रस्तुत किया।

इस प्रसंग में सबसे पहले लूसिए गोल्डमान (Lucien Goldman) की चर्चा जरूरी है। वह पाठ को 'अन्तर्वैयक्तिक मानसिक संरचनाओं' की उत्पत्ति कहता है। ये मानसिक संरचनाएँ सामाजिक वर्ग द्वारा पोषित होती हैं। सामाजिक परिवर्तन के साथ ही इनमें परिवर्तन होता रहता है। इसी आधार पर उसने 'जेनेटिक स्ट्रक्चरलिज्म' का सिद्धान्त प्रस्तुत किया। 1959 में उसकी पुस्तक 'The Hidden Gape' और 1964 में 'Towards Sociology of the Novel' प्रकाशित हुई। मार्क्सवाद के

फ्रैंकफुर्त सम्प्रदाय के अडोर्नो, हर्बर्ट मारक्वेज और बेंजामिन का प्रभाव गोल्डमान पर है। उसका महत्त्व यह है कि उसके द्वारा उठाये गये नये प्रश्नों से कथा-साहित्य के समाजशास्त्रीय अध्ययन का रास्ता खुलता है।

पियरे माशेर इस प्रसंग में इसलिए खासतौर पर उल्लेखनीय हैं कि इनका प्रभाव अल्थूजर पर पड़ा है। इस सन्दर्भ में इनकी पुस्तक A Theory of Literary Production 1966 चर्चा के योग्य है। इनका कहना था कि साहित्यिक रचना करते समय लेखक कुछ कहने के लिए बहुत कुछ को दबा देता है। आलोचक का काम इसी को बाहर निकालना है, जो कहा नहीं जा सका। अल्थूजर के अलावे टेरी ईगल्टन पर भी माशेर का प्रभाव है। अल्थूजर की चर्चा पूर्व में हो चुकी है। यहाँ यह संकेत करना प्रासंगिक है कि अल्थूजर ने मार्क्सवाद की कोई सीमा मानने से इंकार कर दिया। इस क्रम में उसने लुकाच की भी आलोचना की। लुकाच सामाजिक समष्टि की संकल्पना इकाई के रूप में करता था, अल्थूजर ने उसको खारिज कर दिया। उसके स्थान पर वह सामाजिक संघटन की बात करता है। इसके एक छोर पर वैचारिकी है, दूसरे पर विज्ञान, इन दोनों के बीच में कला है जो दोनों से समान दूरी पर अवस्थित है।[20]

इस प्रकार वह 'कला' को स्वायत्त रूप में प्रस्तुत करता है और चूँकि यह वैचारिकी और विज्ञान के दो छोरों के बीच में है, इसलिए निरपेक्ष रूप से स्वायत्त नहीं हो सकती, सापेक्ष रूप में ही होगी।

टेरी ईगल्टन की उल्लेखनीय पुस्तकें हैं—Criticism and Ideology (1976) & Walter Benjamin or Towards a Revolutionary Criticism (1981) पहली पुस्तक में ईगल्टन ने अँग्रेजी नयी आलोचना की पड़ताल की और एफ.आर. लीविस तथा रेमंड विलियम्स से मतभेद प्रकट किया। वह आलोचना कर्म की मूल समस्या साहित्य एवं वैचारिकी का सम्बन्ध-निर्धारण बतलाता है। वह देरिदा के विखंडन को अंशत: स्वीकार करता है।

फ्रेडरिक जेमेसन महत्त्वपूर्ण मार्क्सवादी सिद्धान्तकार हैं। इनकी उल्लेखनीय पुस्तक है Marxism and Form (1971), The Prison House of Language (1972) और The Political Unconscious (1981)। जेमेसन के विचारों को सुधीश पचौरी इन शब्दों में व्याख्यायित करते हैं—"जेमेसन के पोस्टमॉडर्न की सबसे बड़ी विशेषता इस बात को स्वीकार करने में निहित है कि वृद्ध पूँजीवाद के द्वारा निर्मित उत्तर आधुनिक स्थिति में वह जगह खो गयी है जहाँ से कोई आलोचनात्मक विमर्श शुरू किया जा सकता। जेमेसन ऐसे साहसी मार्क्सवादी हैं जो इस जगह की कमी को स्वीकार करके चलते हैं और इसे वे कर्त्ता की मृत्यु

कहते हैं, इतिहास के विलोप तथा आलोचनात्मक दूरी की समाप्ति कहते हैं। जेमेसन बताते हैं कि उत्तर आधुनिक कला अतीत के जिन प्रतीकों, शैलियों और थीमों को रिसाइकल करती है उस अतीत को किसी भी जीवित सार्थकता से रहित कर देती है।...किसी भी वाक्य का अर्थ परस्पर भेदीकृत चिह्नों में से होकर आता है और जब व्यंजना करने वाली श्रृंखला टूट जाती है तो सीजोफ्रेनिया पैदा हो जाता है जिसमें हर चिह्न असम्बद्ध और असंपृक्त, गड्डमड्ड में बदल जाता है। असम्बद्ध, असंपृक्त, असन्दर्भित छवियों, चिह्नों, बिम्बों का अनन्त प्रसार अर्थ को स्थिर करनेवाले संस्थानों की प्रक्रिया को तोड़-फोड़ डालता है। इतना सब यथार्थ स्वीकार करने के बाद जेमेसन कहते हैं कि उत्तर संरचनावाद का विखंडन इस स्थिति को तोड़ता नहीं, मजबूत करता है।''[21]

मार्क्सवाद और संरचनावाद के सम्बन्ध में प्रस्तुत उपर्युक्त विवेचन से यह मालूम पड़ता है कि दोनों के बीच कतिपय बिन्दुओं पर सहभागिता से इंकार नहीं किया जा सकता, किन्तु इस कारण से संरचनावाद को मार्क्सवाद का विस्तार मान लेना भ्रामक होगा। यह भ्रम मार्क्सवादी विचारकों में भी आजकल पाया जाता है। संरचनावादी साहित्य को इतिहास-निरपेक्ष मानते हैं। बच्चन सिंह का कहना है—

''रूपवादियों और संरचनावादियों में अनेक समानताएँ हैं। साहित्य के कथ्य, सन्देश, स्रोत, इतिहास और सामाजिक आयामों से किसी का कोई सरोकार नहीं था।''[22]

जहाँ तक मार्क्सवादी संरचनावादियों का प्रश्न है उनके बारे में बच्चन सिंह कहते हैं—

...गोल्डमान के इतिहासवाद में कला का अपना स्वरूप गायब हो जाता है। अत: ऐसा प्रतीत होता है कि संरचनावाद साहित्य में यथास्थितिवाद है जो पूंजीवादी संस्कृति में उसका सहायक बनकर आया है।''[23]

एजाज अहमद ने मार्क्सवाद और संरचनावाद के बारे में उत्पन्न भ्रम का विश्लेषण वियतनाम युद्ध, अल्जीरियाई युद्ध और औपनिवेशिक सन्दर्भों में बड़े तर्कपूर्ण ढंग से किया है। उनकी पुस्तक 'In Theory' की इन पँक्तियों को इस प्रसंग में उद्धृत करना समीचिन होगा—

'The settlement of the Algerian war then paved the way for full scal consolidation of High Gaullism. It was at this point that the ascendency of structuralism and then of semiotics began—First in fairly redical variants, in keeping with the temper of the times, and then in increasingly formalist, domesticated directions. Both Levi strauss and Roland Barthesd, for example, had initially indicated affinities with Marxism, claiming for linguistics, in earlier phases of their respective careers, not so much as ontological primacy basically a methodological efficacy.

The real trends remained so unclear for so many years that the Events of 1968, when the burst upon the French scene were widely viewed as inaugural gesture of a new generaton of radical, even revolutionary, intellectuals and militants, and neither as the process that propelled the worst kind of anti communism to an hegemonic position among the parisian avant garde nor as the last rites for an antiquated form of capitalism...[24]

निस्सन्देह संरचनावाद की सीमाएँ हैं और इन सीमाओं का स्वयं संरचनावादियों को आभास था और जिन संरचनावादियों ने इस आभास के कारण आत्मालोचन किया उन्होंने ही उत्तर संरचनावाद की पृष्ठभूमि तैयार की। इसीलिए कतिपय विचारक यह समझते हैं कि उत्तर संरचनावाद संरचनावाद का ही विस्तार है। यह एक हद तक सही है किन्तु पूरे तौर पर नहीं क्योंकि उत्तर संरचनावादी संरचनावादियों के तार्किक निष्कर्ष के दावों, यथा मानवीय संकेत तन्त्र के रहस्यों पर अधिकार पाने के दावे को खारिज करता है।

## उत्तर संरचनावाद : शब्द केन्द्रिता (Logo-centrism) का विरोध

उत्तर संरचनावाद के तत्त्व सॉस्यूर के भाषा-दर्शन में मौजूद हैं। राजेन्द्र जोशी का कथन है—"उत्तर संरचनावाद सॉस्यूर का स्वीकार करता है। लेकिन उसके संरचनावाद का नहीं बल्कि उसके संकेत विज्ञान का, सॉस्यूर का संरचनावाद अर्थ की उपेक्षा करके सिस्टम की स्थापना करता है। इसी तरह से फिनोमीनोलॉजी के Subject ही जगत की रचना कर सके इस मतलब के तर्क का स्वीकार उत्तर संरचनावाद नहीं करता। उसका तर्क यह है कि जगत के द्वारा Subject की रचना होती है। इस तरह Subject पहले से उपस्थित नहीं होता।"[25]

उत्तर संरचनावाद अर्थ की उत्पत्ति की प्रक्रिया को स्वरूप की दृष्टि से स्थिर नहीं मानता है। सॉस्यूर से इस दृष्टिकोण की भिन्नता गोपीचन्द नारंग इन शब्दों में प्रकट करते हैं—

"यद्यपि सॉस्यूर ने स्वयं स्वीकार किया था कि संकेतक एवं अर्थ दो अलग-

अलग तन्त्र हैं, किन्तु वह इस बात पर विचार नहीं कर सका कि जब दो तन्त्र परस्पर संश्लेषित होते हैं तो अर्थ का एकत्व अस्थिर हो जाता है। भाषा को एक विशद भाषिक तन्त्र घोषित करने के अनन्तर (जो बाह्य यथार्थ से स्वतन्त्र अपना अस्तित्व रखता है) यद्यपि सॉस्यूर ने संकेत को संश्लिष्ट रखने का कितना ही प्रयास किया, तथापि उसके दो हिस्से मानकर उसने उसकी संगति के निष्प्रभाव एवं शून्य हो जाने का मार्ग भी खुला छोड़ दिया।''[26]

उत्तर संरचनावाद इस बात की खोज करता है कि शब्द किस प्रकार अर्थ के रूप में नया शब्द प्रस्तुत करते हैं और अर्थ किस प्रकार एक और अर्थ उपस्थित करता है। शब्द और अर्थ का यह क्रम अन्तहीन रूप में चलता रहता है। जब हम शब्दकोश में किसी शब्द का अर्थ खोजते हैं तो हमें फिर एक शब्द मिलता है, यानी हर शब्द अपने अर्थ के लिए दूसरे शब्द पर आश्रित होता है और अन्तहीन क्रम चलता रहता है।

उत्तर संरचनावादियों में रोलाँ बार्थ की चर्चा संरचनावाद की चर्चा के दौरान हो चुकी है। यहाँ जॉक लकाँ, जॉक देरिदा, जूलिया क्रिस्टीवा और मिशेल फूको पर विचार करना अपेक्षित है। लकाँ नवफ्रायडवादी चिन्तक के रूप में प्रसिद्ध हैं। इनका जन्म 1931 में और मृत्यु 1982 में हुई। फ्रायड के अवचेतन के बारे में लकाँ का मत है कि फ्रायड की मूल अन्तर्दृष्टि यह नहीं थी कि अवचेतन अस्तित्व रखता है बल्कि यह थी कि अवचेतन संरचना रखता है और इसका विश्लेषण सम्भव है। उसके अनुसार मानवीय व्यक्ति भाषा बोलने के साथ-साथ संकेत के ऐसे तन्त्र में प्रविष्ट हो जाता जो यद्यपि उससे पूर्व अस्तित्व रखता है किन्तु अर्थवान तभी बनता है जब मानवीय व्यक्ति उससे संलग्न हो जाता है।[27] लकाँ के चिन्तन का निष्कर्ष है कि समस्त चिन्तन Other के विषय में है इसलिए लेखक को चाहिए कि लिखने के बाद वह स्वयं को विस्थापित कर दे। जाहिर है कि यह विचार सैद्धान्तिकी निर्माण के खिलाफ है। लकाँ की महत्त्वपूर्ण पुस्तक है Ectits : A selection (English. Translation 1977)। मिशेल फूको पर मार्क्सवाद का प्रभाव रहा है पर मूलत: अपना विमर्श वह नीत्शे से प्रारम्भ करता है। मार्क्सवाद के साथ फूको के सम्बन्ध को एजाज अहमद की पुस्तक 'इन थ्योरी' की इन पंक्तियों में देखा जा सकता है।

'Foucault always side steps Marxist terminology, but he know what he is taking about namely that emergence of bourgeois society which runs from the so called primitive accumulation up to the first industrial revolution.'[28]

मार्क्स, नीत्शे और फूको के विमर्श का केन्द्र सत्ता का विमर्श ही है। मार्क्स ने अपना वर्ग संघर्ष का सिद्धान्त इतिहास में निहित वस्तुगत गति सिद्धान्तों के आधार पर प्रस्तुत किया, नीत्शे को इससे एतराज था। रवि सिन्हा ने अपने लेख 'सत्ता और इतिहास: फूको, नीत्शे और मार्क्स' में लिखा है—

"...प्रबोधनकालीन तर्कबुद्धि और आधुनिकता पर तीखा हमला बोलनेवाला दार्शनिक नीत्शे निरन्तर प्रगतिशील और गन्तव्योन्मुख इतिहास की अवधारणा से साफ इंकार करता था और समाज को प्रभुत्व के लिए निरन्तर चलनेवाले अन्तहीन संघर्ष का युद्ध क्षेत्र मानता था। सत्ता यहाँ इतिहास से स्वतन्त्र हो जाती है। और सत्ता का इरादा (Will to power) इतिहास ही नहीं प्रकृति को भी संचालित करने लगता है।"[29]

ऊपर कहा गया है कि फूको अपना विमर्श नीत्शे के विमर्श के अन्त से शुरू करते हैं, पर निश्चय ही मार्क्सवाद से वे पूरी तरह पीछा नहीं छुड़ा पाते और नीत्शे से अलग भी होते हैं। सुधीश पचौरी कहते हैं—"स्मृति, कामना, सत्ता; फूको ज्ञान में इन्हीं तत्त्वों को केन्द्रीय और सक्रिय मानते हैं। कामना देह की सत्ता की गुलाम है। यह कहकर वे नीत्शे से अलग भी होते हैं जो कहता है कि मनुष्य की कामना ही सत्ता की कामना है।"[30]

संरचनावाद चिन्तन-विमर्श से व्यक्तिनिष्ठता को हटाकर वस्तुनिष्ठता की प्रतिष्ठा के प्रयास का दावा करता था पर फूको ने इसको खारिज कर दिया। फूको ने विमर्श को जिस प्रकार अस्वीकार किया है उससे स्पष्ट होता है कि वह भाषा, मिथक, साहित्य के कार्य, स्वप्न आदि को अस्वीकार करके संघटन, निश्चयात्मकता, ज्ञान आदि को महत्त्व देता है। गोपीचन्द नारंग कहते हैं—

"...फूको विमर्श को मानव-मस्तिष्क की केन्द्रीय गतिविधि मानता है, एक सामान्य सार्वभौम पाठ के रूप में नहीं वरन अर्थोत्पत्ति के एक महासागर के रूप में। वह परिवर्तन के ऐतिहासिक आयाम में रुचि रखता है। वह कहता है कि जो कुछ कहना शक्य है वह एक युग से दूसरे युग में परिवर्तित हो जाता है। विज्ञान में कोई भी सिद्धान्त उस समय तक स्वीकार नहीं किया जाता जब तक कि वह विज्ञान के सत्ता संस्थानों और उनके शासकीय व्याख्याकारों की शक्तिगत सन्धि से सामंजस्य न कर ले। फूको कहता है कि मेंडल के प्रजनन ज्ञान के सिद्धान्त का 1860 के काल में कोई स्वागत नहीं हुआ था, गोया ये विचार शून्य में प्रस्तुत हुए थे और उन्हें अपने स्वीकार हेतु बीसवीं शताब्दी की प्रतीक्षा करनी पड़ी। उसका प्रसिद्ध कथन है, 'It is not enough to speak the truth, one must be in the trouth.'[31]

फूको के लेखन में जहाँ विमर्श का उल्लेख मिलता है वहाँ सत्ता और शक्ति की चर्चा अनिवार्य रूप से मिलती है। फूको का प्रभाव देरिदा और एडवर्ड सईद पर है। Madness and Civilisation, The Archaelogy of Knowledge, The History of Sexuality फूको की प्रसिद्ध पुस्तकों में विशेष रूप से उल्लेखनीय हैं।

जूलिया क्रिस्टीवा ने अर्थ विज्ञान को अपने चिन्तन का क्षेत्र बनाया। उन्होंने काव्य-भाषा का सिद्धान्त मनोविश्लेषण के आधार पर बनाया। उन्होंने भाषा विज्ञान के नीतिशास्त्र की अवधारणा प्रस्तुत करते हुए अपने निबन्ध 'भाषा विज्ञान का नीतिशास्त्र' में कहा—

"यदि आज कोई भाषा विज्ञानी कभी ठहरकर अपने ही शास्त्रार्थ के नीतिशास्त्र की पड़ताल करे तो शायद वह कुछ अलग ही करने की बात सोचने लगे। जैसे यही कि वह राजनीतिक गतिविधि या फिर अपने प्रतिमान में शामिल संवर्गों और सम्बन्धों के लिए सामाजिक-ऐतिहासिक कारकों को ढूँढ़ते हुए नीतिशास्त्र को अपने विवेक की प्रखरता के अनुरूप कर ले। यही कारण है कि विख्यात आधुनिक वैयाकरण स्वभाव से समान उभय द्रष्टा होते हैं जो भाषा वैज्ञानिक सिद्धान्तों में वाचक कर्ता के लिए तार्किक और मानक आधार तय करते हैं। जबकि राजनीति में स्वयं को अराजकतावादी मानते हैं।"[32]

क्रिस्टीवा के अनुसार एकीकृत व्यक्ति यानी मानव का मस्तिष्क जिस संघर्ष के द्वारा वस्तु और वस्तुपरक यथार्थ का बोध करता है वह भाषा का विन्यास है। गोपीचन्द नारंग कहते हैं—"जूलिया क्रिस्टीवा का कहना है कि आकांक्षा की विध्वंसक शक्ति एवं प्रभविष्णुता अथवा विघ्नकारिता साहित्यिक अभिव्यक्ति से होती हुई सामाजिक व्यंजकों तक पहुँचती हैं। उसका मूलगामी नुक्ता यह है कि काव्य-भाषा के परिवर्तनों से ज्ञात होता है कि नव्य व्यक्तिपरक बौद्धिक दृष्टिकोण अन्दर ही अन्दर प्रभुत्वशाली सामाजिक विमर्श के आधार को खोखला कर सकते हैं।"[33]

क्रान्ति के सम्बन्ध में क्रिस्टीवा मानती हैं कि यह काव्यभाषा के माध्यम से आएगी पर यह आशंका भी व्यक्त करती है कि बुर्जुआ विचारधारा की आदत रही है वह हर नयी क्रान्ति की चेतना को कुन्द कर देती है इसलिए आश्चर्य नहीं कि इसके साथ भी वही हो।

## उत्तर संरचनावाद और देरिदा का विखंडन (Deconstruction) सिद्धान्त

विखंडन आज के उत्तर आधुनिक दौर की पढ़त (Reading) की एक ऐसी पद्धति

है जिसने ज्ञान मीमांसा (Epistemology) एवं अर्थ मीमांसा (Sementics) के क्षेत्र में प्रचलित धारणाओं की पूरी संरचना को छिन्न-भिन्न कर डाला। उत्तर संरचनावाद की यह चरम परिणति है जहाँ आकर अर्थ की सारी केन्द्रिकताएँ टूट जाती हैं और पाठ सिर्फ एक खेल बनकर रह जाता है। जाहिर है कि विखंडन का न तो अर्थ निर्धारित किया जा सकता है न ही इसकी परिभाषा दी जा सकती है क्योंकि अर्थ और परिभाषा भी संरचनाएँ ही हैं, इनमें निश्चयात्मकता होती है और विखंडन संरचना, केन्द्रिकता अथवा निश्चयात्मकता को ही खारिज करता है। सच्चिदानन्द सिन्हा का कहना है—

"देरिदा को भाषा सम्बन्धी उस सोच से ही चिढ़ है जो इसे मानव उपस्थिति से जोड़ती है। इस सोच के अनुरूप बोली या बातचीत में ध्वनि तथा अर्थ बोलनेवाले मनुष्य की उपस्थिति में सीधा जुड़ जाते हैं। यानी दोनों का अन्योन्याश्रय सम्बन्ध बनता है जो इसकी विश्वसनीयता सुनिश्चित करता है। यह देरिदा को पश्चिमी काल से निहित 'आधारवादी' आधिभौतिक परम्परा की उपज लगती है जिसमें बोली सच्चाई और विश्वसनीयता का रूपक बन जाती है।"[34]

देरिदा के तर्कों और विचारों को प्रस्तुत करते हुए क्रिस्टोफर नौरिस ने पुस्तक लिखी है Deconstruction, Theory and Practice इसमें उन्होंने देरिदा की महत्त्वपूर्ण पुस्तक Of Gramatology के जो उद्धरण प्रस्तुत किये हैं उनमें से निम्नांकित उद्धरण शब्द के सम्बन्ध में देरिदा के दृष्टिकोण को समझने के लिए महत्त्वपूर्ण है—

"The system of language associated with phonetic alphabetic writing is that within which logocentric metaphysic, determining the sense of being as presence has been produced. This logocentrism, the epoch of the full speach has always placed in parethesis suspended and suppressed for essential reasons, all free reflections on the origin and status of writing."[35]

सिद्धान्त के रूप में (यहाँ 'सिद्धान्त' शब्द का प्रयोग काम चलाऊ तौर पर किया जा रहा है) विखंडन का आरम्भ 1966 में जॉन हॉफकिन्स विश्वविद्यालय में आयोजित अन्तरराष्ट्रीय सेमिनार में देरिदा के आलेख से हुआ। यह ध्यातव्य है कि देरिदा के विखंडनवादी चिन्तन के प्रारम्भ का केन्द्रीय बिन्दु सॉस्यूर का ही भाषा-विचार है मगर देरिदा सॉस्यूर से पर्याप्त मतभेद भी रखता है। इस विरोधाभास को समझने के लिए सॉस्यूर का यह कथन उद्धृत करना आवश्यक है—

'But the statement that everything in language is negative is ture only if the signified and the signifier are considered separately, when we consider the sign in its totality, we have something that is positive in its own class.''[36]

इस कथन में देखा जा सकता है कि सॉस्यूर संकेतक और संकेतित में विभेद नहीं करता। देरिदा ने दोनों के बीच की अन्विति को भंग कर दिया और कहा कि दोनों अनवरत अपने स्थान से फिसलते रहते हैं। उदाहरण के लिए एक संकेतक के संकेतित के निर्धारण हेतु जिन तत्त्वों की आवश्यकता होती है, वे स्वयं भी संकेतित हैं फिर उन दूसरों के लिए दूसरों की और उन दूसरों के लिए और भी दूसरों की और यों यह क्रम कभी समाप्त नहीं होता। अर्थात अर्थ निरन्तर आवर्तन में है और उसको किसी केन्द्र के अन्तर्गत नहीं लाया जा सकता। देरिदा के चिन्तन का केन्द्रवर्ती बिन्दु अर्थ के विभेद का यही खेल है।[37]

देरिदा का विशेष शब्दबन्ध (Defferance) है। यह विभेद और स्थगन (Deferment) के बीच का शब्द है और दोनों के अभिप्राय इसमें निहित हैं। सुधीश पचौरी कहते हैं—

''चूँकि देरिदा के यहाँ भेद और स्थगन लगातार रणनीति बनाते हैं इसलिए वे आसानियों और फतवों-फैसलों के लिए गुंजाइश नहीं छोड़ते। वे हरेक टैक्स्ट को सन्देह से शुरू करते हैं। देरिदा का मानना है कि शब्द का अर्थ कहीं भी भाषा के अन्वय में वर्तमान नहीं होता।''[38]

विखंडन साहित्य को ज्ञान के अन्य क्षेत्रों के परिप्रेक्ष्यों से काट देता है यह गलत धारणा है। अर्थ की बहुलता पर जोर देने का मतलब यह है कि अर्थ की अनेक सरणियाँ निकलती हैं और इस प्रकार विखंडन रचना को इनके विविध सन्दर्भों से जोड़ता है। सुधीश पचौरी का यह कथन भ्रामक है—

''विखंडन के बाद साहित्य वह नहीं रहता जो कि था। अब साहित्य को इतिहास या मानवशास्त्रीय क्रिया की तरह पढ़ने की जगह अलंकारशास्त्रीय और साहित्यशास्त्रीय विषय के रूप में ही पढ़ा जा सकता है।''[39]

देरिदा ने लेखन को प्रतिष्ठित किया। आधुनिक भाषिकी की धारणा है कि लेखन मुख्य नहीं होता, वह उच्चार का प्रतिनिधित्व करता है। देरिदा ने इसको उलट दिया।

विभेद के अलावे देरिदा के चिन्तन के दो अन्य महत्त्वपूर्ण शब्द हैं—चिह्न (Trace) और आद्य लेखन (Arche writing)। भेद की चर्चा ऊपर की गयी है। यहाँ यह बतलाना जरूरी है कि विभेद की तीन विशेषताएँ हैं—

1. भाषा के तत्त्वों में भेद तथा उसके द्वारा उत्पन्न किये गये अर्थों का खेल चलता रहता है।
2. उपस्थित तत्त्व तो अर्थ देते ही हैं, अदृश्य तत्त्व भी, जिनसे भेद स्थापित होता है, अर्थोत्पत्ति की प्रक्रिया में अपने अदृष्ट से प्रभावकर होते हैं। अदृष्ट की इस अवधारणा को देरिदा 'ट्रेस' कहता है।
3. पाठ में कुछ चीजें अनुपस्थित रहती हैं। आलोचना इन्हीं का अन्वेषण करती है। अनुपस्थित लेखन ही आद्य लेखन है। साहित्य आद्य लेखन की अभिव्यक्ति है। यह साहित्य की संरचना में निहित कुछ स्थानों में होता है। ये निशान पद चिह्नों की तरह पड़े होते हैं। पद चिह्न छोड़ जानेवाला अनुपस्थित होता है। ये चिह्न उसकी स्मृति को ताजा करते हैं।''[41]

इस प्रकार देरिदा के अनुसार काव्य में भाषा नहीं ट्रेस तथा अनुपस्थित महत्त्वपूर्ण होता है। उसका सारा प्रहार अर्थ की संरचना पर है इसलिए उसका सिद्धान्त सैद्धान्तिकी निर्माण के विरुद्ध है। उसके अनुसार अर्थ कोई लोकोत्तर उपस्थिति नहीं है, जो पाठ से परे, निकट अथवा दूर अस्तित्व रखती हो जिसे आलोचक ढूँढ़ने का काम करे। देरिदा का यह उद्धरण द्रष्टव्य है—

''कृतिकार जिस भाषा एवं तर्क के आलोक में लिखता है उसके सम्पूर्ण तन्त्र, नियम एवं जीवन पर कृतिकार का विमर्श निसर्गत: वर्चस्वशाली हो ही नहीं सकता। वह उनका प्रयोग इस प्रकार कर सकता है कि स्वयं को उनके हवाले कर दे, चलन के अनुसार और एक सीमा तक कृतिकार उस तन्त्र के अधीन रहता है। पढ़त को इस सम्बन्ध पर अवश्य दृष्टि रखनी चाहिए जो भाषा के उन नियामकों में होता है, कृतिकार जिन पर अधिकार रखता है और उन नियामकों में जिन पर कृतिकार अधिकार नहीं रखता और स्वयं कृतिकार को इसका बोध भी नहीं होता।''[42]

देरिदा के विखंडनवाद को अमरीकी विश्वविद्यालयों में बहुत ख्याति मिली। वहाँ जो लोग देरिदा से अत्यधिक प्रभावित हुए उनमें Paul Deman मुख्य हैं। इनकी पुस्तकें Blindness and Insight (1971) और Allegoris of Reading (1979) काफी चर्चित रही हैं। जेफरी हार्टमैन, जे.हिल्स मिलर, बारबरा जॉनसन आदि ने इसको साहित्यिक सिद्धान्त के रूप में स्थापित किया।

इसमें कोई सन्देह नहीं कि विखंडनवाद ने साहित्य, दर्शन और भाषिकी के क्षेत्र में भयंकर हलचल पैदा की है। देरिदा ने इसका प्रयोग मार्क्सवाद के प्रसंग में किया। 1994 में एक व्याख्यान माला में विखंडन की दृष्टि से मार्क्सवाद को

पढ़ने की जरूरत बतलाई। यह व्याख्यान माला 'मार्क्स के प्रेत' शीर्षक से दी गयी थी जो पुस्तक रूप में प्रकाशित हो चुकी है। इसका हिन्दी अनुवाद 'पहल' 50-51, 1994 में प्रकाशित हुआ है। जाहिर है कि इसके बाद भारी बहस का रास्ता खुल गया। अनेक आपत्तियाँ इस पर उठाई गईं। इनमें सबसे मुख्य आपत्ति है कि यह अर्थ को अन्तहीन प्रक्रिया का शिकार बना देता है। कुछ लोग इसे नये किस्म का रूपवाद कहते हैं। बहरहाल इसके पक्ष-विपक्ष में बहस चल रही है।

## विखंडन और भारतीय भाषा-दर्शन

प्राचीन भारतीय चिन्तन में भाषा की समस्या पर विचार करने की परम्परा मौजूद है। पाणिनी, कात्यायन, पतंजलि के अलावे दर्शन के विभिन्न सम्प्रदायों में इस पर विचार किया गया है। इनमें 'मीमांसा दर्शन' विशेषत: उल्लेखनीय है। मीमांसकों ने शब्दार्थ की समस्या पर सबसे ज्यादा बहस उठाई। 'विखंडन' की पद्धति के परिप्रेक्ष्य में भर्तृहरि को सबसे बड़ा चिन्तक माना जाता है। फिर कुमारिल भट्ट इस क्षेत्र में आये और उन्होंने कहा कि जो कुछ अर्थ प्रत्यापक है वह सभी शब्द नहीं है और अर्थवान शब्द भी ज्ञान के पूर्व शब्द नहीं होगा।[43] उनका यह भी कहना है कि विशेष क्रम में व्यवस्थित और संयोजित शब्द ही अर्थवान होता है। पर मिथिला के प्रसिद्ध विद्वान मंडन मिश्र ने इसका खंडन किया। उनका कथन द्रष्टव्य है—

"नहि वृत्ता वर्णविशेषोपलब्धि विसर्जनीयं भेत्तुमर्हति असत्वात्, नह्यजातान्वय-पध्वस्तयोरतिशय: कश्चित्।"[44]

तात्पर्य कि वर्ण-संयोजन के लिए संघात आवश्यक है। अत: एक वर्ण के उच्चरित होते ही पूर्ववर्ती वर्ण अस्तित्ववान नहीं रहता है। इस प्रकार संयोजन की कल्पना मात्र एक वंचना है। पुन: कुमारिल भट्ट तर्क देते हैं कि वर्ण अपने पीछे स्थायी संस्कार छोड़ जाते हैं। इसका परिहार करते हुए मंडन मिश्र कहते हैं कि स्मृति संस्कार उसी वस्तु का स्मरण करा सकता है जो इसे उत्पन्न कराने का विषय हो।[45]

इस प्रसंग को वाचस्पति मिश्र ने आगे बढ़ाया। पर संरचनावादी और उत्तर संरचनावादी दृष्टि से बौद्धों ने जो काम किया उसकी चर्चा के बिना यह अध्ययन अधूरा रह जाएगा। बौद्ध चिन्तन-परम्परा में नागार्जुन और दिङ्नाग के 'शून्य' और 'अपोह' सॉस्यूर और देरिदा के सिद्धान्त-चिन्तन से काफी मिलते-जुलते हैं। 'शून्य सिद्धान्त' बौद्ध मत का आधार है। इसके जनक नागार्जुन माने जाते हैं। इस सिद्धान्त के अनुसार शून्य एक रिक्तता है जो निरपेक्ष है इसलिए इसमें वैयक्तिकता-स्वीकार

अर्थात् किसी प्रकार की निश्चित सकारात्मकता तार्किक रूप से संगत नहीं मानी गयी। स्पष्ट है कि अर्थ सकारात्मक नहीं माना जाएगा। गोपीचन्द नारंग कहते हैं—

"बौद्ध परम्परा में अर्थ सकारात्मकता नहीं रखता इसलिए कि यह क्षणिक है, केवल वस्तु जो खुद स्व लक्षण है। अर्थ चूँकि विकल्प अर्थात् मानसिक निर्मिति है इसलिए वह वस्तुनिष्ठ यथार्थ नहीं हो सकता।"[46]

अपोह सिद्धान्त शून्य का ही अंग है। इसमें शब्द और अर्थ को विभेदात्मक मानकर तार्किक व्याख्या की गई है और यह विभेदात्मक सम्बन्ध ही देरिदा के विखंडन का मूल आधार है।[47]

आज के प्रसिद्ध राजनीतिक एवं सामाजिक चिन्तक, मीडिया विश्लेषक और भाषा वैज्ञानिक नोम चोम्स्की (Generative Grammar) पर काम कर रहे हैं, संस्कृत भाषा-दर्शन का महत्त्व संरचनावाद और उत्तर संरचनावाद के सन्दर्भ में स्वीकार करते हैं। 2001 में अपनी भारत यात्रा के दौरान कलकत्ता में उन्होंने कहा—

"My Proffessional field, as I am sure you know, was in large part created in india 2500 years ago. The first generative grammer in something like the modern sense is Panini's grammer of Sanskrit."48

भाषा-दर्शन के अलावे संरचनावाद और उत्तर संरचनावाद के बीज भारतीय ध्वनि एवं रस-चिन्तन में भी मौजूद हैं। आज हिन्दी आलोचना में अघोषित रूप से ही शब्द और अर्थ के खुले सम्बन्ध की प्रविधि अपनाई जा रही है।

## उत्तर आधुनिकता और नव इतिहासवाद

साहित्यिक आलोचना के प्रसंग में उत्तर आधुनिकता और नव इतिहासवाद की चर्चा का प्रत्यक्षतः कोई कारण नहीं नजर आता। वैसे भी इसका दार्शनिक और साहित्यिक आलोचना के सिद्धान्त के रूप में महत्त्व नहीं है। यह एक ऐतिहासिक एवं सांस्कृतिक स्थिति है। मगर जैसा कि विदित है, साहित्य की आलोचना ऐतिहासिक और सांस्कृतिक अवस्था से तटस्थ नहीं होती, इसलिए इसका संक्षिप्त परिचय अप्रासंगिक नहीं होगा। यह मूलतः आधुनिकतावाद के बाद की स्थिति है यानी उत्तर आधुनिकतावादियों का दावा है कि आधुनिकता ने विचार को 'केन्द्रीकृत' कर दिया, उत्तर आधुनिकता इस केन्द्र को तोड़ती है। जाहिर है कि उत्तर आधुनिकता इस विषय में उत्तर संरचनावादी पद्धति का सहारा लेती है। उत्तर संरचनावाद से इसका यही सम्बन्ध है और यही कारण है कि उत्तर संरचनावाद और उत्तर आधुनिकतावाद को कुछ लोग पर्यायवाची समझ लेते हैं।

वस्तुत: उत्तर आधुनिकतावाद अभी थ्योरी का रूप नहीं ले सका है, हालाँकि यह प्रयास किया जा रहा है। उत्तर आधुनिकतावादी विचारकों का कहना है कि विचारधारा का, इतिहास का अन्त हो गया, महाख्यानों का भी अन्त हो गया—ये सब भाषाई खेल हैं। डेनियल बेल की किताब 'The End of Ideology' ने पश्चिमी जगत में खूब हलचल मचाई। सोवियत संघ के विघटन के बाद फ्रांसिस फुकुयामा की किताब The End of History and the Last Man छपी, इसकी भी जबरदस्त चर्चा हुई। उत्तर आधुनिकतावाद वास्तव में मार्क्सवाद के विरोध में ही खड़ा हुआ है। इसके उदय के केन्द्र में वह नया वातावरण है जो आज बाजार उपभोक्तावाद और विशेषत: सूचना क्रान्ति यानी सेटेलाइट टी.वी. चैनल, कम्प्यूटर आदि के मेल से बना है।

उत्तर आधुनिकता महाख्यानों का अन्त और व्यक्ति को स्वतन्त्र अस्मिता घोषित करती है। ल्योतार का कहता है—

'The principle of the movement animating the people is not the self legitimation of knowledge, but the self grounding of freedom or if preferred its self management.'[49]

डेनियल बेल, ब्रोदीला एवं ल्योतार ने उत्तर आधुनिकता को थ्योरी के रूप में प्रतिष्ठित करने के लिए बहस चलाई। हैबरमास और देल्यूज आदि ने भी इस बहस में हिस्सा लिया। अधिकतर उत्तर आधुनिक चिन्तक मानते हैं कि उत्तर आधुनिक समय में समाज ऐकिक या एक रूप नहीं हो सकता। पर हैबरमास इससे असहमत हैं। उसके अनुसार जीवन अव्यवस्था की जद में आ गया है इसलिए आवश्यक है कि ज्ञानात्मक, नैतिक एवं राजनीतिक विमर्शों के बीच निकटता और सहभागिता बने। इसी प्रकार जेमेसन यह नहीं मानते हैं कि महाख्यान का कभी लोप हो सकता है। इस प्रकार उत्तर आधुनिकतावादियों में भी मतैक्य नहीं है।

इस प्रसंग में एडवर्ड सईद की चर्चा भी जरूरी है। उन्होंने राष्ट्र और उपनिवेशीकरण को केन्द्र बनाकर 'पूरबवाद' का सिद्धान्त प्रस्तुत किया जो उत्तर आधुनिक विमर्श का एक रूप है। उनकी चर्चित पुस्तक है Orientlism जिसमें उन्होंने पूरब की सभ्यता के बारे में यूरोप के 'विभेद' के दृष्टिकोण पर विचार किया है।

हिन्दी आलोचना में अस्मितावादी विमर्श तथा देशीयता को आधार बनाकर, समुदायों एवं छोटे सामाजिक समूहों को केन्द्र बनाकर जो विवेचन किये जा रहे हैं, वे उत्तर आधुनिक स्थिति के प्रभाव का संकेत देते हैं। वर्ग के स्थान पर वर्ण, लिंग, जातीयता आदि इसी के परिणाम हैं।

## सन्दर्भ


1. साहित्य का समाजशास्त्र—बच्चन सिंह, पृ. 79
2. साहित्य और इतिहास दृष्टि—मैनेजर पांडेय, पृ. 41
3. संरचनावाद, उत्तर संरचनावाद एवं प्राच्य काव्यशास्त्र—गोपीचन्द नारंग।
4. वही, पृ. 49
5. वही, पृ. 56
6. वही, पृ. 54
7. साहित्य और इतिहास दृष्टि—मैनेजर पांडेय, पृ. 42
8. A History of Literary Criticism—Harry Blamires. p. 358
9. संरचनावाद, उत्तर संरचनावाद एवं प्राच्य काव्यशास्त्र—गोपीचन्द नारंग पृ. 108
10. The Dialogical Imagination—M. Bukhtin, Translated by M. Halquist and Caryl Emerson, p. 291
11. संरचनावाद, उत्तर संरचनावाद एवं प्राच्य काव्यशास्त्र-गोपीचन्द नारंग, पृ. 77
12. वही, पृ. 78
13. वही, पृ. 91
14. Language and Responsibility—Noam Chomsky, tras. From the French by John Viertel, p. 50
15. संरचनावाद, उत्तर संरचनावाद एवं प्राच्य काव्यशास्त्र—गोपीचन्द नारंग, पृ. 115-116
16. इन्द्रप्रस्थ भारती—सं. विजयमोहन सिंह, पृ. 42, जुलाई-दिसम्बर 1992
17. वही, पृ. 46
18. संरचनावाद, उत्तर संरचनावाद एवं प्राच्य काव्यशास्त्र—गोपीचन्द नारंग, पृ. 129
19. वही, पृ. 134
20. वही, पृ. 198
21. उत्तर आधुनिक साहित्यक विमर्श-सुधीश पचौरी, पृ. 36
22. साहित्य का समाजशास्त्र—बच्चन सिंह, पृ. 79
23. वही, पृ. 80
24. In Theory, Classes, Nations Literatures—Aijaz Ahmad p.60
25. उत्तर आधुनिकता एवं नई इतिहास दृष्टि—राजेन्द्र जोशी, पृ. 34
26. संरचनावाद, उत्तर संरचनावाद एवं प्राच्य काव्यशास्त्र—गोपीचन्द नारंग, पृ. 143
27. वही, पृ. 146

28. In Theory—Aijaz Ahmad, p. 165
29. आलोचना—सं. नामवर सिंह, पृ. 31, जुलाई-दिसं. 2002
30. उत्तर आधुनिक साहित्यिक विमर्श-सुधीश पचौरी, पृ. 45
31. संरचनावाद, उत्तर संरचनावाद एवं प्राच्य काव्यशास्त्र—गोपीचन्द नारंग, पृ. 153
32. पहल—सं. ज्ञानरंजन पृ. 65 सिंत-अक्टूबर नवं. 2003 (जूलिया क्रिस्टीवा के लेख से उद्धृत, अनु. सुधीर रंजन सिंह)
33. संरचनावाद, उत्तर संरचनावाद एवं प्राच्य काव्यशास्त्र—गोपीचन्द नारंग, पृ.157
34. संस्कृति और समाजवाद—सच्चिदानन्द सिन्हा, पृ. 27-28
35. उप पुस्तक के पृ. 28 से उद्धृत
36. Course in general Linguistic, p. 120 (गोपीचन्द नारंग की पुस्तक 'संरचनावाद, उत्तर संरचनावाद एवं प्राच्य काव्यशास्त्र' के पृ. 174 से उद्धृत)
37. संरचनावाद, उत्तर संरचनावाद एवं प्राच्य काव्यशास्त्र—गोपीचन्द नारंग, पृ. 175
38. देरिदा का विखंडन और साहित्य-सुधीश पचौरी, पृ. 21
39. वही, पृ. 22
40. संरचनावाद, उत्तर संरचनावाद एवं प्राच्य काव्यशास्त्र—गोपीचन्द नारंग, पृ. 176
41. साहित्य का समाजशास्त्र—बच्चन सिंह, पृ. 85
42. Of Gametology, pg. 158 (गोपीचन्द नारंग की पुस्तक 'संरचनावाद, उत्तर संरचनावाद एवं प्राच्य काव्यशास्त्र' पृ. 180 से उद्धृत)
43. दार्शनिक त्रैमासिक—सं. रघुनाथ गिरि, जनवरी-जून, 2000, पृ. 42
44. स्फोट सिद्धि, (उप. पत्रिका के पृ. 42 से उद्धृत), पृ. 12
45. उप. पत्रिका के पृ. 42 से उद्धृत
46. संरचनावाद, उत्तर संरचनावाद एवं प्राच्य काव्यशास्त्र—गोपीचन्द नारंग, पृ. 270
47. वही, पृ. 266
48. Frontline—(From the publisher of The Hindu), Dec. 2001, pg. 16
49. The Postmodern Condition—A Ropert on knowledge-Jean Francis Lyotard, p.35, trans. by geogg benington and Brian Massumi.

# उपसंहार

इस पुस्तक के प्रारम्भ में हिन्दी आलोचना के 'स्वत्व' के निर्माण में आचार्य रामचन्द्र शुक्ल की भूमिका की विवेचना की गई है। इस सन्दर्भ में उनका महत्त्व दो स्तरों पर दिखलाई देता है, एक तो उन्होंने 'रस' को लोकोत्तर माननेवाली संस्कृत काव्यशास्त्र की धारणा का खंडन किया, दूसरा यह कि पाश्चात्य आलोचना के कलावाद का विरोध किया। रस और साधारणीकरण के सन्दर्भ में लोक सापेक्ष दृष्टिकोण अपनाने के साथ-साथ उन्होंने महाकाव्य और अलंकारों के सम्बन्ध में भी परम्परा से भिन्न नवीन दृष्टिकोण का परिचय दिया। यह शुक्ल जी की लोक सापेक्ष दृष्टि ही थी कि उन्होंने छायावाद की रहस्यवादी प्रवृत्तियों का विरोध किया। दरअसल शुक्ल जी ने छायावाद को प्रवृत्ति नहीं शैली मात्र माना। प्रवृत्ति के रूप में उन्होंने स्वच्छन्दतावाद की चर्चा की। छायावाद सम्बन्धी उनके दृष्टिकोण को लेकर विवाद हुए जिनकी चर्चा इस पुस्तक में की गयी है। पाश्चात्य आलोचना के प्रसंग में शुक्ल जी ने क्रोचे के अभिव्यंजनावाद को अस्वीकार किया क्योंकि अभिव्यंजनावाद कला को जीवन से विच्छिन्न करता है। लेकिन रिचर्ड्स की मान्यताओं का उन्होंने समर्थन भी किया है। उन्होंने काव्य में बिम्ब-विधान को भी महत्त्व दिया, पर पाश्चात्य 'बिम्बवाद' को अस्वीकार कर दिया।

इस प्रकार शुक्ल जी ने हिन्दी आलोचना का एक स्वतन्त्र रूप विकसित किया। उनके परवर्ती आलोचकों ने सहमति-असहमति प्रकट करने के बावजूद आधाररूप में उनके महत्त्व को अस्वीकार नहीं किया। सैद्धान्तिक आलोचना में आचार्य नन्ददुलारे वाजपेयी एवं डॉ. नगेन्द्र तथा व्यावहारिक आलोचना में आचार्य हजारीप्रसाद द्विवेदी ने शुक्ल जी की कई मान्यताओं से असहमति प्रकट की, मगर इन्होंने इसके बावजूद शुक्ल जी द्वारा विकसित आलोचना का विकास किया इसमें सन्देह की गुंजाइश नहीं है। इसी प्रसंग में हिन्दी आलोचना की दूसरी परम्परा की तलाश की बात भी उठाई गयी। इस सन्दर्भ में डॉ. रामविलास शर्मा और

डॉ. नामवर सिंह के बीच विवाद चला। डॉ. नामवर सिंह ने आचार्य द्विवेदी द्वारा शुक्ल जी के बारे में प्रकट की गयी असहमतियों को आधार बनाया था, हालाँकि बाद में स्वयं उन्होंने आचार्य शुक्ल के ऐतिहासिक महत्त्व को स्वीकार किया।

मार्क्सवादी आलोचना के उदय के बाद काव्यशास्त्र में रस-विवेचन की जगह सौन्दर्यशास्त्रीय विवेचन होने लगा। 1936 में प्रगतिशील लेखक संघ का प्रथम सम्मेलन हुआ और इसके बाद मार्क्सवादी सौन्दर्यशास्त्र की आलोचना में चर्चा होने लगी। मार्क्सवादी आलोचना के विकास के साथ ही रचना में विचारधारा के प्रति प्रबल आग्रह दिखलाई पड़ने लगा। लिहाजा गैर मार्क्सवादी आलोचकों ने विचारधारा के उपनिवेश से मुक्ति की माँग की। यह माँग बिल्कुल अनपेक्षित नहीं थी, पर इसके पीछे मार्क्सवादी रूढ़ियों से आलोचना को मुक्त करने की मंशा ही नहीं थी बल्कि रूपवाद की प्रतिष्ठा इनका लक्ष्य था। इसी प्रसंग में नामवर जी ने आलोचना की 'सापेक्ष स्वतन्त्रता' की बात उठाई और आलोचना में उन्होंने इसी दृष्टिकोण से काम किया। इस प्रसंग में वे अँग्रेजी 'नई समीक्षा' की ओर भी झुके। लीविस का प्रभाव उन्होंने स्पष्ट रूप से स्वीकार किया। विसंगति, विडम्बना, तनाव आदि की विवेचना को उन्होंने इसी सन्दर्भ में अपनी आलोचना में महत्त्व दिया।

इस प्रकार आलोचना में रूप और विचारधारा का द्वन्द्व चल ही रहा था कि विभिन्न अस्मिताओं के लिए अलग दृष्टिकोण की माँग होने लगी। दलित विमर्श और स्त्री विमर्श इसी सन्दर्भ में चर्चा में आये। दलित लेखकों ने दलित सौन्दर्यशास्त्र की माँग की तो स्त्रीवादी लेखिकाओं ने स्त्री की समस्याओं को प्रामाणिक रूप से देखने के लिए स्त्री-दृष्टि की माँग उठाई। हिन्दी में उत्तर संरचनावाद और उत्तर आधुनिकता की चर्चा तो होने लगी पर दोनों के बीच के अन्तर को लेकर अभी कुछ भ्रम बना हुआ है। प्राय उत्तर संरचनावाद और उत्तर आधुनिकतावाद को समान समझ लिया जाता है। जबकि उत्तर संरचनावाद भाषिकी और साहित्य-विवेचन की सैद्धान्तिकी है और उत्तर आधुनिकतावाद सामाजिक-ऐतिहासिक विकास की एक स्थिति है। उत्तर आधुनिकता केन्द्रीयताओं को तोड़ने, पॉकेट अस्मिताओं की मुक्ति की बात करती है, इसके कारण कई लोग इसमें मार्क्सवादी विशेषताएँ देखते हैं। इसके लिए देरिदा के विखंडन की थ्योरी को आधार बनाया जाता है और यहाँ फिर एक भ्रम नजर आता है कि देरिदा उत्तर आधुनिकतावादी हैं। विखंडन का प्रयोग देरिदा ने मार्क्सवाद को नये सिरे से पढ़ने के लिए किया, मगर देरिदा उस अर्थ में उत्तर आधुनिकतावादी नहीं हैं जिस अर्थ में ल्योतार या डेनियल बेल वगैरह हैं। इस अन्तर को नहीं समझ पाने के कारण ही कई मार्क्सवादी उत्तर

आधुनिकता का समर्थन करने लगे हैं। दूसरी ओर कतिपय रूढ़िवादी मार्क्सवादी आलोचक उत्तर आधुनिकतावाद और उत्तर संरचनावाद के फर्क को ठीक से समझे बिना दोनों को आलोचना में समान रूप से त्याज्य समझते हैं। किसी भी नए विचार को पश्चिम की नकल समझकर खदेड़ने के लिए आतुर लोग यह ध्यान नहीं दे पाते हैं कि उत्तर संरचनावाद और विखंडन पद्धति के रूप हमारे संस्कृत भाषा-दर्शन तथा बौद्ध-चिन्तन में मौजूद हैं। नये विचार के प्रति हिचक एक निषेधवादी प्रवृत्ति है। आज की आलोचना को जितना खतरा 'पाठ-दर-पाठ' की अराजकता से है, उतना ही खतरा रूढ़िग्रसत्ता से भी है।

शुक्ल जी ने हिन्दी आलोचना के स्वतन्त्र रूप का विकास करते हुए जहाँ उसे जीवन की वास्तविकताओं से जोड़ा था, वहीं कलाकृति के रूप में रचना के महत्त्व को भी स्वीकार किया था। रूप और विचारधारा के बीच सार्थक संगति ही आज हिन्दी आलोचना की पहचान को कायम रख सकती है। इस पुस्तक में इन्हीं बिन्दुओं पर विचार करना मेरा अभीष्ट रहा है।

शुक्लोत्तर आलोचकों में आचार्य नन्ददुलारे वाजपेयी, आचार्य हजारीप्रसाद द्विवेदी, डॉ. नगेन्द्र, डॉ. रामविलास शर्मा तथा डॉ. नामवर सिंह प्रमुख आलोचक हैं जिन्होंने शुक्ल जी द्वारा प्रवर्तित आलोचना की धारा को आगे बढ़ाया। डॉ. रामविलास शर्मा एवं डॉ. नामवर सिंह मार्क्सवादी आलोचक हैं और शुक्ल जी की आलोचना के सम्बन्ध में परस्पर विरोधी मत रखते हैं। डॉ. शर्मा शुक्ल जी के समर्थक और नामवर जी डॉ. शर्मा के विरोधी कहे जाते हैं, शुक्ल जी के प्रति प्रारम्भ में विरोध रखते हैं और आचार्य द्विवेदी की मान्यताओं को लेकर एक भिन्न परम्परा की बात भी उन्होंने की पर आगे चलकर उन्होंने शुक्ल जी का महत्त्व स्वीकार किया। वस्तुतः साहित्य के इतिहास और कबीर सम्बन्धी मान्यताओं को लेकर ही उनका विरोध रहा, सैद्धान्तिक आलोचना के प्रसंग में उन्होंने शुक्ल जी की परम्परा को खारिज नहीं किया। शुक्ल जी के काव्य-सिद्धान्तों पर मनोविज्ञान का प्रभाव है, रिचर्ड्स से इसी सन्दर्भ में वे सहमति रखते हैं, नामवर जी पर भी यह प्रभाव है। खासतौर से लीविस का जो प्रभाव नामवर जी पर है, उसे इसी सन्दर्भ में देखना चाहिए। यह गौरतलब है कि आचार्य शुक्ल 'रस' के प्राचीन तत्त्ववाद को बहुत महत्त्व नहीं देते थे। उन्होंने 'रस' को लोक जीवन के आधार पर विवेचित किया और इसके लिए अर्थ-मीमांसा का सहारा लिया। डॉ. नामवर सिंह ने एक ओर मार्क्सवादी आलोचना में अर्थ-मीमांसा को महत्त्व दिया तो दूसरी ओर अनुभूति पक्ष की भी उपेक्षा नहीं की। उन्होंने बिम्ब को कविता का पर्याय मानने से इनकार कर दिया, पर मूर्तिमत्ता को महत्त्व दिया। नागार्जुन की कविता

'अकाल और उसके बाद' की उन्होंने इसी आधार पर विवेचना की। आचार्य शुक्ल भी बिम्बों का महत्त्व स्वीकार करते थे, पर 'बिम्बवाद' का उन्होंने विरोध किया। इस प्रकार निष्कर्ष रूप में कहा जा सकता है कि हिन्दी आलोचना का जो 'स्वत्व' शुक्ल जी ने खोजा था, वह मार्क्सवादी आलोचना में है लेकिन उसकी उस धारा में जो अनुभूति पक्ष की उपेक्षा नहीं करती है और भारतीय सांस्कृतिक बोध से जुड़ी हुई है। इस सन्दर्भ में उत्तर संरचनावाद और विखंडनवाद की पद्धति में भी कुछ सकारात्मक बातें मिल सकती हैं। देरिदा ने विखंडन की पद्धति से मार्क्सवाद पर विचार किया और महाख्यानों के अन्त के बजाय एक नये इंटरनेशनल की बात उठायी। यह पद्धति मार्क्सवादी आलोचना को विकास की ओर ले जाने में सहायक हो सकती है।

# विवरणिका

## सन्दर्भ ग्रन्थ-सूची


1. संस्कृत साहित्य का इतिहास—वाचस्पति गैरोला, चौखम्भा विद्याभवन, वाराणसी, 1985
2. संस्कृत साहित्य का इतिहास—आ. बलदेव उपाध्याय—शारदा निकेतन, वाराणसी, दसवाँ संस्करण
3. रस-सिद्धान्त का पुनर्विवेचन—डॉ. गणपतिचन्द्र गुप्त, लोकभारती प्रकाशन इलाहाबाद, 1998
4. काव्य शास्त्र—डॉ. भगीरथ मिश्र, वि.वि. प्रकाशन, वाराणसी, 1984
5. काव्य दर्पण—रामदहिन मिश्र, ग्रन्थमाला कार्यालय, पटना, 1947
6. भारतीय सौन्दर्य-सिद्धान्त की नयी परिभाषा—सुरेन्द्र एस. बारलिंगे, भारतीय ज्ञानपीठ, दिल्ली 2002
7. रस-सिद्धान्त और सौन्दर्यशास्त्र—निर्मला जैन, वाणी प्रकाशन दिल्ली, 1999
8. चिन्तामणि (भाग-1)—आ. रामचन्द्र शुक्ल, लोकभारती प्रकाशन, इलाहाबाद, 2002
9. चिन्तामणि (भाग-2)—आचार्य रामचन्द्र शुक्ल, सं. विश्वनाथ प्र. मिश्र, नागरी प्रचारिणी सभा, काशी, सं. 2006
10. चिन्तामणि (भाग-1)—आ. रामचन्द्र शुक्ल, सं. नामवर सिंह, राजकमल प्रकाशन दिल्ली, 1985
11. रस-मीमांसा—आ. रामचन्द्र शुक्ल, सं. विश्वनाथ प्र. मिश्र, ना. प्र. सभा, काशी, सं. 2023
12. जायसी ग्रंथावली—आ. रामचन्द्र शुक्ल, ना. प्र. सभा, काशी, सं. 2003
13. सूरदास—आ. रामचन्द्र शुक्ल, सं. विश्वनाथ प्र. मिश्र, ना. प्र. सभा, काशी, सं. 2044

14. हिन्दी साहित्य का इतिहास—आ. रामचन्द्र शुक्ल, ना. प्र. सभा, काशी सं. 2045
15. लोकजागरण और हिन्दी साहित्य—आ. रामचन्द्र शुक्ल, सं. रामविलास शर्मा, वाणी प्र. दिल्ली, 1994
16. आ. रामचन्द्र शुक्ल संचयन—सं. नामवर सिंह, साहित्य अकादमी, दिल्ली, 1988
17. आचार्य शुक्ल के समीक्षा सिद्धान्त—रामलाल सिंह, कर्मभूमि, प्र. मन्दिर, वाराणसी, सं. 2015
18. भारतीय राष्ट्रवाद की सामाजिक पृष्ठभूमि—ए. आर. देसाई, मैकमिलन दिल्ली, 1977
19. हिन्दी आलोचना का सैद्धान्तिक आधार—कृष्णदत्त पालीवाल, वाणी प्रकाशन दिल्ली, 2004
20. हिन्दी साहित्य : बीसवीं शताब्दी—आ. नन्ददुलारे वाजपेयी, लोकभारती प्र., इलाहाबाद, 1963
21. रस-सिद्धान्त : नए सन्दर्भ—आ. नन्ददुलारे वाजपेयी, प्रकाशन संस्थान, दिल्ली, 1997
22. हिन्दी साहित्य : उद्‌भव और विकास—डॉ. हजारीप्रसाद द्विवेदी, राजकमल प्रकाशन दिल्ली, 1988
23. सूर-साहित्य—डॉ. हजारीप्रसाद द्विवेदी, राजकमल प्रकाशन दिल्ली, 1989
24. कबीर—डॉ. हजारीप्रसाद द्विवेदी, राजकमल प्रकाशन दिल्ली, 1987
25. आस्था के चरण—डॉ. नगेन्द्र, नेशनल पब्लिसिंग हाउस, दिल्ली, 1968
26. भारतीय काव्य-सिद्धान्त—सं. डॉ. नगेन्द्र, तारकनाथ बाली, हिन्दी माध्यम कार्यान्वयन निदेशालय, दिल्ली वि.वि. 1969
27. आ. रामचन्द्र शुक्ल और हिन्दी आलोचना—डॉ. रामविलास शर्मा, राजकमल प्रकाशन, दिल्ली, 1993
28. भारतेन्दु हरिश्चन्द्र और हिन्दी नवजागरण की समस्याएँ—डॉ. रामविलास शर्मा, राजकमल प्रकाशन, दिल्ली, 1999
29. परम्परा का मूल्यांकन—डॉ. रामविलास शर्मा, राजकमल प्रकाशन, दिल्ली, 1981
30. नयी कविता और अस्तित्ववाद—रामविलास शर्मा, राजकमल प्रकाशन, दिल्ली, 1978
31. कविता के नये प्रतिमान—डॉ. नामवर सिंह, राजकमल प्रकाशन दिल्ली, 1982

32. छायावाद—डॉ. नामवर सिंह, राजकमल प्रकाशन, दिल्ली, 1955
33. दूसरी परम्परा की खोज—डॉ. नामवर सिंह, राजकमल प्रकाशन, दिल्ली, 1983
34. इतिहास और आलोचना—डॉ. नामवर सिंह, राजकमल प्रकाशन, दिल्ली, 1986
35. वाद विवाद संवाद—डॉ. नामवर सिंह, राजकमल प्रकाशन, दिल्ली, 1989
36. आचार्य रामचन्द्र शुक्ल : आलोचना का अर्थ, अर्थ की आलोचना-डॉ. रामस्वरूप चतुर्वेदी, लोकभारती प्रकाशन, इलाहाबाद 2001
37. हिन्दी आलोचना का विकास—नन्दकिशोर नवल, राजकमल प्रकाशन, दिल्ली, 1981
38. पाश्चात्य काव्य-चिन्तन और आचार्य रामचन्द्र शुक्ल—रवि शर्मा, ईशा ज्ञानदीप दिल्ली, 2001
39. पाश्चात्य काव्यशास्त्र—आ. देवेन्द्रनाथ शर्मा, मयूर पेपर बैक्स, के. एल. मलिक ऐंड संस, दरियागंज, दिल्ली 1979
40. काव्य में अभिव्यंजनवाद—डॉ. लक्ष्मीनारायण सुधांशु, बिहार राष्ट्रभाषा परिषद, पटना 5, 2000
41. समकालीन पाश्चात्य दर्शन—बसन्त कुमार लाल, मोतीलाल बनारसीदास, दिल्ली 1991
42. आधुनिक विचार—नन्दकिशोर आचार्य, वाग्देवी प्रकाशन, बीकानेर, 1998
43. आचार्य रामचन्द्र शुक्ल : प्रस्थान और परम्परा—राममूर्ति त्रिपाठी, वाणी प्रकाशन, दिल्ली, 2005
44. आलोचना की धारणाएँ (Concept of Criticism)—रेने वेलेक, अनु. इन्द्रनाथ मदान, हरियाणा हिन्दी ग्रन्थ अकादमी, 1978
45. साहित्य-सिद्धान्त—(Theory of Literature) रेने वेलेक, ऑस्टिन वारेन, अनु. बी.एस.पालीवाल, लोकभारती, 2000
46. आलोचना की सामाजिकता—डॉ. मैनेजर पांडेय, वाणी प्रकाशन, दिल्ली, 2005
47. साहित्य और इतिहास-दृष्टि—डॉ. मैनेजर पांडेय, वाणी प्रकाशन, दिल्ली, 2005
48. शब्द और कर्म—डॉ. मैनेजर पांडेय, वाणी प्रकाशन, दिल्ली 1997
49. संकट के बावजूद—डॉ. मैनेजर पांडेय, (सं.) वाणी प्रकाशन, दिल्ली 1998

50. महावीर प्रसाद द्विवेदी रचना-संचयन—सं. भारत यायावर, साहित्य अकादमी, दिल्ली 2006
51. हिन्दी आलोचना—विश्वनाथ त्रिपाठी, राजकमल प्रकाशन, दिल्ली, 1972
52. अँग्रेजी की स्वच्छन्द कविता—प्रमोद वर्मा, म. प्र. हिन्दी ग्रन्थ अकादमी, 1971
53. नयी कविता का आत्मसंघर्ष—मुक्तिबोध, राजकमल प्र., दिल्ली, 1983
54. रामचन्द्र शुक्ल—नीलकान्त, लोकभारती प्र., इलाहाबाद, 1985
55. संरचनावाद, उत्तर संरचनावाद एवं प्राच्य काव्यशास्त्र—गोपीचन्द नारंग, साहित्य अकादमी, दिल्ली, 2000
56. देरिदा का विखंडन और साहित्य—सुधीश पचौरी, आधार प्रकाशन, पंचकूला, हरियाणा, 1997
57. उत्तर आधुनिक साहित्यिक विमर्श—सुधीश पचौरी, वाणी प्रकाशन, दिल्ली, 2000
58. उत्तर आधुनिकता एवं नई इतिहास दृष्टि-सं., राजेन्द्र जोशी, सार्थक सृजन प्रकाशन, अहमदाबाद, 1997
59. संस्कृति और समाजवाद—सच्चिदानन्द सिन्हा, वाणी प्रकाशन, दिल्ली 2004
60. प्रगतिवादी काव्य साहित्य—डॉ. कृष्णलाल हंस, म. प्र. हिन्दी ग्रन्थ अकादमी, 1971
61. स्त्री उपेक्षिता (The Second Sex) सीमोन द बोउवार, अनु. प्रभा खेतान, हिन्द पॉकेट बुक्स, 1998
62. साहित्य का समाजशास्त्र—बच्चन सिंह, लोकभारती, इलाहाबाद, 1998
63. आज के जमाने में मार्क्सवाद का महत्त्व—एजाज अहमद, प्रकाशन संस्थान, दिल्ली 1996
64. संकलित रचनाएँ—कार्ल मार्क्स, फ्रे. एंगेल्स, खंड-1, भाग : 2, प्रगति प्र., मास्को 1978
65. संकलित रचनाएँ—कार्ल मार्क्स, फ्रे. एंगेल्स, खंड-3, भाग : 2, प्रगति प्र., मास्को 1978
66. कला के वैचारिक और सौन्दर्यात्मक पहलू—आग्नेर जीस, रादुगा प्र. मास्को, 1985
67. बीसवीं शताब्दी का साहित्य और सौन्दर्यशास्त्र—सं. ये. सीदोरोव, साहित्य अकादमी, दिल्ली 1987
68. साहित्य और यथार्थ—हावर्ड फास्ट, पीपुल्स लिटरेसी, दिल्ली 1984

69. हिन्दुस्तान का स्वाधीनता आन्दोलन और कम्युनिस्ट—अयोध्या सिंह, ग्रन्थ शिल्पी, दिल्ली, 2001
70. भारत में उपनिवेशवाद और राष्ट्रवाद—बिपनचन्द्रा, अनामिका पब्लिशर्स ऐंड डिस्ट्री., दिल्ली, 1998
71. अशोक वाजपेयी : चुनी हुई कविताएँ—सं. मदन सोनी, वाणी प्रकाशन, दिल्ली, 2001
72. आलोचना और आलोचना—देवीशंकर अवस्थी, वाणी प्रकाशन, दिल्ली, 1995
73. दलित साहित्य का सौन्दर्यशास्त्र—ओमप्रकाश वाल्मीकि, राधाकृष्ण प्र., 2001, दिल्ली
74. स्त्रीत्ववादी विमर्श : समाज और साहित्य—क्षमा शर्मा, राजकमल प्र., दिल्ली, 2002
75. साहित्य तथा कला—मार्क्स, एंगेल्स, प्रगति प्र. मास्को, 1981
76. Literary Criticism in India and Acharya Shukla's Theory of Poetry—Dr. Nagendra, National Pub. House, Delhi, 1986
77. Aesthetic—Benedetto Croce, Vision Press, London, 1959
78. Philosophy of Benedetto Croce, The Problem of Art and History—H.W. Care, Macmillan, London 1917
79. Principles of Literary Criticism—I.A. Richards, UBS pub. Ansari Road, Dariyaganj, Delhi, Reprinted 2002
80. Practical Criticism,-I.A. Richards, Routledge and Kegan Paul, London, 1966
81. Fundamental Questions in Aesthetics-P.C., Chatterji, Indian Institute of Advanced Study Shimla, 1968
82. A History of Literary Criticism—Harry Blamires, Macmillan, Reprinted in India, 2001
83. History of English Literature—Legouis and Cazamian, Macmillan India Ltd. 1981
84. In Theory, classes, Nations, Literatures—Aijaz Ahmad, Oxford Univ. Press, Pub. in India. 1994
85. Language and Responsibility—Noam Chomsky, The Harvester Press Ltd. Sussex, Great Britain 1979.

86. The Postmodern Condition. A Report on knowledge—Jean Francis Lyotard, Manchester University Press. 1984.
87. Dissemination—Jacques Derrida, Trans. by Barbara Johnson, University of Chicago Press. 1981
88. The Dialogical Imagination—M. Bakhtin, University of Texas Press, 1981

पत्र-पत्रिकाएँ

1. पहल—सं. ज्ञानरंजन, जबलपुर
2. आलोचना—सं. नामवर सिंह, राजकमल प्र. दिल्ली (1952 अंक के सं. शिवदान सिंह चौहान)
3. विपक्ष—सं. भारत यायावर, हजारीबाग
4. इन्द्रप्रस्थ भारती—सं. विजयमोहन सिंह, हिन्दी अकादमी, दिल्ली
5. हंस—सं. राजेन्द्र यादव, दरियागंज, दिल्ली
6. संवेद—सं. किशन कालजयी, जमालपुर, मुंगेर
7. नया ज्ञानोदय—सं. रवीन्द्र कालिया, भारतीय ज्ञानपीठ, दिल्ली
8. दार्शनिक त्रैमासिक—सं. रघुनाथ गिरि, अखिल भारतीय दर्शन परिषद, वाराणसी
9. वसुधा—सं. कमला प्रसाद, भोपाल
10. Frontline—Pub. of the Hindu
11. Scrutiny—Pub. by Cambridge University Press, London.

णाणं पयासयं

वीर नि.सं. 2470

ई.सन् 1944

भारतीय ज्ञानपीठ